超级交际术

一分钟让陌生人成为自己人

林开平

编著

WUHAN UNIVERSITY PRESS

武汉大学出版社

图书在版编目（CIP）数据

超级交际术 / 林开平编著 .—武汉：武汉大学出版社 ,2015.11
ISBN 978-7-307-17013-1

Ⅰ.超… Ⅱ.林… Ⅲ.心理交往－通俗读物 Ⅳ .C912.1-49

中国版本图书馆 CIP 数据核字 (2015) 第 248771 号

责任编辑：荣 虹 责任校对：李孟潇

出版发行：**武汉大学出版社** （430072 武昌 珞珈山）

（电子邮件：cbs22@whu.edu.cn 网址：www.wdp.com.cn）

印刷：北京市燕鑫印刷有限公司
开本：880×1230 1/32 印张：9.25 字数：227 千字
版次：2016 年 1 月第 1 版 2016 年 1 月第 1 次印刷
ISBN 978-7-307-17013-1 定价：32.00 元

Contents
目录

第三章

尊重至上——交际要多用同理心

第四章

低调处世——人缘好事业旺

第五章

吃亏是福——人人都喜欢"傻子"

第六章
先入为主——十之八九是错误

第七章
先予后取——不要怀着目的去交际

第八章
难得糊涂——别做至清无鱼的水

第九章
自我修养——脸可以"厚"，但心不能"黑"

第十章
交际雷区——使小性子往往酿大错误

第十一章
宽宏大量——以德报怨永远是最好的交际

第十二章
巧妙助人——成就他人也成就自我

第十三章
口语沟通——做一个他人需要的交谈者

第十四章
化敌为友——狭路相逢，让者胜

第一章

主动交流
——不要等着别人来跟你打招呼

要想得到别人的友谊，自己就得先向别人表示友好。

——爱默生

谁先开口，谁就先得到机会

交际，就是人与人之间的交往，所以它不是单向的，而是双向的。如果没有人主动交流和沟通，就不会有交际。因此，你要想与人交往，就必须主动，必须先开口，率先捅破窗户纸，不要等着别人来跟你打招呼问好，因为别人也可能是一个不善于与人交流和沟通的人。

我忘了从哪里看过一个故事，情节大概是这样的：

有一个男孩，新搬进了一个公寓，他发现，他的隔壁住着一个年轻漂亮的女孩。每一天，男孩都可以在电梯里看到这个女孩，但两个人从未说过话。男孩很想跟女孩搭讪，但是总不敢去，因为他怕女孩拒绝自己，他怕那时会很尴尬。所以，每一次他躲在自己房间里，听着隔壁女生的动静：听她看电视的声音，听她唱歌的声音。很多次，他想敲开女孩的门，告诉女生他想跟她交朋友，但最终，当他来到女孩的门口，扬起的手又缓缓地放下，然后默默地回到自己的房间。

随着时间的推移，男孩发现自己越来越爱这个女孩了。他想让女孩做自己的女朋友，他想拥有她。但是生性腼腆的他，却一次次地错失了机会。他对女孩的爱一天比一天强烈，最后他终于忍受不了了。有一天晚上，他喝了很多很多的酒，鼓足了勇气，要向女生表白。

终于，他敲响了女生的房门，但是，没有得到女生任何的回

2

应。他本想走开的，却发现门是虚掩着的。于是，他就情不自禁地走了进去。这时，眼前的景象让他惊呆了，因为那个女孩躺在地上，已经没有了呼吸。而更让他吃惊的是，女孩的身边留了这样一封遗书——

我爱上了隔壁的男生，可我不敢向他表白，我忍受不了这样的日子了，只有结束生命才能解脱这种痛苦……

男孩看后，痛苦不已，无尽的悔恨吞噬了他的心灵，最终他也以自杀来解脱这份悔恨。

我们多希望这只是一个故事，多希望现实当中永远也不会出现这样的惨剧啊。但事实是，很多人由于自身的性格等原因，不敢开口说话，或者不爱开口说话，很少与人交流，跟人正常的沟通没有了，从而错失了一些人生的机会，甚至导致了悲惨的人生后果。

如果我们敢于、善于、乐于主动交流，做先开口的人，就会发现与人交往的魅力所在。

江苏卫视有一档综艺节目叫《花样年华》，里面是几个 90 后的女孩。其中，歌手关诗敏年纪最小，又来自宝岛台湾，所以来到节目组跟几位姐姐打过招呼之后，就不知道该怎么开口讲话了。当时的场景比较尴尬，大家刚认识也都没有什么可聊的。这时，曾因扮演《家有儿女》小雪而大红大紫的杨紫突然说："小关，你年纪最小，那你知道吗，按我们这里的习俗，年纪最小的，我们吩咐你干什么你必须去干。我们这次去农村，需要你帮我们打扫厕所啊，铺床啊，喂牛啊，还要陪我们上厕所，这是礼貌哦。"关诗敏一脸天真地惊问："真的假的？不会吧？"这时，一旁的李斯丹妮问："那小关要是上厕所怎么办？"杨紫更是"坏坏"地说："那我们就不用管她了。"一番话，让大家笑弯了腰。关诗敏这才知道原来是杨紫在跟她开玩笑，于是，她便向大家打开了话匣子。

杨紫为了打破沉默，为了让关诗敏尽快地融入到集体中，让大家可以更好地交流，便寻找话题，率先开口，故意"忽悠"关诗敏，开她的玩笑。这样的主动，很好地打破了人与人之间的陌生。现实中，当你认识新朋友的时候，也难免会遇到冷场的尴尬吧？其实，陌生人之间有隔阂是正常的事。如果你能够像杨紫一样，懂得在别人面前展现你的亲和力，懂得打破尴尬的气氛，别人肯定也会跟你拉近距离的，继而，就会和你打成一片了。

当马克•吐温还是一个不大知名的作家时，在一次聚会上有人介绍他认识格兰特将军。两人握过手后，紧张的马克•吐温想不出一句可讲的话，而一向沉默寡言的格兰特将军也保持着平时那种缄默态度。马克•吐温马上意识到，如果自己不先开口，那么这次握手将成为自己与格兰特将军唯一的接触，自己也会错过与这位伟大的将军成为朋友的机会。虽然紧张，马克•吐温还是先开了口："将军，这样握过手却不说话，我感到很尴尬，你呢？"格兰特将军听后哈哈大笑，二人开始了愉快的交谈。就这样，他们的关系越来越好，格兰特将军的著作《格兰特将军回忆录》也是在马克•吐温的鼓励下完成的，公开出版后即成为畅销书。

一次宝贵的机会，如果马克•吐温不先开口，那么他和格兰特将军很可能在握手之后就分开，从而错失了深交的机会。马克•吐温意识到了这一点，于是他克服自己的紧张，首先开口，把握住了机会。生活中也是如此，对于第一次见面的人，也许你会紧张，你会矜持，因而只是与他点头微笑，只是与他握手示意，可如果仅仅如此的话，你们就很难有更深入的交流，从而很可能丧失成为好朋友的机会。如果此时，你能克服自己的紧张、矜持，先开口说话，那么对方也更容易打开心扉与你真诚交流。

生活中也是如此，很多时候都需要一个先开口说话的人。一些人总是希望对方先开口，殊不知对方的想法也是如此，结果最后谁也没开口。如果你能做那个先开口的人，结果也许会大不相同。

麻烦了别人，就跟别人走得更近了

"不要怕麻烦别人"，印象中，这句话是在电视节目《天天向上》中听到的，当时是汪涵和欧弟说的，他的整句话是这样的："不要怕麻烦别人，因为你麻烦了别人，就跟别人走得更近了……"这句简单的话，细想起来却很有深意，很有道理。为什么这么说呢？

首先，麻烦是一种成全。

康熙时期，陆一帆守孝期满后决定去县衙谋得一官半职。陆一帆的姑父是知府大人，帮他写了一封推荐信给县令。陆一帆没有送出这封推荐信，反而向自己曾经的同窗卢志文求助。卢志文任县衙的师爷，论权力和影响力自然没有陆一帆的姑父大。于是，陆一帆的妻子忍不住问丈夫为什么要这样做，因为这不是故意给自己和卢志文找麻烦吗？陆一帆笑了笑，继而对妻子说："卢志文是我的同窗，我要去县衙求职，他肯定很想帮我的忙。如果我靠姑父的推荐进了县衙，卢志文必然会怪我为什么不去找他。既然如此，我就干脆直接找卢志文帮我推荐，不这样做的话，便显得我对他不信任了。"妻子听后，佩服自己的丈夫想事周全。

在我们的日常生活中，经常会有麻烦到朋友的时候、请朋友帮忙的时候，但大多数时候，我们会觉得老麻烦人家可能不大好吧，会不会让朋友难办，会不会让朋友多出了额外的事情？但是再往深处想，我们请求朋友的帮助，虽然会麻烦到朋友，但麻烦别人，可能是对别人善意的一种成全，一种感谢。你接受了他人的善意，就是给予他人的肯定，就是传递更多的积极性和正能量，他人就会因你的接受而感到幸福和快乐。

其次，麻烦是一种交流。

周国平和郭沫若之子郭世英曾共同就读于北大哲学系，两人还是室友。郭世英床头的一本《牛虻》，开启了周国平的文学阅读之路。从此以后，周国平天天跟郭世英借阅世界名著。在那时，很多世界名著只有一定级别的干部才有资格买到。因此，通过父亲郭沫若才拿到手的书，郭世英想要拿来借给周国平，毫无疑问是一件很不容易的事。于是，有些同学就说周国平太不把自己当外人，总是一而再再而三地麻烦郭世英。但是周国平却说："我的确很麻烦他，但我知道，他不介意这种麻烦，因为他总是很慷慨地与我分享。如果我为了怕麻烦而不跟他借书了，倒显得我们生分，情谊不深了。"郭世英也表示："周国平说出了我的心里话。"

怕麻烦别人，本来是一件懂得为别人着想的好意。但是，如果什么也不"麻烦"别人的话，可能反而会让别人觉得你没有把对方当作最要好的朋友。韩寒曾说，要好的朋友就是——你要我好的东西，我要你好的东西。这话就是告诉我们：很多时候，对朋友不要唯唯诺诺，过于客气，可以适当地麻烦他一下，因为这也是一种交流的方式。现实当中，你帮帮我，我帮帮你，会增进彼此之间的感情。

麻烦，更是一种负责。

微软新 CEO 纳德拉刚进入微软时，只是在负责云计算的一个小部门，他做事谨慎而小心，当他有不明白的事时，一定会及时向自己的领导鲍尔默请教。有一次，鲍尔默交代纳德拉和他的小组做一份报告文件，其中有一个不算困难但却概念有点模糊的专业术语让大家不好把握。于是，纳德拉准备向鲍尔默请教，但他的小组成员认为这种小事不值得往鲍尔默那里跑，只要自己琢磨一下就行了。

但纳德拉却认为工作无小事，有不明白的地方必须要请教领导。还说："麻烦虽然麻烦了一点儿，但我相信鲍尔默先生会明白我们是重视他对我们的看法。大家想啊，如果不懂的不去请教，以后出错了，不是更大的麻烦吗？"最终，纳德拉还是去"麻烦"了鲍尔默。不过鲍尔默对此不但没有嫌烦，反而还肯定了纳德拉这种不懂就问的做法。

职场当中，有很多人都非常怕麻烦，不是怕麻烦自己，就是怕麻烦别人。于是，有需要帮助的时候，不敢开口，不敢请教，结果不是做事不成功，就是做错了事。这就是典型的越怕麻烦越麻烦。如果能像纳德拉这样，不懂就问，哪怕这样是给领导制造麻烦，领导也不可能因此而批评你的。因为，这说明你对领导的重视，说明你真正想提高自己，说明你想把事情做好，说明你对工作的一种认真负责的态度。这样的员工，一定更受领导的喜欢。

不知从什么时候起，我们越来越怕麻烦别人！所以不对别人提要求，也不找别人帮忙了！但是越来越多的事实表明，人际交往中这样的心理并非都是正确的。很多时候，麻烦一下别人，不但不会给别人添加负担，反而会让别人更加喜欢你。

破冰，唯有主动

人与人相处，总免不了磕磕碰碰，有时候有纠纷，有矛盾，也是很正常的事。如果我们不懂得及时解决，妥善处理，那就会让彼此的感情越来越冷淡，甚至将矛盾扩大化。所以，我们必须主动去化解彼此的矛盾，这样，才能打破坚冰，再续情谊。

球星里贝里在采访中回忆道："2012 年 4 月，在欧冠主场对皇马的比赛中，半场结束前，我们在皇马前场得到一个任意球机会，这是一个理应由右脚选手来主罚的任意球，因为之前主教练对任意球战术做出过布置，右脚的任意球由我或克罗斯主罚，左脚的由罗本来罚，按说这应该是我和克罗斯来商量谁来主罚。没想到罗本却跑过来说：'这球得给克罗斯来罚。'我非常生气就回了更衣室，当时我们两个人都很激动，于是就有了后来你们都知道的事。"里贝里说的事，就是当时在中场休息时，里贝里和罗本在更衣室内爆发了肢体冲突，脾气火暴的里贝里对罗本一顿拳脚相加，事后还被罚款 5 万欧元。而这件事，让两个人的关系一度紧张到了极点。

好在，里贝里是大大咧咧的性格，冷静下来后，他就开始反思自己的行为。他知道现在跟队友有了矛盾，必须尽早消除掉，否则的话，不但会影响彼此的关系，还会影响整个球队。于是，里贝里之后主动找到罗本，向罗本道歉，而罗本也是个真性情的人，马上表示自己也有错，两个人为此谈了很久，把原本的不快乐彻底丢掉。两个人化解了矛盾之后，成为了好兄弟。

里贝里和罗本的这段往事，让我感触颇深。现实当中，我们可能无法避免地会与人产生矛盾和纠纷，如果我们耿耿于怀，不主动去化解矛盾，那就会使矛盾深化，使彼此的关系恶化；如果我们放下芥蒂，主动去化解矛盾，那就会感化别人，最终成为"不打不相识"的朋友也未可知。

我们再来看下面这个故事——

在影视圈里，曾志伟和谭咏麟是相识最早，也是最要好的朋友。可是有一件事情却使他俩的感情一度产生裂痕。当时曾志伟和谭咏麟有一个共同的朋友，开了一家店，开业时想找谭咏麟剪彩，谭咏麟爽快地答应了。结果开业那天，谭咏麟却害怕这样做对自己造成不好的影响，所以就没去，可是，这对朋友的店造成了很坏的影响。曾志伟觉得谭咏麟已经答应了别人却没来，是不顾往日交情，不守信用，一气之下与之大吵了一架，也不想再理谭咏麟了，谭咏麟也没再和曾志伟联系过。后来冷静下来，曾志伟转念一想："难道为了这么一点儿小事就损坏了多年好友的情分吗，那也太不值了吧？"这么一想通之后，曾志伟顿觉自己的心胸变宽了许多，于是兴高采烈地拨通了谭咏麟的电话，结果，谭咏麟接到这个电话甭提有多开心了，原来他也和曾志伟有着同样的心情。事隔多日，再聊起那件事时，谭咏麟也坦承自己当时太自私，应该多为朋友考虑一下，听到朋友认识到了错误，曾志伟没有再责备他什么，二人和好如初。

在这件事上，谭咏麟由于各种原因没有守信用，可以说是有错在先，如果换了其他人，大概会等着谭咏麟来向自己道歉，如果他不来，就不原谅他。但曾志伟却没有这样做，他意识到，因为这件事而影响多年的交情是不值得的，因此，主动先打电话给谭咏麟，不仅迎来了谭咏麟的道歉，而且增进了友情。

生活中，当别人犯了错误时，我们习惯于等着别人来道歉。可是，如果对方因为羞愧或者胆怯等原因不来时，我们岂不是眼睁睁地看着与对方渐行渐远吗？与其如此，倒不如主动交流，率先示好，化解矛盾和纠纷，这样不但会给对方一个认识自己错误的机会，也会增进双方的情感，使对方对你更加信赖和敬重。

与人发生矛盾和纠纷时，学会主动去化解、率先打破僵局是很重要的，因为，先坦诚交流的人往往比那些被动的人更容易让人打开心扉、畅谈交流，也更容易结识朋友、积累人脉。

别让害怕尴尬害了你

在人际交往中，陷入尴尬境地是一件让人窘迫的事情，因此很多人都尽量地使自己远离尴尬。然而，许多人也因此而失去了一些与人结交的机会。为什么这么说呢？因为尴尬固然不好，但如果因为害怕尴尬而使人际交往止步不前，则更得不偿失。

我们都知道戴尔·卡耐基是人际关系学的鼻祖，但他曾经也很害怕尴尬。有一次，卡耐基正在准备一场演讲，一位朋友告诉他，在场的听众相当难缠。他很担心，问那位朋友："要是他们不喜欢我怎么办？场面一定会很尴尬。"

朋友回答道："我倒不觉得听众喜不喜欢你很重要，你越是害怕尴尬，便会越尴尬。重要的是你要把想表达的信息传达出去。至于他们喜欢或讨厌你，你又何必在乎呢？至少，你已经完成了自己的任务。"

卡耐基豁然开朗，克服了害怕尴尬的心理，那场演讲很成功，听众非常喜欢他，甚至一些听众还成了他的粉丝。

卡耐基是个榜样，而现实中的我们可能就不会这么幸运了。在人际交往中我们经常会害怕尴尬，万一当众出丑了多尴尬呀，万一被人拒绝了多尴尬呀……于是我们总是畏首畏尾，特别是在一些公共场合，宁愿蜷缩在不被注意的角落里，也不愿主动与人交流。然而，你越是害怕尴尬，便越容易使自己陷入尴尬。其实你预想中的尴尬并不一定真的存在，当你主动展示自己时，主动与别人交流时，你得到更多的是热情与掌声。退一万步，即使真的会尴尬，相比于更良好的交际状况和更多的人脉，一时的尴尬又算得了什么？

有这样一个故事：

一位男青年去某公司应聘，以失败告终，可是他并没有马上离开，而是对面试官说："你能否给我一张名片？"

面试官没说话，对他毫无好感。"虽然我无法成为贵公司的员工，但我们也许能够成为朋友。"他坚持着。

"哦？你这么想？"面试官表情缓和了许多。

"任何朋友都是从陌生人开始的。如果有一天你找不到打网球的搭档，可以找我。"

面试官看了他一会儿，掏出了名片。面试官确实经常为找不到伴儿打网球而烦恼。后来他们就成了朋友。

有一次面试官问他："你不觉得你当时所提的要求有点过分吗？你难道不觉得被当场拒绝很尴尬吗？"

他说："其实人最怕的不是失败本身，而是失败以后的尴尬。但是你也怕尴尬，我也怕尴尬，人们之间的交往就会变得陌生许多，我愿意去做那个不怕尴尬的人，随时准备承受尴尬的后果，所以我的人际圈子比很多人都广得多。"

在面试失败后，跟面试官交朋友，这是许多人连想都不敢想的事情，因为他们怕再次被拒绝后的尴尬。这种担心并不是真正发生的事实，而仅仅是想象。这位求职者没有被这种想象吓退，最终成功地与面试官交了上朋友。在人际交往中，我们不敢去主动结交别人，往往怕的是尴尬的后果。然而，如果我们一直小心翼翼地保护着自己，只能使自己的交际圈子越来越小。尴尬并不可怕，打着怕尴尬的旗号作茧自缚才可怕，打破尴尬的茧，主动和身边的人交往，你会发现自己的人脉竟然在迅速增长。

当我们与别人产生嫌隙时，也许心里希望同对方和好，却因为害怕尴尬而不肯主动伸手，最终使双方关系日益冷淡。其实，只要我们克服尴尬心理，主动一些，问题便会迎刃而解，至少我们可以因此而放下心中的疙瘩，使自己更轻松地参与人际交往。不怕尴尬，你的交际会更顺畅。

感染他人，让正能量从你开始流动

　　现实生活中，每个人都会有烦恼和不开心的时候，但是，这种时候，如果有别人在，那就千万要记得，不要拉长着脸，一副要死不活的样子，更不要把别人当作垃圾桶，对别人大倒苦水。本来别人好好的，结果被我们的坏情绪影响了。试想，谁会乐意跟这样的人交往呢？所以，在别人的面前，一定要学会控制不良的情绪，不让别人感染我们的坏情绪。

　　当然，说道理很容易，做起来就不是一回事了。就说前些天吧，朋友徐丽来看我，我们坐下来聊天，我说："你都不知道我这两天的情况有多糟糕。前两天，领导让我赶一个方案，我天天加班，眼睛都熬成熊猫了，今天早上拿去给他，他居然说：'这个方案不需要了，我前天没跟你说吗？'天哪，他什么时候跟我说过！更可气的是，从单位回家的路上，一个人低头走路撞到了我，开口就指责我：'你没长眼睛啊？'明明是他撞的我……"我话还没说完，徐丽就说："哎呀，你别说了，本来我好不容易有个假期，心情特别好，来找你一起逛街，可你啰里啰嗦地说一堆烦心事，弄得我的心情也不好了。"

　　我恍然大悟，原来人的情绪是可以传染的。在生活中，别人的情绪会感染我们，我们的情绪也会感染别人。那些总是怀着消极情绪的人，只会使得周围的人也不开心，谁还愿意和你交往；如果你能用积极的情绪去感染别人，每个在你身边的人都会感觉到心情愉悦，你的朋友自然会越来越多。

一次，王力宏跟钢琴名家郎朗一起合作演出。王力宏原本以为，郎朗应该是个沉默寡言的"文艺青年"，于是害怕二人相处不好。可没想到的是，郎朗一见到他，就主动打招呼，还热情地跟他聊起了嘻哈音乐，这让本来稍有些拘谨的王力宏一下子放松了下来。不仅如此，令王力宏没想到的是，郎朗还是个搞怪高手，不停地跟他讲冷笑话，郎朗说："力宏，你是'龙的传人'，我是'狼（郎）的传人'。"这个很"冷"的笑话却把郎朗的热情传递给了王力宏，起初怕相处不好的担心完全消除，两人很快就成了好朋友。王力宏说："郎朗是我见过最好相处，也最热情的古典音乐家！"

郎朗用自己的热情感染了原本有些担心的王力宏，二人相处融洽。要想做到用积极的情绪去感染别人，首先要做到的就是自己保持热情。因为，在人际交往中，热情是把其他的积极情绪传递给别人的基础。你的满怀热情，会让对方看到你想要主动与他谈话、交往的诚意，同时也会消除对方心中的拘谨、忐忑等消极情绪，使得对方也热情洋溢起来。很难想象，一个缺乏热情的人能给别人乐观、向上的感觉。

著名作家哈里斯有一天和他的朋友在街上逛，看见一家卖报纸的，于是向小摊贩买了一份报纸，并且很有礼貌地说了一声谢谢。没想到的是摊贩并没有给予相应的回应，而是摆出了一个难看的表情。朋友很气愤，我们买了你的东西，干吗要摆着这么一张臭脸！朋友便忍不住问："你不觉得刚才那个摊贩的态度很差，你不觉得气愤吗？"

哈里斯笑笑说："他每天晚上都是这样的，没有什么啊。"他的朋友更惊讶了："他竟然每天对你的态度都是这样差？你为什么还是每次都很有礼貌地跟他说声谢谢呢？"哈里斯笑着对朋友说："我们何必让别人来影响自己的心情呢！"朋友听了，恍然大悟，看着哈里斯的笑容，很快也开心地笑了起来。

哈里斯不受小摊贩的影响，始终保持愉悦的心情，终于感染到了朋友，使朋友也开心了起来。试想，如果哈里斯也被小摊贩影响，摆出一张臭脸，朋友只会更加愤懑。因此，你要想做到用积极的情绪去感染别人，还要做到的一点，就是自己不要被外界的消极情绪影响。如果你自己首先被消极的情绪影响了，又怎么能用积极的情绪去影响别人呢？特别是在一个群体中，大多数人都处在消极情绪中时，你的积极情绪将成为黑夜中的一盏明灯，会让更多的人跟着你一起愉悦起来。

乒乓球运动员刘诗雯是丁宁最好的朋友，刘诗雯的积极情绪也一直感染着丁宁。开始的时候，丁宁的表现在人才辈出的国家队里并不耀眼，丁宁的心理压力很大，刘诗雯对她说："其实，你的天赋，大家都看得到，只要你努力，坚持不懈地走下去，你一定能实现你的梦想。"丁宁非常感动。

2010年莫斯科世乒赛团体比赛中，丁宁在决赛中不敌冯天薇，导致中国队最终以1比3不敌新加坡错失了冠军。这让丁宁很内疚，她一直觉得是自己拖了国家队的后腿，之后的一段时间里，变得有些消沉。刘诗雯便经常安慰她说："比赛哪能没有挫折，还记得小时候你和我说过的吗？你说你像钉子，越挫越勇。这次的挫折只是对你这颗钉子的一次磨砺，它会使你更加厉害！"刘诗雯还陪丁宁去孤儿院看望孩子们，丁宁带了好多礼物给孩子们，刘诗雯趁机说："你看那些孩子拿到礼物多开心，就算他们没有回报你什么，你照样觉得很快乐。其实打球也是这样，忘记我们所得到的，牢记所付出的，我们才能勇敢面对挫折，才能有动力做得更好，快乐打球，快乐生活！"刘诗雯的话深深打动了丁宁，再次回到国家队，丁宁已经恢复了乐观、积极的心态。

丁宁在赛场上压力大、表现不突出，刘诗雯却能看到她的天赋，预见到她将来的成就，并鼓励她；丁宁失利，刘诗雯却看到了挫折对成长的帮助，以及付出比收获更能使人快乐的人生哲理，并劝慰她，最终用自己的积极情绪帮助丁宁走出了心理阴影。因此，要想做到用积极的情绪感染别人，更重要的一点就是，你要学会用积极的心态去看待问题，从积极的角度去阐释问题。如果你总是看到事物悲观消极的一面，哪怕你表现得再热情、再积极，别人也不会感受到你的积极情绪，反而会通过你的视角，消极地看待事物。

一个每天都开朗乐观的人和一个整天都苦着一张脸的人，你会喜欢跟谁相处？答案不言而喻。因此，我们就要做那个开朗乐观的人，这样别人才能从我们的身上感受到积极的情绪，心情也会变得好起来，我们身边的朋友也会越来越多。

防人之心也挺可怕

害人之心不可有，防人之心不可无——这是古人的处世经验。在某种程度上，这话是有道理的，毕竟世道复杂，人心叵测，处在这个世界上，当然要学会保护自己，防范别人，避免遭受别人的伤害。但是，一个人如果总是提防着别人，害怕跟人交往，那他注定会孤独无依的。在如今这个文明的社会里，坏人虽然有，但大多数都是好人。所以，我们应该敞开心扉接纳别人，不要总是像刺猬一样，害怕跟人交往。

看过《三国》的人大多对曹操因"防人之心"错杀吕伯奢的故事印象深刻，虽然曹操说了一句"宁教我负天下人，休教天下人负我"，但当午夜梦回之时，他的心灵便真能那么坦然吗？曹操晚年头痛，请华佗为他看病。华佗经过诊断后，认为需要先饮"麻沸汤"，然后开颅治疗。而曹操的"防人之心"再次发作，以为华佗是要借机杀他，为关羽报仇，于是命人将华佗收监拷问，致使一代神医屈死狱中，而他自己也因为失去良医诊治，不久便一命呜呼了。

俗话说，"防人之心不可无"，然而在现实生活中，过度地提防别人，就很难与他人真诚交往，甚至会为了"防人"而产生不必要的麻烦和误会，最终害人害己。

宋朝大诗人曾巩和王安石在年轻的时候就是好朋友。有一次神宗皇帝召见曾巩，并问他："你与王安石是布衣之交，王安石这个人到底怎么样呢？"曾巩直率地回答说："王安石的文章和行为确实不在汉代著名文学家扬雄之下；不过，他为人过吝，终比不上扬雄。"宋神宗很惊异，又问道："你和王安石是好朋友，为什么这样说他呢？据我所知，王安石为人轻视富贵，你怎么说是'吝'呢？"

曾巩回答说："虽然我们是朋友，但朋友并不等于没有毛病。王安石勇于作为，而'吝'于改过。我所说的'吝'乃是指他不善于接受别人的批评意见而改正自己的错误，并不是说他贪图财富啊！"宋神宗听后称赞道："此乃公允之论。"

王安石听闻此事后，并未因此而怪罪曾巩，反而对照此言反省自身，努力改过。而曾巩对王安石也更加信任，觉得他是一个值得交往的真君子。

曾巩在皇帝面前直陈自己的缺点，如果王安石有丝毫的"防人之心"的话，定会想，他是否是在陷害我？可王安石没有，他反而真诚地信任曾巩是为了自己好，于是反躬自省，努力改正缺点。曾巩也从这一点看出了王安石对自己的信任，从而更加信任王安石。自己就是世界的一面镜子，我们对他人真诚信任，别人也会对我们坦诚相见；我们对别人小心防备，自己也会成为他人防备的对象。因此说，常怀"防人之心"的人很难信任他人，自然也就很难被人信任，甚至会因为不信任，而做出一些可能伤害别人的行为，从而害人害己，使自己的人际关系不断恶化。

多年前的一天，因为转车，陈仁慧孤寂无聊地待在金华小城，然而她幸运地与陌生人李月英相识，她回忆道："一个三四十岁的妇女告诉我，她从福建建阳来，明晨去丽水，她打算将旅行包寄存火车站的'小件寄存处'，但需要火车票，而她却是乘长途汽车来的。她跟我商量，能不能借我的火车票一用。"

陈仁慧欣然帮忙，结果"对金华很熟悉的"李月英领着她游遍了金华。"天黑回到火车站，距我夜间开车还有6个多小时，我们决意到候车室去打瞌睡。可是候车室'满员'了。"李月英在车站饭馆角落里，找到两张靠桌子的椅子，"她把最里面'最安全'的椅子让给我，命令我坐进去。她自己也示范地伏在桌子上，睡起觉来……我睡不着，担心乘客很多……李月英从桌上抬起头来：'你不要怕睡过头，到时我会叫醒你，把你送上火车，你放心……'李月英的话像个'安民告示'，不一会儿我果然呼呼入睡……"

在陌生的火车站，遇到求助的李月英，陈仁慧并没有因为"防人之心不可无"而拒绝她，反而热情帮忙。而李月英也热情地回报她，两人之间的真诚交往虽平淡却令人感动，而在她们之间流淌的脉脉温情更是我们很多人向往的。现在很多人在抱怨人们之间的关系日益冷漠，然而你是否检讨过，这和你的"防人之心"是否有关。你每天都是穿着厚厚的盔甲，对周围的一切都充满着戒心与防范，那这个世界也一定会同样地对待你。如果你能放下"防人之心"，对别人报以更多的热情，别人也会以此来回报你，你的人际关系将更加温暖。

说到没有"防人之心"，电影《天下无贼》中的傻根可算是一个典型代表，但也正因他的"不设防"，感动了刘若英和刘德华扮演的盗贼，帮他保住了六万元钱。

傻根的扮演者王宝强也是一个"不设防"的人，现在不少的演员对媒体都严加防备，面对记者时更是小心谨慎，生怕哪句话说错了便会被记者捕风捉影大做文章。但王宝强却完全没有这样的"防人之心"，面对媒体时，坦率地承认自己并未学过表演，水平有限，还有很多东西要学，接演的几部影视作品也基本上都是本色演出，并没有过分地琢磨。在被问及私生活时，他也承认自己早就结婚了，儿子都几岁了，会跑还会叫爸爸妈妈了。可是说来奇怪，王宝强给人的印象却更加真诚、实在，媒体也很少报道他的花边新闻，相反却给予了他更多的鼓励和支持。

没有"防人之心"的傻根保住了他的六万元钱，可以回家盖房子，娶媳妇，"不设防"的王宝强不但很少有负面新闻，还得到了媒体的帮助，在演艺的道路上越走越顺。由此可见，过分的"防人之心"只会使人越来越圆滑，而丧失自身的真诚，从而别人也不会对你真诚相待。而没有"防人之心"的人恰恰相反，人们不但不会主动去伤害他们，反而会被他们源于内心深处的真诚所感动，给予他们更多的帮助和支持。

　　"防人之心"是人的一种自我保护，在一定的环境下是必要的。但如果整天抱着"防人之心"，特别是在人际交往中，整天防范别人，那么你的交际环境将日益冷漠和恶化。所以说，在人际交往中，防人之心不可有。

第二章

投其所好
——赢得人心的第一高招

如果我们想要交朋友，就要先为别人做些事——那些需要花时间、体力、体贴、奉献才能做到的事。

——卡耐基

人最希望听到怎样的赞美

现实生活中，我们时常会听到别人的赞美，也曾赞美过别人。赞美是一种品德，是人际关系的润滑剂。它可以使人际关系和谐，缩短人们之间的心理距离，增强彼此的亲近感。但是，赞美也需要技巧，不是随便说两句好话就行的，而是要先了解，这个人最希望听到怎样的赞美？如果你的赞美是这个人最希望听到的，那必定会俘获他的心。

比如说周星驰吧，他被称为"喜剧之王"，其演技广受赞誉，而他导演的电影《功夫》、《长江七号》等也备受推崇。有一次，导演冯小刚见到周星驰，便称赞道："你真是一个实力派呀！"可不料周星驰却不领情，反问道："难道我不帅吗？不是偶像派吗？"冯小刚马上接口道："你是一个实力派的导演加一个偶像派的演员！"说得周星驰笑声连连。

周星驰的演技已经被广泛认可，因而冯小刚赞美他是"实力派"并不会使他的心情多么愉悦，反而他对自己的"帅"不是那么自信，因而更希望别人称赞他是"偶像派"。而冯小刚了解到这些情况后，一句"实力派导演加偶像派演员"不仅弥补了自己之前语言的疏忽，而且夸到了周星驰心里，自然令他笑声连连。

赞美他人会使对方心情愉悦，同时也能展现你善于发现他人优点、看到别人长处和品质。然而赞美别人，并不是说只要你开口称赞就能说到对方心里、得到对方认可的。夸人要夸到点子上，才能引起对方共鸣。你知道别人最希望听到怎样的赞美吗？

24

郭德纲和孟非同是光头主持人，又是搭档，广受关注。他们两个都经常被别人称赞幽默，可二人对此都只是轻轻一笑，并不怎么往心里去。在一次节目中，嘉宾柳岩却说："我知道你们两个最喜欢别人夸你们什么？"两人都不确信，柳岩先对郭德纲说："我知道，你喜欢被别人称赞'郭德纲太不容易了'！"郭德纲听后感叹道："其实到了我们这个年纪，夸不夸的已经不太重要了，但有些话听着比较受用。比如'郭德纲太不容易了，一步一步走来，怎么怎么样的'，我会觉得说的有道理。"

　　作为一名相声演员，夸郭德纲幽默，虽然也会使其愉悦，却难以触及心灵。毕竟幽默是他最广为人知的特点，同时也是被人夸得最多的特点，你再称赞，自然难以引起共鸣。然而，从一个一文不名的穷小子，到现在家喻户晓的大明星，郭德纲的奋斗历程和所取得的成就一直是他引以为傲的，而这些又是在一般场合不太容易提起的，因而听到关于这方面的称赞也比较少，因此，当柳岩这样赞美他时，他才会深有感触。由此可见，当谈话对象是一个经历丰富的人时，称赞他那些引以为傲的经历往往能说到他的心里去。

　　下面我们再来看孟非的情形。

　　听完郭德纲的感慨后，柳岩又把目光转向了孟非，说："孟非老师最希望别人称赞你善良。"孟非点点头说："确实如此，我希望别人夸我善良！"柳岩说："你挺善良的！"孟非听了这样的称赞居然有些腼腆。另一位嘉宾，微表情专家姜振宇老师补充道："一般来说，如果一个人想往某个方面努力，但做得还不够好，自己内心还不能持完全的认同态度，就会需要一些心理补偿，希望别人这样称赞自己！"孟非点头称是。

　　孟非曾做过多年的新闻主播，很有责任感，在道德品质方面对自己的要求较高，他一直希望能做一个善良的人。虽然孟非的言行品质

25

在很多人看来已经很好了，但在他自己内心当中还对自己不能完全认同，仍觉得自己需要继续努力。在这种情况，如果别人称赞他善良的话，他会觉得这是对自己的一种认同，因而更愿意接受。由此可见，当你赞美一个人时，如果从他最希望自己具有的那种品质切入，往往会事半功倍。

下面讲一个自己的亲身经历：

上大学的时候，一次我们几个同学去一位老教授家里做客。这位老教授是一位著作等身的社会学家，我们几个到了那里，都一个劲儿地称赞老教授的学问高深，有几位同学甚至崇拜地说："您的大作我都拜读好几遍了，可是依然觉得自己难以理解全部内容，回味无穷呀！"可老教授只是微笑，鼓励我们，要好好学习。我们的班长王斑在老教授的书房里发现了很多书法作品及笔墨纸砚等物品。他早就听说过老教授痴迷书法艺术，还在一些业余比赛中获过奖，于是走到一幅书法面前，说："这幅字，看着很有柳公权的风骨，虽然是临摹作品，但一看就是功力很深。是教授您的手笔吗？"老教授一听，来了精神："你也懂书法？"然后，王斑和老教授探讨起了书法艺术，并对老教授的书法造诣和坚持不懈的精神大加赞赏，老教授也视他为知己，对他另眼相看。

我们几个同学，赞美老教授的学问高深，自然很难说到点子上，赞美流于泛泛，很难引起老教授的兴趣。而王斑却了解到老教授对书法艺术的喜爱，并从这个方面入手赞美他，果然赢得了他的好感。

在生活中也是如此，每个人都会有兴趣爱好，有的人甚至还会痴迷。在谈话中，你和他聊这些内容，他便会兴高采烈，如果你再结合实际称赞他在这方面的造诣，那可就真是把话说到他的心坎上了。这样，一方面可以让他觉得你和他志同道合，拉近距离，另一方面，你对他的称赞也契合了他对自己的肯定，更容易引起他的共鸣。

赞美别人，并不是说你只要开口说你这么好、那么好就可以的。你要通过自己的观察、认真的思考，发现对方的特点，了解到对方最希望你赞美他哪一方面，然后有针对性地赞美，这样才能把你的赞美说到对方心坎上。

什么才是真正的关怀

生活中，当别人遭到困难和挫折时，我们一定要真诚地去关心他、安慰他，给他关怀和爱。而最好的关怀和爱是什么呢？就是细致入微地照顾别人，设身处地为别人着想。这样一来，别人自然会把你当成知己的。

我想起一个有趣的故事——

有一个精神病人，以为自己是一朵蘑菇。他每天都撑着一把伞蹲在房间的墙角里，不吃也不喝，谁跟他说话都不搭理，心理医生也没办法和他沟通。终于，心理医生想到了一个办法。心理医生也撑了一把伞，像那个病人一样蹲在墙角。病人看到了，主动问："你也是一朵蘑菇吗？"医生回答说是，然后继续扮演蘑菇。

过了一会儿，医生站了起来，在房间里走来走去，病人就问他："蘑菇怎么可以走来走去？"医生回答说："蘑菇当然可以走来走去啦！"病人觉得有道理，就也站起来走走。又过了一会儿，医生拿出了一个汉堡开始吃，病人又问："蘑菇怎么可以吃东西？"医生理直气壮地回答："蘑菇当然可以吃东西啦！"病人觉得很对，于是也开始吃东西。很快，这个病人就可以像正常人一样生活了。

这是一个流传很广的笑话，其中蕴含的交际道理值得我们深思。为什么一开始医生无法和病人沟通呢？因为，你从一个"人"的角度出发，怎能得到一个"蘑菇"的认可呢？只有当医生蹲下来，用"蘑菇"的心态去关心体谅对方时，才最终走进了对方的心里。我们常说，要体谅理解他人。可你从一个"人"的角度，怎么能让"蘑菇"看到你的体谅与关怀呢？你愿意蹲下来，陪他人做一只"蘑菇"吗？

吴静华被调到一家分公司当总经理，可他总感觉公司的人虽然对他很客气，却很疏远，自己很难融入这个集体。他向自己的好友也是公司的副总经理张彩兰求教，张彩兰笑着说："恕我直言，你在大家面前总是端着总经理的架子，所以大家才会对你敬而远之。就比如上次你组织单位的员工一起去KTV，当播放舞曲的时候，大家都热情地跳起舞来，只有你正襟危坐，还说：'我是总经理，得注意形象。'一句话，大家也都拘谨了起来。在一起玩的时候，你都不肯放下总经理的架子，大家怎么还敢跟你亲近？"一番话令吴静华幡然醒悟。从那以后，工作上他是总经理，但在平时他却不再把自己当作总经理，而是和大家一起玩、一起乐，很快便融入了这个大家庭。

你是"人"，我是一只"蘑菇"，我们不是一类，我怎么会和你亲近？而当吴静华放下了架子，愿意和员工一起去做一只"蘑菇"的时候，终于赢得了大家的认可，融入了集体中。"物以类聚，人以群分"，当你总是刻意地表明你比我高明，你的身份比我高时，我哪里敢跟你"类聚"？想要真正和一个人交往，你首先要做的便是变成他的"同类"，不管你们之间的差距有多大，你只有放下架子，心甘情愿地陪他做一只"蘑菇"，才能真正理解他，也才能获得对方的认可。

1977年，苹果公司仅成立一年，三个创始人之一的韦恩就宣布退出公司，卖掉了自己的股份。后来，乔布斯多次邀请韦恩重回公司，都被韦恩婉言谢绝。多年后的今天，苹果公司享誉全球，而韦恩却只是一个普通人。韦恩一时成为了人们的笑柄，人们嘲笑他说："嗨，韦恩，你当初卖掉的股份，如果留到现在至少值350亿美元！你错过了当亿万富翁的机会！"可一位朋友却从来没有嘲笑过他，每当有人提到这件事时，这位朋友也总是为韦恩辩解："他有自己的选择，乔布斯是一个工作狂，当年已进入中年的韦恩，年龄比乔布斯大很多，在体力和精力上大不如乔布斯。韦恩的身体状况令他无法承受那么高强度的工作，如果他留在苹果，只会把自己搞得身心交瘁，失去健康。现在，你们看，虽然他不富有，可他很健康快乐，还有什么比这更重要的呢？"一番话令韦恩大为感动。

在别人看来，韦恩是一个目光短浅的反面典型，他们认为韦恩做出了一个让人后悔终生的决定。可这位朋友却站在韦恩的角度，为他着想，因而理解了韦恩的心声，也赢得了韦恩的情意。有的时候，我们无法体谅、理解别人的想法或者做法，是因为我们总是从自己的角度出发看待问题。你不是别人，但你可以换位思考，站在别人的角度，考虑对方的实际情况及内心诉求，这样才能真正地体谅、理解他人。

新中国成立初期，著名画家张大千漂泊于海外。一次，陈毅找到张大千的至交好友谢稚柳，请他写信劝张大千回国。谢稚柳写信对张大千说："陈老总真诚地邀请你回来，我个人也希望你回来，毕竟中国才是我们的祖国。然而有些话却要跟你说明白，你一生想要远离政治，可按目前国内的环境来看，回来后恐难做到。另外，新中国刚刚建立，经济上有些困难，字画市场十分萧条，连齐白石、徐悲鸿这样的大画家，一幅画也只能卖几十元。我知道你有一大家人需要照顾，回国之后恐怕很难再有那么多的收入。当然，我想你的经济问题，政府会帮忙解决，然而是否回来，还是要你自己拿主意。"张大千收到信后，再三权衡，最终没有回国。而他对谢稚柳坦诚的态度却十分欣赏，始终把他当作自己最好的朋友。

谢稚柳是希望张大千能回来的，可他没有单方面地劝说，而是设身处地地为张大千设想回来后的好处以及可能遇到的困难，请张大千自己做决定。生活中，很多人总是从自己的角度出发，希望别人怎么做，可那样做对对方真的就是最好的吗？设身处地地为别人着想，不是为了达到自己的某种目的，而是真的希望对方能生活得更好。这样，对方才能看到你的真情意，与你更亲近。

　　人与人是不同的，你想获得他人的真情意，便需要真诚付出，设身处地为他人着想。你只是你自己，怎能打开别人的心扉，只有当你愿意蹲下来，陪对方做一只"蘑菇"，你才能理解对方的想法，体谅对方的感受，以心换心。

谈话也要定"基调"

我们常用"唱高调"来讽刺那些只说空话不做实事的人，而事实上"唱高调"是一个中性词。仔细观察你会发现，当人们开始一段谈话时，其实就已经定下了一个基调，而同样的内容，有时也会因为基调的不同而产生不同的效果。特别是当面对不同的谈话对象时，不同的基调有时甚至会决定一次谈话的成败。

春秋时期，齐景公有个女儿，他视为掌上明珠，想把女儿嫁给晏子，可晏子已经有了妻子。一次，齐景公来到晏子的相国府。晏子吩咐夫人来给齐景公斟酒，等晏子夫人下去后，齐景公问："这是相国夫人吗？"晏子回答："对，这是臣的糟糠之妻。"

齐景公故意感叹说："唉，真是又老又丑啊，她怎么能配得上你这样的才子呢？寡人有个女儿，又年轻又漂亮，就把她嫁给你做妻子吧！"

晏子听后，恭敬而又认真地对齐景公说："现在她是又老又丑，可我与她生活在一起已经很长时间了，她也有过又年轻又漂亮的年华。况且人都是在年轻时把将来的年老托付给对方，在漂亮时把将来的丑陋托付给对方，我已接受了她的托付，对她做出终身的承诺了。君侯想赏赐给我一个年轻美貌的女子，难道是想让我背弃妻子的托付而抛弃她，另寻新欢吗？"齐景公听后，对晏子的人品更加叹服，再也不提这门亲事了。

国君亲自上门提亲，如果晏子只从夫妻恩爱的角度说话，那么国君恐怕还会有其他说辞。可晏子不是这样，他不谈情说爱，而是将话题的基调定得高一些，从忠诚守信的高度阐述了自己的想法，作为一国国君，齐景公最鼓励的就是臣下忠诚守信，难道他还能逼着晏子背信弃义吗？因而他不再提女儿的婚事。生活中，作为领导或者长辈，往往希望自己在道义上能成为下属或者晚辈的表率，因此当面对这些"尊者"，特别是拒绝这些"尊者"时，不妨把调子定得高一些，一来可以显示出对他们的尊敬，二来他们也会碍于自己的身份而不好反驳你。

曾经热播的电视剧《步步惊心》中有这样一个片段：一直倾心于若曦的十阿哥突然被皇帝指婚，要与自己素来讨厌的明玉格格成亲。十阿哥虽然被迫答应，心中却一直苦闷，天天喝酒买醉，也不上朝，惹得皇帝震怒。几位阿哥纷纷劝解十阿哥要顾全大局，可他始终无动于衷。一天，若曦来看十阿哥，见他在喝酒，便说："就打算这样醉下去吗？醉了就能不娶明玉格格了？"十阿哥说："其实我什么都明白。我已经任由皇阿玛摆布了，难道还不能发点脾气？"若曦说："大事上都已经屈从，又何必在小事上，使亲者痛仇者快呢？你既然什么都明白，干脆打定主意做个明白人，不要让八爷他们再担心，又惹皇上生气！"十阿哥听了若曦的话，似乎明白了一些，他接着又诉说了自己向来学不好东西，不受皇帝喜欢的苦闷心情，并说："我是不是很笨？"若曦回答："就是因为你'笨'，我才喜欢跟你一起玩，你喜欢就是真正的喜欢，讨厌就是讨厌，不像那些人，说几句话，绕几个圈，所以在你面前我也可以高兴就大笑，不高兴就耍脸色，你知道吗，我在你面前很开心，很开心。"十阿哥听后，心里很受触动，放下了自己的苦闷，开始上朝。

十阿哥因为指婚的事情心中郁闷，几位来劝他的兄弟却把调子定得过高，从顾全大局、忠君孝父的高度劝解他，他难以接受，那是因为这些大道理他都懂，只是心中的郁闷无法排遣，才整天喝酒头醉。而若曦不同，她把谈话的基调定得很实在，"醉了就能不娶明玉格格了""大事上都已经屈从，又何必在小事上，使亲者痛仇者快呢"两句实事求是的话，使十阿哥明白自己的所作所为只能使事情更糟，接着若曦又从朋友的角度，给予了十阿哥情感上的安慰，终于使他重新振作起来。平辈之间劝解他人，唱高调并不是可取的做法，反而是实事求是地帮对方分析问题的症结、提出可行的建议，并给予其情感上的安慰，更容易令对方接受。

著名主持人杜海涛刚进《快乐大本营》的时候，还是一个无名之辈，和那么多知名主持人同台多少会有些紧张和自卑。特别是当有人说"杜海涛，好好干，这次节目很重要，别在前辈面前搞砸了"时，他会更紧张，一趟趟地跑到厕所偷偷记流程。细心的何炅发现这个现象后，耐心地安慰他："我们都只是《快乐大本营》的一名普通的主持人，在我们面前，你完全不必紧张。可能我们做的时间长一些，但你也有自己的优势，比如你搞笑的本领就很突出，你可是咱们节目的'开心果'！"而且每次节目播完，何炅都会指出杜海涛表现好的地方，来鼓励他。杜海涛慢慢放松了下来，表现更加可圈可点。如今的杜海涛，表现得自然真实、幽默可爱、人气飙升。谈到这一切，他总是感激地说："是何炅大哥的鼓励激励我天天向上。"

面对何炅这样的著名主持人，新人杜海涛会紧张与自卑是正常的，如果何炅以前辈的口吻教导他，那么只会使杜海涛感觉到自己与他的差距大，从而更加紧张。可何炅却放下身架，将基调定得很低，"我们都只是《快乐大本营》的一名普通的主持人"，"你也有自己的优势"，将杜海涛与自己放在了平等的位置上，让其感受到了尊重，同时再给其充分的鼓励，终于使其放下了心理负担。地位低的人面对地位高的人时，多多少少会有一些敏感的自卑心理，如果你再以居高临下的口吻与其对话，只会在双方中间划下一道鸿沟。因此，当面对不如自己的人时，谈话的基调中切不可少了对等的尊重。

　　一篇文章的基调，将决定文章的走向，一段谈话的基调，也很可能会影响到这次谈话的成败。人们却往往会忽略了谈话的基调问题，因此，在以后的谈话中，不妨看清谈话对象的身份，因人而异地定下谈话基调，一定能收到不错的效果。

别人为什么不喜欢你的帮助

生活中常听人抱怨，为朋友操心费力帮了不少忙，可是，朋友不但不领情，有时甚至还会怪罪自己。其实，受到帮助死不领情的人是极其少见的。有时候我们帮人帮得尽心尽力，但并不是人家所需要的，要么就是给人帮了倒忙，或者另有所图，这样，就不是帮人了。

张浣在军中是个正八品修武郎，五六年了也没见提拔。明道元年（1032 年），刘娥皇后垂帘听政，他的朋友赵廷章觉得机会来了，便对张浣说："你表姑刘皇后对你不错吧？让她提拔你一下，当个宣正大夫之类还不是小菜一碟？你让刘皇后下诏，我帮你求福州观察使王德用，再送上一份礼，准能办成。"张浣舍不得钱，说送礼就不必了。赵廷章说："那哪行啊？你没钱我有啊。"于是，在赵廷章的怂恿下，张浣真的让刘娥给写了诏书，找王德用求官，还送了三千文的礼钱。王德用见诏是真的，可事情不合程序。随后脸一沉便送客，钱还充公了。张浣为这事奔波了一个多月，事没办成还欠了一笔债，真是亏大了。赵廷章来找他时，他直言："你根本就不了解王德用这个人，就叫我送礼，现在好了，我真后悔听了你的话。"

张浣没想借表姑刘皇后的路子升官，赵廷章却凭着主观意见，一再怂恿，虽然是热心帮忙，但最后的结果却是让张浣欠了人情又欠钱，白忙一场。如此，张浣自然会不高兴。生活中，当我们要帮助朋友时，一定要帮到实质上，不能盲目地帮。如果朋友因为你的帮忙而招来损失，又怎能高兴得起来呢？

2004年，有过十几年二汽工作经历的兰建军，在杭州开了一家"小拇指"汽车维修店，专门修补车身表面的擦刮痕迹。正规汽修厂家补漆，要两三天才能干透，兰建军的维修店采取特别工艺，两个多小时就能干透，质量也不差，特别受有车族的欢迎。老同学吴常利见兰建军的店有"钱图"，就帮他托人报料，引来报纸、电视台一通报道，生意一下就火起来。两个月之后，吴常利却找上门来，说自己在沈半路附近买房，差10万元，想找兰建军借。兰建军一听借钱就傻了，他现在流动资金特别紧张，根本没有钱借给他。吴常利听后差点儿气晕，生气地说："你这叫什么朋友啊？没有我当初帮忙跑媒体，'小拇指'能这么火？想借点钱用，你说抽不出来，真是没良心。"兰建军听后，也烦了，说："原来你是想向我借钱，才帮的我啊。你这种人，我有钱也不帮你。"

吴常利帮助兰建军的"小拇指"做不花钱的广告，便向兰建军借钱，借不出钱就好恼，怨别人不够意思。帮助别人图报答，是一种狭隘、自私的交际观，帮助人付出了可能有收获，可能会有人领情，却不可以强求回报。如果对方知道你是为了他领情才出手相助，非躲你远远的不可。

赵书芹在桥东大酒店库房干8年了，也没怎么加过薪，大领导几乎不认识她。去年，丁总换了部宝马，常放在库房旁边的背阴处。一天早上到班，赵书芹见宝马脏分分的，便接上水管给冲了一遍，然后又用毛巾擦干。丁总来了见车身很干净，特别感谢赵书芹。这下她可开窍了，只要丁总把车停在这里，她就照洗不误。她还自备一块鸡皮布，给宝马淋浴完了再擦拭，比专业洗车还专业。时间久了，丁总对赵书芹说话出奇的热情。上星期，库房部主管跳槽走了，赵书芹觉得顶这个缺非她莫属。哪知道，丁总看中的却是一个根本不懂库房工作流程的面点师。为表现自己浪费了好多感情和精力，随后，赵书芹便见人就说风凉话，怨丁总只认事不认人，帮他洗了一年多的车，一点儿好处都没有捞着。这话传到丁总的耳朵里，丁总一下就把她看扁了。

赵书芹帮丁总洗车，完全是为了讨好丁总，尽管做得多么到位，但并不是出于真心，让人知道后，怎么不会讨厌？其实，我们帮助人，当然有讨好对方的因素，但如果你帮人的目的只是为了讨好，一旦别人没有感觉到，你很伤感很失落甚至责骂对方，这就有点过分了。如果对方真的知道你的帮助只在讨好他，并没什么真心，那肯定对你讨厌了。

当我们帮助别人却发现别人并不领情时，就应该检点一下自己的行为到底有什么不妥，只有知道别人为什么会视若无睹，甚至不开心，才能理智地调整自己的交际行为。

在求人帮忙时，如何做到每求必应

现实生活中，我们经常要遇到的一个问题是：求人帮忙。

求人帮忙固然很难，但并不是不能实现，不过这样的艰巨任务需要你开动脑筋，找出被求助者的软肋，以此为着力点，击破被求助者的心理防线，才能求助成功。因此说，求人一定要投其所好或投其所恶，目标才可能达成。

哈珀是教育界有史以来最了不起的募捐者之一。他打算在校园里建一座新大楼，需要100万美元的捐款。

他圈定了两个富有的芝加哥人，但这两个人是死对头。一个人专职从政，另一个人掌管着芝加哥的电车系统。多年来，这两个人纷争不断，想象力没那么丰富的人，想不到这一点有什么价值。

一天中午，哈珀来到电车巨头的办公室，说："您好，我只有一分钟时间，跟您说件事，说完还得赶路。这段时间，我一直在想，您做出了杰出的贡献，为这个城市修建了全美最先进的电车系统，芝加哥大学应该做点儿什么来表彰您。我已经想好，在校园里建一座大楼，用您的名字命名。我跟董事会提了，可是另一个董事也想建一座大楼，他想用另一个人的名字来命名（哈珀说出了巨头死敌的名字）。我来把这件事告诉您，希望您能找到办法，帮我推翻那位董事的方案。"

"好啊。"巨头喊道，"这事我会好好考虑的！"

第二天早晨，巨头就来到了学校。两人走进办公室，谋划了一个小时。临告别时，巨头爽快地掏出了面额 100 万美元的支票。

电车巨头想出了办法：先下手为强，把对手干掉。哈珀多聪明啊，他早就料到电车巨头会这么做。当我们求人办事时，如果能恰当地迎合别人的好胜心，那别人对待你的态度，往往比你想象的还要好。

有一位画家，在艺术界享有盛誉，但他性格孤僻，喜欢自由自在的生活，很多高校花重金邀请他去授课，他都毫不客气地拒绝了。可是，史密斯校长认为他可以打动他的心。史密斯已多次拜访这位画家，但从来不主动谈授课的事。

有一回，画家终于好奇地问他："你我相交的时间不算短了，你也帮了我不少的忙，有一点我一直不明白，你是校长，为什么从未向我说起授课的事，这是什么缘故？难道你不关心吗？"

"怎么会不关心呢？我就是为了请你前去授课，才经常来拜访你啊！"

"既然如此，为什么从未向我提及呢？"

"坦白告诉你，那是因为我不愿强人所难，我认为授课是授课者要出于愿意教育好学生，才去授课的。因此，未能使你感到迫切意愿，是我努力不够，在这种情形下，我怎么好意思开口硬逼你去学校呢？"

"你的想法跟别人不一样，很特别，有点道理，我决定跟你去学校。"

求人办事的时候，交流、沟通的切入点很重要，需要我们收集到足够多的信息，找准对方关心关注的事情，用诚恳的言语触动他心中最柔软的部分，从而消除其抗拒心理，增加成功的概率。

同时拥有《星期六晚邮》和《妇女家庭周刊》的希鲁斯·科第斯，创业之初因为付不起别的杂志社那样高的报酬，而约不到好作者、好稿子。于是，他就为作家们找了一个冠冕堂皇的理由。果然效果不错，他甚至约到了当时正名声远扬的奥尔科特小姐的稿子，也就是写了那本著名的《小妇人》的作者。约到她，他只用了100美元，还是把这笔钱寄给了奥尔科特小姐最心爱的一项慈善事业。原因很简单，他对这位著名的专栏作家说道："您好，我知道您是一位以慈善事业为使命的作家，您写作不是为了稿酬而是为了引导人心向善，为了世道人心。我们杂志虽然刚刚创办，但是我们的办刊宗旨却是以您的创作思想为指导的，我们希望我们的杂志成为宣传您的思想的阵地和窗口，成为您与读者联系的纽带和桥梁。"奥尔科特小姐被他的理由打动了，并把自己最好的作品给了他。

我们在求人办事时，要了解对方的喜好，继而找一个动听的理由，如果在某些方面获得了对方的"同情"，将事半功倍。激发对方的"仁爱心"，其实就是一种充满人情味、充满互助互爱的过程。

一个保险推销员接到任务，领导要求他让本地一位律师买份保险。可是，这位杰出的、富有的律师特反感买保险。

推销员决定接受这个挑战。一天，他带了一份报纸，上面是关于那位律师的专题报道，详细讲了他的事迹。报道讲这个律师从基层做起，为公司做法律顾问，最终，凭着卓越的业务能力打出一片天下，就连最挑剔的委托人在他面前也唯命是从。

业务员把报纸递给律师，说道："我已经安排好了，只要您一通过必要的体检，我就在一百多份报纸上刊发这篇报道。您这么聪明的人，不用我提醒就清楚，这篇报道会给您带来足够多的新客户，他们付给您的费用肯定超过100万美元。"

律师坐下来，仔细读着报道，作了几处修改，然后把报纸递回给业务员，说："拿张申请表给我吧。"几分钟内，这笔生意就做成了。

这名业务员准确无误地击中律师的软肋——他想出名。他推销给律师的其实不是人寿保险，而是虚荣心。人人都有虚荣心，当我们自然、巧妙地抬举一个人，一定会让他兴奋并对我们产生好感的。

拿破仑·希尔说："沟通需要心与心的交流、心与心的碰撞。"求人办事时，应注重与顾客进行心灵沟通和情感交流，通过自己的言语感染、感化、感动对方，从而让对方乐于帮助我们。

交际，也需要到什么山上唱什么歌

现实生活中，有些人内心方正，有些人内心圆滑，有些人对外方正，有些人对外圆滑。从这个角度考察，人物呈现四种形态：内方外方，内方外圆，内圆外圆，内圆外方。俗话说得好："到什么山上唱什么歌。"所以，我们和不同形态的人物交往，也要用不同的交际之道。

对内方外方的人要诚实委婉。

有一位青年，给一位内方外方的大作家写信，说想要同他合写一部小说。大作家看后，心中有点生气，他在信中毫无保留地写道："先生：你怎么如此胆大包天呢？竟然想把一匹高贵的马和一头卑贱的驴子套在同一辆车上。"这位青年灵机一动，在回信的开头说道："尊敬的阁下：您怎么这样抬举我呢，竟然把我比作马？"在信的后半部分，这位青年将自己的写作特长、潜力，合作的必要性、可行性以及对青年成长的影响等一五一十地写出来。大作家接到信后，哈哈大笑起来，立即回信道："我的朋友：您很有趣，请把文稿寄过来吧，我很乐意接受您的建议。"青年曲解原意，幽默风趣，言辞诚恳，出奇制胜，说服了大作家。

生活中，有很多人性太直，情太真，血太热，气太傲。这种人，便是内方外方的人。同他们交往，一要诚实，内方外方的人不会口蜜腹剑，不会阳奉阴违，是个值得信赖、值得尊重的人物，所以要待之以诚，关心爱护。二要委婉，内方外方的人做事不灵活，言辞不变通，往往会使一些人陷入难堪境地，所以和他们交往，要注意婉转。当看到对方尖锐抨击时，不该计较，而要采用一个合适的方式转移主题，或者幽上一默，赞扬一句，巧妙地加以引导。

对内方外圆的人要有礼有节。

雷先生想到贫穷落后的故乡办厂，接待他的乡长是他的儿时伙伴。但令人奇怪的是，乡长接待雷先生时没有大排场，没有欢迎会，甚至都没有请雷先生去酒店吃饭（这在中国简直不可想象）。很多乡民觉得乡长不够热情，但乡长却说："我了解雷先生，他是一个内方外圆的人，为人随和，但洁身自好，喜欢低调做事，简朴生活。如果我非要请他去酒店吃饭，他顾及我的面子，一定会来，如果我敬酒，他虽然不爱喝酒也一定会喝。但这样很不好。雷先生是随和，但不是所有人都喜欢过度的热情。"乡长说的没错，雷先生第二天就对大家说："乡长对我有礼有节，我非常高兴，如果热情过度，我是绝不会投资的。"

生活中，有些人宁可雌伏苟且，亦不雄扬招妒；凡事权衡利害，决不感情用事。这些人，就是内方外圆的人。他们洁身自好，处世练达，既有原则性，又有灵活性。同这种人物交往，一要有礼有理，内方外圆的人虽然表面随和，但不喜欢丑陋粗鲁，无礼无理。二要有节有度，内方外圆的人，即使对他人相当反感，也不会把不满情绪表现在脸上，因此，同他们交往，要讲究分寸，把握适度，不要因为他的脸上挂着微笑，就得寸进尺，忘乎所以。

对内圆外圆的人要有板有眼。

某公司的布朗，是个典型的内圆外圆的人。有一件事就很能够说明这个问题。同事吉米到欧洲出差，布朗笑嘻嘻地请其给他捎带某某商品。等到吉米把买来的商品送到他手上后，布朗却恰到好处地忘记给钱。过了两周，布朗非常严肃地、跟没事人似的问道："吉米，我给你钱了吧？你可别不好意思？"照理说，谁能为十几美元跟他认真呢？可吉米却当场就指出来："不，你还没有付我钱。"布朗没有想到自己惯用的贪便宜的伎俩，这次竟然失败了。但他还是笑呵呵地说："就这么点钱，你不会计较吧？"吉米说："这点钱的确不算什么，你要是不方便的话可以以后给我，但你确实还没有付给我。"布朗听此，只好把钱给了吉米。

生活中，有些人长于研究"人事"，偏重于个人私利，该低头的就低，该烧的香就烧，该拉的关系就拉，该糊涂的事就糊涂，该下手时就下手。为人处世圆滑老到，这种人，便是内圆外圆的人。同这种人交往，要有板有眼。由于他们内心深处，并无什么必须遵守的做人规则，所以，可能干出表面华丽亮堂、实则损人利己的伎俩。对他们的不当做法，应该明确指正，不要因为太爱面子就不好意思将实情说出口，使自己受委屈。

对内圆外方的人要灵活变通。

我在泰国小镇度假的时候，曾带着几个朋友去当地一家体育馆踢球，门卫却将我们阻挡住了，他说："只有本国的运动员和学生才允许进入球场踢球。"没办法，我们只好一脸惆怅地回到酒店。酒店老板捷那萨得知我们的情况后，对我说："我们没有规定外国人不能进入球场踢球啊？这个门卫一定是个口是心非的人。按照我们地方规定，像你们这种情况，是应该予以照顾的。这样吧，明天你们再去一趟，就说你的朋友捷那萨说他神通广大，只要他向上级反映一下，肯定会有办法的。"第二天，我按照捷那萨的方法果然奏效了。门卫对我们说："昨天下午，我们才接到通知，外国人可以予以照顾。我们这里欢迎你们。"事情就这样顺利办好了。

有些人表面上一副正人君子模样，心里却装满了大鬼小鬼，这样的人，便是内圆外方的人。同这种人交往，要灵活变通，既不能不听他们说的，又不能完全相信他们说的。如何交往，运用什么策略，采用什么方式，说出什么内容，要根据当时的情况灵活变通，切不可被他们的"精彩论述"迷住了双眼，进入死胡同。要根据各个方面的信息，分析出他的真实内心，然后再对症下药，巧妙引导。如此的话，就能够把他们带到正确的交往轨道上来。

内方外方，内方外圆，内圆外圆，内圆外方——这四点几乎囊括了所有人的品性。在与人交往中，我们要根据不同品性的人，运用不同方式的交际方法，这样，就能让我们的社交更成功。

第三章

尊重至上
——交际要多用同理心

"尊重别人"并不是圆滑，而是一个人应有的礼貌和谦虚的表现。

——罗兰

别人的秘密是地雷，你不要去踩

　　不管是谁，多多少少都有自己的隐私，有些隐私甚至是除了自己之外不想让第二个人知道的。法律规定尊重个人的隐私权，可是也有人置法律的尊严于不顾，把别人的隐私秘事当作自己的开心果。其实，这不仅会触犯法律，更重要的是，会严重伤害别人的心灵，最后的结果，无疑就是损害自己的人缘。

　　很久之前，我看过一篇小说，情节如下：

　　有一对夫妇，结婚数年。妻子一直为一件事烦恼——丈夫的书桌上，有一只紧锁着的抽屉。妻子想知道那抽屉中有什么秘密：是藏着什么宝贝，还是不可示人的物品？于是，妻子千方百计暗示丈夫，后来由暗示到明示，直接命令丈夫，要他打开来给她看。可是，丈夫就是不肯打开。于是妻子就发挥了女性的想象力，设想那抽屉中究竟是什么……

　　那个故事的结局如何，我记不清了，但是，似乎那也并不重要。重要的是，这篇小说其实可以被看成是一个寓言，它说明了这样一个事实：人人都有秘密。即使是最亲近的人之间，也有不想被对方知道的秘密。在现实生活中，不但人人都有不想被别人知道的事，而且人人都有权保守自己的秘密。如果你千方百计想去把别人的秘密挖掘出来，不但是最愚蠢的行为，而且是极可怕的行为，越是想去挖掘关系亲密的人的秘密，就越是愚蠢而可怕。

　　曾看到一个新闻，在某校的一个班里，一个男生无意中发现一个女生的文具盒里藏着一张纸条，男生问女生："是什么纸条？可以给我看看吗？"女生拒绝说："不，这是我的秘密。"男生要求了几次，女生都拒绝了。后来，趁女生上洗手间的一会儿工夫，男生偷偷地打开了这位女生的文具盒，打开里面的那张纸条。这张纸条是那位女生写给班里另一位男生的，是一封充满爱慕的信。那位男生正读得津津有味时，女生进来了。她非常生气，也非常伤心。经过反复思量，她后来把男生告上了法院。最终，这位男生赔偿了八千多元才算了事。

生活中，经常会看见这样的人——没有经过别人的同意就去翻别人的东西，去挖掘别人的秘密。其实这侵犯了他人的隐私权，情节严重的就属于违法。上例中的男生也许并没有太大的恶意，无非就是过于好奇，想知道女生的秘密，想知道纸条上写着什么，但他偷窥了别人的隐私，让秘密不再是秘密，这对别人就是一种伤害。所以，我们需要记住，不能不经允许就强行去侵犯别人的隐私，挖掘别人的秘密。否则，后果不堪设想。

美国出版商杨格签约了一位女作家。她叫克里斯丁，是一位情感作家，尤其善于描写女人为情所伤的小说。由于文章写得很生动，所以颇受读者喜欢。但读者很想知道，这位克里斯丁的婚姻故事到底是怎么样的，为何克里斯丁写的情节，都离不开为情受伤。但克里斯丁从不接受采访，也不谈及自己。当杨格问起她的婚姻时，克里斯丁说："对不起，杨格先生，这是我的隐私和秘密，我不希望任何人知道。"杨格却说："不，你必须告诉我，只要你告诉我，我会把你的版税提高一半，如果你不告诉我，我就不再帮你出书了。"克里斯丁非常生气，说："你这是在威胁我吗？你不能允许我有自己的秘密吗？"但杨格禁不住好奇心，一直威逼利诱克里斯丁讲讲她的婚姻。克里斯丁再也无法忍受了，最终与杨格终止了合作关系。

现实当中，大抵每个人内心深处，都会有那么一个角落，藏了一些小小的、不伤大雅的秘密；每个人都有自己的隐私，被我们安放在隐匿的地方，不轻易示人，也不容他人肆意侵犯。可是杨格貌似不明白这个道理，非要胁迫克里斯丁谈及她的婚姻生活。这样的行为，简直有点无耻了，怪不得最后克里斯丁会跟他一拍两散了。对于别人的隐私和秘密，不要随便打探，更不能为了达到目的要挟、强迫别人。否则，你会付出很多的代价。

尊重他人的隐私和秘密，让他人有一个自由呼吸的私人空间，有自己心灵的后花园，让我们都在那里种上真诚、尊重、理解、包容、信任的种子，待到秋高气爽的季节，就可以收获累累硕果。请一定记住：尊重他人，也是尊重自己。

贬低别人，就是贬低自己

人际交往中，有时因为竞争，有时因为误会，有时因为看到了别人的不足，都有可能把对方贬低一番。殊不知，贬低别人是交际的大忌。太阳不会因为被人贬低而失色，朽木也不会因为贬低别人而生辉。好贬低别人，不仅无法成就自己的高大，还会招致大家的鄙视和唾弃。从这个意义上讲，贬低别人就是在贬低自己。

同事在工作上比自己强本是件好事，自己可以有很多向人学习的机会。可有的人并不珍惜这样的机会，见人出了成绩便心生嫉妒，竭力贬低。哪知道，贬低别人的成绩，反倒会抹黑了自己。

谭会超是一名青年教师，因为工作成绩突出，在学校年终考核中被评为优秀。这一学年，她所教的学科，在市教研室组织的调研考试中，两次获得优胜奖。还有，她班主任工作中的"家长信箱"备受教育局领导推崇，说她在网上和家长沟通，是一项工作创新，还让她在一次研讨会上做经验介绍呢。谭会超在工作上放出"黑马"，她的同事张丹就坐不住了。她比小谭参加工作要早好几年，现在居然跑后面去了，心里很不是滋味。于是就人前背后找碴贬低小谭。她说就凭小谭的水平，一连拿两个优胜奖，不是瞎猫碰死耗子，就是提前知道考题了。她闺蜜的爸爸就在教研室工作，能不照顾她？张丹还散布说，谭会超弄个电子邮箱给家长，谁不会呀？老是摆样子给人看，真是哗众取宠！她的优秀也是白捡，校长是她舅妈的学生，关系早走通了，有好事能不给她？

经过张丹这么一扇忽，谭会超那点成绩全变没了。大家见张丹贬低别人嘴太损，只好对她敬而远之。谭会超知道张丹在背后那么起劲地贬低她，也不爱理她了。

拿贬低别人当白玩儿，恰恰暴露了自己的狭隘和自私。平时和这样的朋友打交道，谁敢不设防呢？见别人有成绩就"贬"一下，别人也不见得就此会"低"下去，而自己的人缘却变得岌岌可危，岂不可叹？

每一个人都有不可侵犯的人格和尊严，它是人在交际中最可宝贵的形象符号，容不得他人的半点质疑。生活中你胡乱贬低别人的人格，不拿别人的人格当回事，自己的人格也不可能得到别人的尊重。到头来，人格受损的反倒非你莫属。

李祥对张玉娟很有好感，总想尽快让张玉娟成为女友。两人交往得很热乎，只是没好意思说出那句话。他的同事孙红领对张玉娟也有点意思，一有空就找张玉娟搭讪。李祥却没少贬低他，说他癞蛤蟆想吃天鹅肉。这次李祥到南方出差，他最放心不下的就是张玉娟，恐怕长时间不见面，孙红领会捷足先登。他对张玉娟说，孙红领上中学时就知道谈恋爱，到现在已经甩了四五个女友了。说得张玉娟都直纳闷，孙红领怎么样碍我什么事了？

出差期间，他给张玉娟QQ留言，或是发电子邮件，贬低孙红领反应慢，为人不会来事，又懒得很，一个月也不洗一回袜子，他要是一脱鞋，满屋子要多臭有多臭。更要命的是，他还因偷人东西进过拘留所……每次看完李祥的QQ留言和电子邮件，张玉娟都有些好笑——李祥干吗非要那么起劲地贬低自己的哥们啊？真是有病！还是离他远点吧。

李祥看上张玉娟了，担心孙红领也跟她好，就极力贬低孙红领的人格。说他"早恋"，"甩女友"，要么就是"袜子臭""进过拘留所"等，妄想在张玉娟心中把孙红领搞臭。而事实上，他的反常表现，反倒在人格上首先搞臭了自己。贬低别人的人格，于对方并无大碍，这中间暴露出来的人性弱点，却足以使自己败北。

除了成绩和人格，我们还不能贬低别人的能力。能力是一个人进入社会的立身之本。我们每一个人，都非常看好自己在某一方面的能力。如果谁的能力被有意无意地贬低了，会打心眼里产生极大反感。因此，在交际中，以贬低别人的能力抬高自己，往往会受到大家的抵制。

刘振江的几个同事一个比一个能干，都是公司里的精英人物。可刘振江看人总有哈哈镜效果。不管你有多大能力，在他眼里都会变形。去年，邓喜代表公司，参加市总工会组织的书法比赛，其草书《赤壁怀古》得了二等奖，总经理都说他有两下子，可让刘振江一开口就没戏了："就邓喜那点蜘蛛爬，还得奖？评委什么眼神啊？邓喜这人也是，什么都知道，就是不知道什么叫丢人，真是瞎起哄！"听了刘振江的话，没有人不说他欠口德的。孔德宽为公司搞了一项销售策划，被公司采用了，大获成功，刘振江又神秘兮兮地说："孔德宽的策划文案肯定是他那个同学操的刀，就小孔那点臭底我还不清楚？写策划，他也配！"让他这么左右一侃，孔德宽竟成了草包一个。前些天，人力资源部考察孙凤霞，想让她当个小头头，刘振江也出来作梗，说："孙凤霞在家连老公都管不了，在公司能管什么？她那个文凭都是假的。"真把孙凤霞气得杏眼圆睁……刘振江总爱隔着门缝看扁人，一有机会就贬低别人的能力，没多少日子，办公室的人就让他给贬遍了，他自己也成了孤家寡人。

贬低别人的能力，贬得再厉害，也不能证明自己有能力。若是激起大家的反对，即使你的能力真的很出众，也会被大家看不起。

交际中，用贬低别人的方法抬高自己，无异痴心妄想。贬低别人的成绩，无法助长自己的成绩；贬低别人的人格，也不能让自己有好人格；贬低别人的能力，反倒会让人认为自己缺乏能力。所以，交际中我们千万不要贬低别人，贬低别人就是贬低自己。

看轻他人，就是看轻自己

现实当中，很多人会犯的一个毛病就是轻视别人，喜欢门缝里看人，结果把人看扁了。其实，这是目光短浅的表现。俗话说：人不可貌相，海水不可斗量。总是看轻别人，说别人这也做不好那也做不好，就会伤害了对方的感情，也会损害了自己的形象。甚至，很多时候，往往是自打巴掌，自找难堪。

古罗马哲学家里米齐乌斯曾讲过这样一个寓言故事：

一只老鹰追逐一只兔子，想吃掉它。兔子眼看自己走投无路，突然看见一只屎壳郎。兔子求屎壳郎帮帮他，屎壳郎答应了。这时候，老鹰已追到跟前。屎壳郎对老鹰说："请别伤害兔子，因为他是我的朋友。"可是，屎壳郎看上去那么小，老鹰才不把它放在眼里。老鹰掐死了兔子，并当着屎壳郎的面津津有味地吃了起来。屎壳郎忘不了这一耻辱，它一心在等待复仇的机会。不久，它发现了老鹰的巢，并看到老鹰把蛋放在里面。它便悄悄飞了进去，把老鹰的蛋推到鹰巢的沿上，使它落到地上摔破了。老鹰发现后伤心不已，他痛恨自己当初看轻了屎壳郎。

作家希尔读过这个故事后，感叹道："不要轻视和得罪任何一个人，哪怕他看起来是渺小的。否则，你会为此而后悔的。"朋友们，我们在现实中是不是也经常会"隔门缝看扁人"，总喜欢挑别人的毛病和缺点？其实，这种心理很不健康。如果你无端地看轻别人，最后的结果往往是自惹尴尬。当然了，被你看轻的人，也不会乐意与你相处的。

据说上古时期，黄帝带领着随从到贝茨山找一个叫大傀的人，可是走到半途上迷路了。他们遇上一位放牛的孩子，黄帝便上前问道："小伙子，贝茨山要往哪个方向去，你知道吗？"牧童说："知道呀！就在山的那一边。"黄帝又问："那你知道大傀住哪里吗？"牧童说："知道啊！"他边说边给他们指路。黄帝看他懂得蛮多的，就略带嘲讽地说道："看你小小年纪，知道的事儿倒不少啊！难道你也知道如何治国平天下吗？"那牧童说："治理天下和我放牛的方法一样，只要把牛的劣性去除了，那一切就平定了呀！"黄帝听后大吃一惊，继而非常尴尬。他原以为小孩子什么都不懂，没想到他却能以日常生活经验，悟到治国平天下的道理。黄帝后来发誓，再也不能小看任何人。

黄帝按照自己的主观臆断，认为牧童什么都不懂，所以话里还流露出调侃和嘲讽的意思。可是一盘问才明白，牧童知道的东西远远超乎自己的想象。于是，皇帝便得出了不要轻视任何人的结论。在现实生活中，如果我们总是根据别人的一些外在表现，就想当然地评价他、判定他，结果大多会因为自己的错误结论而失去了可能成为我们人生路上的伙伴或是朋友。因此，无论看起来怎样简单的人，我们也不该凭着自我的感觉，就看轻了人家。

某杂志社新办了一本刊物，总编辑让大家民主选票，暂时选一位执行主编出来。经过选举，王飞当选新刊物的主编。这让编辑部主任胡伟不高兴了，他觉得新刊应该由资格老的同志当主编，王飞来杂志社的时间不长，平常也只会写一些小稿子，怎么可能会是当主编的料？让他当主编，还不把新刊物糟蹋了？于是，胡伟便找总编辑，竟然要求把王飞撤下来。主编对胡伟说："王飞对杂志的运营比较了解，文字功底也不错，让他锻炼锻炼，就算做不好，还有我把关呢。"可是任总编辑怎么说，胡伟都坚持自己的意见，对王飞当主编一事耿耿于怀，还说如果真让王飞当主编，那自己也不想干了。但是，一段时间过后，王飞主编的两期新刊物很受读者好评。再提到王飞能不能当主编，胡伟就脸红了。

俗话说：人不可貌相，海水不可斗量。人的信念、意志、理想，并不是必然外显的品质，如果你忽视了，或是从没想到别人会有这些品质，就容易把别人看轻了。说别人这也做不好那也做不好，无形中给人际交往造成障碍。像胡伟这样轻视别人、否定别人的人，在图自己一时痛快的同时，不仅伤害了他人，也伤害了自己的形象。我们时常以自己的观点去判定别人，而这样的轻易判定别人，是不理性甚至是荒谬的。一定要记住，别人表面上呈现出来的一些弱势的地方，不是你看轻对方的理由。

1942年，斯大林格勒保卫战打得异常残酷。伊万诺夫在崔可夫中将指挥的一个班做步枪射手，他的战绩优异，颇受崔可夫赞扬。之后，班里来了一名新兵——瓦西里。伊万诺夫对这个新人不大感冒，不是骂他搞错战位，就是嫌他没有耐性，狙击不利。哪料到，瓦西里人虽低调，打仗却鬼机灵，10天之内就射杀40名德军，受到崔可夫中将的特令嘉奖。崔可夫亲自授予他一把带瞄准镜的莫辛·纳甘狙击步枪，以示鼓励。伊万诺夫见状便在班里大吵大闹，说："怎么可能呢？我才击毙不到20个德军，瓦西里从没受过正规训练，凭他那点本事，能狙击40个德军？谎报军功！"伊万诺夫的质疑让崔可夫很是为难，同样也给瓦西里带来很大麻烦。之后的几天，崔可夫只好安排一位战士专门给瓦西里做记录。结果，事实证明他的战绩并无半点虚假。最终，伊万诺夫受到崔可夫的严厉批评。

对人知之甚少，仅凭自己的想象，无端地把人看扁，是一件愚蠢的行为。这样做，别人的形象不会变矮，自己却相形见绌了。伊万诺夫觉得瓦西里是一位新兵，没有接受过正规训练，10天内不可能射杀

40 名德军，因此料定他是谎报军功。伊万诺夫还因此大吵大闹，影响团队的和谐气氛，也给团队造成额外的浪费——崔可夫要派人给瓦西里记录战绩。当最后证实瓦西里没有半点造假时，可以想象，伊万诺夫情何以堪啊。

朋友们，看轻他人、看扁别人，往往是你看走了眼，那不但说明你眼光浅，更说明你的修养不够。无论是看轻别人的什么，都会给交际带来致命的危害。因此，我们要竭力避免。

别以为自己就是尺度

作家王蒙在谈到人最容易犯的错误中，着重谈到了一点就是——以自己为尺度衡量旁人。是的，交际中，有些人总习惯于以自己的尺度标准来衡量别人。这样做，主观因素占主导地位，其实很难做出准确的判断，有时甚至"猴子吃麻花——满拧"，得出一个根本错误的结论。

张远和范仲淹同朝为官，还是好朋友。张远当了18年京官，却因故未能住上公产房。范仲淹当了宰相后，便想帮他弄一套房子。景祐二年十月，宋仁宗为百官新建住房，张远终于拿到了房票。分房时，范仲淹看中了一幢大房。那房子面临官道，出入方便，还靠近更房，不用防小偷，而且房子有后窗，住着通风！范仲淹想给朋友一个惊喜，就偷偷地挑了那幢房子留给张远。哪知道，张远看了房子后，非常不满，甚至还以为这房子是人家挑剩下没人要了才给他的。他说房子临近官道，白天太乱；挨着更房，夜间太吵；后窗那么大，冬天会很冷。范仲淹没想到自己好心帮人忙，结果却帮了个倒忙。

范仲淹按照自己的想法，给张远挑房子。他以为自己喜欢的，张远也一定会喜欢，便自作主张，挑了一幢房子给张远。可是，估计他无论如何也想不到，自己看上的这套房子的三个优点，在张远看来全都成了缺点。与人交往，我们也经常会把自己喜欢的东西强加于人。其实，每个人对事情的看法和理解都不一样，做事时，我们一定要征求别人的意见，不可自作主张，否则，最后可能就会惹人厌烦。

以前，一位女歌手有个奇怪的毛病，就是特别厌恶看到男生将衣服扎进裤子里。一次，她和男友一起去参加朋友婚宴。男友喝了酒后，就把T恤扎在裤子里。女歌手顿时就气呼呼地说："你真无聊，让人看了好恶心！是不是你平时和我在一起的时候，很会装啊？"男友平常都会顺从女朋友的，但这次喝多了酒，就和她争辩说："我和别的男生一样装会儿酷怎么啦？又不是吃喝嫖赌抽！"女歌手非常愤怒，还说出了要分手的狠话。这时，有朋友过来劝她说："我觉得你男友并没有错，你厌恶的事，为什么别人也得跟着厌恶呢？你想啊，你只是个唱歌的，你要是美国总统，世界上一半多的国家跟着倒霉。"女歌手被逗笑了，仔细想想后，终于点头承认是自己的不是。

女歌手厌恶把T恤扎进裤子的男生，是她个人的事。但她不该苛求别人不能这么做，那样就显得自己太任性了。为此还与男友闹起矛盾，差点儿影响感情，实在不应该。其实，厌恶什么事、什么人都无妨，但要求别人也跟着去厌恶，便是强人所难。人们看问题的角度，千差万别，要求别人和你思维一致，自己所厌恶的就要求别人也跟着厌恶，不但行不通，而且可笑。

赵小萌的母亲因病住了院，虽然有父亲在医院照顾母亲，但赵小萌还是不放心，每天还是要请半天假去医院陪陪母亲。一天，赵小萌放学回家，看见弟弟正在家里和同学谈作业，突然发火道："你怎么这么不孝？妈妈都住院了，你竟然只顾着自己。你学习再忙，也该请假去医院多陪陪妈妈才对。"因为有同学在场，弟弟被说得无地自容。赵小萌却丝毫没有顾及弟弟的面子，反而变本加厉地批评起来。最后，弟弟终于忍无可忍："你就知道我不关心妈妈吗？妈妈的病情不是已经稳定了？而且爸爸不是也在照料吗？你以为你这样天天请假跑到医院去，妈妈就会高兴？你这样，只会让妈妈更担心、更觉得过意不去。"弟弟的一番话，让赵小萌无言以对。

赵小萌希望弟弟多去医院看看母亲，这肯定是没错的。但是弟弟没有经常去医院看望母亲，不代表弟弟就不爱母亲。他肯定有自己的理由，而事实证明这个理由还更具说服力。生活中也是如此，人们的想法是各不相同的，为人处世的方法也各有差异，你别以为你对什么事担心、纠结，别人也该担心、纠结。如果盲目要求别人跟你一样，结果可能事与愿违。

某品牌运动鞋在美国走俏时，天才推销员戴蒙德便做了一名代理商。2008年，由于世界经济危机，导致很多行业受到冲击，该品牌鞋生产也受到影响。因为一位法国客户之前订了不少货，便给戴蒙德打电话询问生产进度。戴蒙德直言相告，说交易可能会延时。客户一听急了，质问道："这怎么能行？你是怎么做事的？"戴蒙德也急了，说："你这是什么话？我作为代理商，我比你更希望早日成交，可现在是特殊时期，我对他们表示理解，为什么你就不能理解呢？"客户却说："我是做生意的，只在乎交易成功与否，你跟我说的这些，跟我有什么关系呢？"最终，这笔生意只能是黄了。戴蒙德在评论此事时，说道："是我自己犯糊涂了，我不该站在自己的角度上考虑，我能够理解的，不能要求别人也理解。"

因为经济危机，导致鞋厂生产受到了影响。作为代理商，戴蒙德对此表示了理解，这是值得鼓励的。可他却指望作为客户的法国人也理解这些，并期望他可以延迟交易，这就太幼稚、太不现实了。所以说，在生活中，我们一定要记住，你可以对某些事物抱以理解和宽容，但是别人没有义务跟你一样。你不能不顾及别人的想法和态度，倘若自以为是而得罪别人就太不好了。

朋友们，与人交往中，千万不要以自己为尺度，别以为你喜欢的别人也会喜欢、你厌恶的别人也要厌恶、你纠结的别人也该纠结、你理解的别人也能理解；因为每个人对事对人都有自己的看法和立场，我们是不能强迫别人和自己相同的。

考虑别人的感受，别人才会感觉你温暖

很少人知道，关爱其实也是一门艺术。我们在关爱他人的时候，要做到考虑他人的心理感受。如果跟别人相处，却一点不顾别人的感受，那就会让别人感到寒心；相反，如果懂得在乎别人的感受，那就会让别人感到温暖。所以，考虑别人的感受再说话做事，就是对别人的一种最好的尊重。

一天，好友李芳来找梅丽。李芳的神情很忧郁，在聊天的时候，她对梅丽说，我给你讲一个故事吧，其实故事很俗套，一个女孩喜欢一个男孩，她把男孩介绍给了自己的闺蜜，可谁料，男孩和这位闺蜜却产生了感情。女孩和闺蜜都舍不得男孩，而男孩也在两个女孩中间摇摆不定，两个女孩都陷入了痛苦的煎熬……

听到这里，梅丽便洞察了些什么，她淡淡地说："说实话吧，你是那个女孩，还是那个闺蜜？"李芳听完一愣，讪讪地说，这只是一个故事。然后就离开了。

很明显，李芳是故事中的某个女孩，可她既然以讲故事的方式向梅丽说这件事，就证明，这件事是她心里的伤疤，她不愿意揭开来给大家观看。可她为什么又要来梅丽这里说这件事呢？那是因为，这件事郁结在她心中，她要倾诉出来，以疏解内心的抑郁。可梅丽却偏偏在此时戳穿人家，李芳自然会离开。此时的梅丽，完全可以做一个忠实的倾听者，即使她想劝解李芳，也可以假借故事的名义，这样说："其实故事里的两个女孩都很傻，一个不专一的男孩，值得她们这样留恋吗？忘记那个'多情'的男孩，那两个女孩才能挽回自己的友情，

重新找到自己的幸福！"

在谈话中，李芳希望能有人倾听自己的倾诉，并给予安慰。可梅丽却全然不顾李芳感受，直接揭开了人家的伤疤，谈话还怎么继续呢？由此可见，生活中，我们不仅要考虑自己，更重要的是，要首先考虑到别人的感受，只有这样，才能使交流收到事半功倍的效果。

林旭是一个不甘于平凡的人，立志要成为一名成功的商人。他经营一家公司，却屡遭挫折，最后公司倒闭。他受到了巨大的打击，但一直不气馁，决心重整旗鼓，从零开始。他把自己想要重新开始的想法告诉好友赵毅，说："你觉得我能成功吗？"赵毅却说："别折腾了，找份安稳的工作，好好过日子不好吗？老折腾个啥劲呀？"林旭摇摇头说："你还是不懂我呀。"二人不欢而散。

回去的路上，林旭遇到了以前公司的秘书，两人闲谈，谈到了林旭的计划。秘书诚恳地说："林总，我跟着您好几年了，对您还是比较了解的。这次虽然失败了，可您曾经取得的成绩，您的能力也是有目共睹的。谁没有遇到过坎坷？你是经过大风浪的人，我就知道你一定能挺过去，重振雄风的！"林旭听后信心倍增。后来，功成名就的林旭说起此事时无限感慨："在那个人生最落寞的时候，能听到这样一番安慰鼓励的话，就像一泓甘泉流进了干涸的土地。"

为什么赵毅的话使林旭不悦，而秘书的话却使他铭记于心呢？林旭已经选择了自己的奋斗道路，并且坚定不移。只是因为刚刚遭受失败，他需要一些支持和鼓励。他找赵毅交流，并不是为了听赵毅的意见，而是为了寻求一些鼓励和支持，可赵毅却罔顾林旭感受，直接对他的奋斗目标进行否定，这正如当头的一盆冷水，林旭怎么能接受？而秘书的话却鼓舞了林旭的信心，因而使他记忆深刻。有的时候，别人已经下定了决心，还来询问我们的意见，其实他需要的只是我们的支持和鼓励，我们应该先考虑他的感受，给予其支持和鼓励。即使真的不同意他的看法，也应该先肯定他的激情，委婉地表达，而不能不顾他的感受，直截了当地否定他。

托德·库姆斯出生于绘画世家，从小就立志做一名画家。虽然他很努力，但他的画作始终无缘大奖。25岁那年，他又在全美的一次绘画大赛中败北。他终于产生了动摇，不知道前途在何方，迷茫的他向自己的老师求教。可老师却说："看来你真的是不适合绘画了，这可怎么办呀。这些年，你所有的精力都放在了绘画上，如果无法在这上面取得成就，你还能做什么呀？"一番话说得托德·库姆斯更加消沉。

这时，一位邻居老人找到了托德·库姆斯，他说：古时有个人想去罗马，却发现通往罗马的路堵死了。无奈之下，他只好退而求其次去了佛罗伦萨，意外地在那里找到了自己失散多年的亲人。世界上的路并非一条，既然你在绘画上走不通，为何不试试别的，说不定会有意想不到的收获。其实我早就发现了你在投资方面很有天赋，碰巧我是一家贷款公司的负责人，愿意来试试吗？老人的一番话仿佛是托德·库姆斯的指路明灯，他开始经营股票与投资，从此风生水起。后来，他被股神巴菲特选为接班人，声名鹊起。

坚持了多年，却无法取得成功，托德·库姆斯对自己的未来产生了迷茫和困惑，情绪本来就低落。他最需要的是别人指点迷津，可他的老师不顾他的感受，一味地为他叹息感慨，本来是好意，却打击了托德·库姆斯本来就脆弱的神经。而隔壁的老人为他指明了出路，托德·库姆斯自然会对其更加感激。人在彷徨和迷茫的时候，总是希望能得到别人的一些建议和看法，如果你的身边出现了这样的人，最好的做法就是了解他们心中的感受，不要为他惋惜，而是给予其一些有效建议，给他一些指点，他也会对你更加尊敬和感激。

我们平常的语言和行为会对别人的心理感受造成很大的影响，因此，在交流中，我们应该首先考虑别人的感受，照顾别人的情绪，这样，你的交流才能达到更加理想的效果。否则很可能会驴唇不对马嘴，你说你的，而别人完全听不进去，甚至会惹人反感。

在别人伤口上撒盐是一种愚蠢行为

　　人与人之间，有时候因为图一时口快，常常会有意无意地说对方不愿谈及的话题，这就等于是在别人的伤口上撒把盐。这种做法，可能会让你的好胜心得到满足，后果却是非常不好的，因为这会引起别人的不满或不快，别人怎么会待见你呢？

　　最近朋友余明很郁闷，因为他伤害了自己的父亲。事情是这样的：余明刚大学毕业，想到大城市去闯荡一番，可父亲却希望他能留在自己工作了一辈子的服装厂，这样生活会更稳定，于是父亲苦苦劝说。余明被说得烦了，便大声说："留在服装厂有什么出息，你在这里待了一辈子不还是一事无成吗？为什么还要我留下来浪费青春！"父亲听后，面色一僵，摇摇头便不再说话了。

　　余明的父亲年轻时很有才干，却屡遭排挤，怀才不遇，到老了还是个小职员。对此他心中十分苦闷，常常一个人喝闷酒排遣苦恼。现在岁数大了，渐渐地不再那么介怀了，可余明的一句话却如一把盐撒在了他的伤口上，令他十分痛苦。俗话说"恶语伤人六月寒"，生活中我们也常常会犯这样的错误，别人明明已经受到了伤害，可我们的话却在不经意间戳痛了别人的伤口，伤害到他人。

　　张禹人聪明，工作又好，唯一的缺点就是个头有点矮，朋友们常常拿他开玩笑，他也不介意。前一段时间，相处了几个月的女朋友带他回家见家长，谁知丈母娘对他的身高十分不满，女朋友也被迫和他分手，张禹十分痛苦。朋友们尽量不提此事，可好友李朋依然喜欢拿张禹的身高开玩笑,张禹虽然心里很生气,但碍于朋友的面子,就一直隐忍不发。一次朋友聚会,李朋多喝了两杯酒后嘴上就没把门的了,说:"昨天晚上看《水浒传》没?王矮虎那么矮居然娶了扈三娘那么漂亮的老婆,咱张禹比他还高,咋就找不着对象……"一直就对李朋不满的张禹终于怒不可遏,大声斥责李朋,李朋这才自知失言,闭上了嘴。

朋友之间,开开玩笑原本无可厚非,可张禹刚刚因为身高问题而失去了女朋友,正处在痛苦当中,李朋完全不顾张禹的感受,屡次开他玩笑,甚至在玩笑中调侃他因为长得矮而找不着女朋友,怎么能怪张禹发怒?生活中,很多人都喜欢拿别人开玩笑,如果是相熟的朋友之间,调节一下气氛,也没什么不好,但是如果别人刚刚遭受挫折或者不幸,那你的玩笑就要适可而止,尤其是不能触碰到别人痛苦的原因上去。因为身处痛苦中的人的心是十分敏感的,你的玩笑很可能变成伤害他的尖刀。

王凌霄为人热情,单位的人都亲切地喊她王大姐。有段时间,办公室的徐军染上了赌博的恶习,王大姐十分热心地帮助他,终于帮他戒掉了赌瘾,徐军对此十分感激。可这王大姐就是嘴快,从此以后经常拿这事说事。同办公室的小马比较懒,王大姐就会说:"懒有什么不好改的?你看徐军那么大的赌瘾都改过来了,你咋还改不了?"同事有人犯了小错误,她也会说:"徐军那么大的赌瘾都被我纠正了,你们这点小毛病还能难得倒我?"对于赌博的经历,徐军不堪回首,本不愿再提起,也不愿别人知道,可因为说话的人是王大姐,徐军也不好说什么。可时间长了,全单位都知道了他曾经是赌鬼的事,越来越多的人拿此事打趣他,弄得他心里十分窝火。一次王大姐又在单位说这事,恰巧被徐军听到,他立马打断王大姐,说:"天天说,天天说,弄得我都成了单位的反面典型了,什么意思!"王大姐一时目瞪口呆,说不出话来。

王大姐帮助了徐军，这是值得肯定的，但她把这事当作一个经典案例四处在单位宣扬，就不对了。毕竟曾为赌鬼是徐军心里的一块隐痛，徐军想尽快忘记，也不愿别人再提起，可王大姐反复地讲，不仅徐军无法忘记，反而弄得单位人人皆知，无异于在人家伤口上撒盐。谈话中，我们经常会拿身边的一些人或者事举例子，这样更容易增强话语的说服力和感染力。可如果你举的例子涉及别人的隐痛，那么最好打住，因为你的话很可能让别人的隐痛四处传播，这就像把别人的伤疤再拿到众人目光下灼烧一遍一样，使他人痛苦不堪。同时也会使别人觉得你是一个大嘴巴，从而影响你自身的形象。

每个人都会有这样那样不愿他人提及的东西，在谈话中，我们一定要注意，不要拿别人的痛苦开玩笑，不要提及他人伤心的过往，不要拿使别人痛苦的事情举例子，这样才能避免自己的言语戳到别人的痛处，避免在别人伤口上撒盐。

第四章

低调处世
——人缘好事业旺

我们最为谦卑的时候，便是我们最近于伟大的时候。

——泰戈尔

人前不显贵的智慧

在现实生活中，我们会发现很多人有了一点儿地位、成就、财富后，就想拿出来显摆一下。其实，那只能说明你势利、无知，只会让人鄙视。地位、成就、财富，等等，你就算有，也不应该拿出来显摆，因为只有懂得谦虚低调的人，才会赢得别人的欢迎与爱戴。

前不久，笔者采访了香港电影巨星郑则仕先生，虽然郑则仕先生曾两度夺得香港电影金像奖影帝，但是在日常生活中，他却非常低调朴实，没有任何架子，从不显摆。那天，我到达郑则仕先生的住处时，郑则仕先生非常亲切地与我打招呼、握手，还不时地跟我（还有双方的工作人员）开玩笑，闲聊。而在正式的采访中，郑则仕先生更是彬彬有礼，谈话和蔼可亲，态度温和可感，我提问涉及郑则仕先生在生活和工作中的方方面面，他都非常有耐心地一一作了详细的回答。

其中，他还告诉了我一个故事——

有一次在外面拍戏，有一位好友跑来看他，郑则仕和朋友边走边聊，有朋友提议去好一点儿的饭店聚餐，他却随意走进一家潮州面馆，说就在这边吃就很好。大家边吃边聊，兴致很好。结账的时候，总共花费不超过三百元钱。吃完饭后，友人搭乘出租车离开，只有他步行到公交站，独自坐公车回家。有朋友奇怪地问："你吃饭也随便下馆子，坐车要去挤公车啊。你现在可是大明星啊，这样多掉价啊。"郑则仕笑着回答："我是小演员，我从来不是大明星。众生平等。吃得饱吃得开心就行了，公车也没什么不好啊，很方便。"郑则仕的低调，在娱乐圈一直广为流传。

在采访中，郑则仕一直强调："我是小演员，我从来不是大明星。我们是平等的，众生平等。你有条件想享受好一点儿，可以。有条件想普通一点儿，也可以。谁规定演员不能进茶餐厅蹲大排档的？不能吃路边餐的？我就吃路边餐的，看见臭豆腐好，就来一个，鱼丸子好，来一个。"

按理说，作为两届香港电影金像奖影帝，这样的成就是很耀眼的。对于一般人来说，可能就会派头十足，吃喝玩乐，可能都要求是最好的。但是郑则仕谦虚低调，从来不把自己当大明星，也不会在朋友或者粉丝面前摆架子，一直保持朴实的生活方式，以平和的心态看待自己过去的成就，平易近人，真诚坦率，因此更加赢得观众的喜爱，同时在生活中也拥有了更多的朋友。

郑则仕先生的平易近人给我留下了深刻的印象，这让我想起了另一位名人的故事，这就是韩国首位女总统朴槿惠。

据朴槿惠回忆，她父亲虽然很早就成为了人人羡慕的议长，地位崇高，有权有势。但是，母亲陆英修对子女却要求甚严。她不但从没有给孩子买过玩具，就连孩子上下学，也没有车接送。有一次朴槿惠上学，外头下着倾盆大雨，朴槿惠的伞被风吹翻了，只能无奈地跑回去告诉母亲雨伞坏了。母亲二话不说，就帮她拿了一把新的塑料伞。当时，站在一旁的事务官说："外面风雨这么大，塑料伞一下子又会被吹坏的，今天就让孩子坐车上学吧。"结果，母亲却毫不犹豫地拒绝了。她说："不能因为我们拥有特殊的地位，就享受特殊的待遇。如果槿惠坐车去上学，就显得她比别的同学高贵。那别的同学会怎么想呢？这对他们来说公平吗？我不能让孩子以为地位高，就可以显摆。"最终，母亲让朴槿惠一个人撑着伞去上学。

虽然丈夫贵为议长，陆英修却没有因此而搞特殊。对待孩子，她不但没有"富养",甚至还要求孩子要过得比普通人家的孩子更清贫节俭。刮大风下大雨时,陆英修也不肯让女儿朴槿惠坐车去上学,生怕这样做会让别的孩子受到伤害,也生怕自家的孩子会养成显贵的毛病。如此做法,真是令人动容。古人说:"人前显贵,人后受罪。"我们可以把这句话理解为:如果你总想着在别人面前显示自己的高贵,那别人即使表面上不会说你什么,背后也会觉得你太高调点,太张扬了。因此,人前不显贵,低姿态示人,就会赢得别人的尊重。

莱蒂跑去巴塞罗那创业,经过多年的努力和奋斗,他终于在当地开了一家颇具规模的公司。一天,他在埃瓦尔老家的玩伴多尼尔斯,从国外打工回家顺便想来城里看看他。那天一大早,莱蒂带着自己的哥哥去接多尼尔斯。接到多尼尔斯后,他们就一起去吃饭。两个老朋友许久不见面,因此话题特别多。多尼尔斯说自己现在在葡萄牙打工,虽然工作累了点,但工资还不错,足够他养家糊口。而当多尼尔斯问起莱蒂在城里做什么时,莱蒂的哥哥正想说在开公司,可莱蒂却给他使了个眼色,让他不要乱说。然后,莱蒂说自己和哥哥做着一点儿小买卖,也只是刚好够养家糊口而已。送走了多尼尔斯后,哥哥忍不住问莱蒂:"多尼尔斯一直夸夸其谈自己的工作有多好,你为什么不告诉他我们比他好几百倍?"莱蒂叹了一口气说:"正因为如此,我才不想告诉他。否则,他一旦知道他是打工的,而我是一位体面的老板,他会为彼此生活的巨大差异而感到自卑的。"

莱蒂的话不无道理,在生活境况不如我们的人面前不张扬、不显摆,用自己低调的幸福换取他人最大限度的自尊,这低调的幸福也是一种发自内心的善良。莱蒂在多尼尔斯面前,不显摆自己的成就,展现的是为别人着想的品质,令人敬佩。朋友们,我们应该记住,我们可以享受富足,但我们生活的优越不可以像带刺的玫瑰去伤害朋友的心,我们时刻要记得在朋友面前撕下优越感的标签,让朋友可以平等与你相处。

　　无论你拥有怎样的优势，请一定记住，不要显示出来。人前不显贵，展示的是低调和谦虚的品质，体现的是为别人着想的美德。这样的人，自然会得到别人的赞誉和喜爱。

巧妙示弱更强大

王涛涛是服装加工厂的技术工，崔杰则是小组长。两个人平时关系还不错。这天，崔杰检查服装，发现王涛涛做的衣服有问题，就按照规定，扣除了王涛涛一个工分。王涛涛看见了，让崔杰手下留情，然而，讲原则的崔杰坚持按制度执行。王涛涛有点生气，就跟崔杰争执起来。工友们来劝，也不管用。王涛涛说："你装什么大公无私，其实是小人一个。"崔杰说："你说谁小人，你再说一句，我可生气了。"王涛涛不以为然，又说了一句。一时间气氛紧张。崔杰却笑着说："好，有种你说一万句，我就告诉厂长去。"工友们和王涛涛都被崔杰逗乐了，因为大家都知道，崔杰这样说其实是不想再接着吵下去了。最终，王涛涛笑着表示愿意接受扣分。

崔杰坚持原则，值得佩服。而当面对王涛涛的出言不逊，他也没有以牙还牙，针锋相对，而是以一句幽默之语进行化解。这是故意示弱，也是有智慧的示弱。因为王涛涛不可能会再说一万句。在发生矛盾争执时，我们完全可以通过示弱来避免矛盾升级。

20世纪20年代初，美国作家海明威与诗人庞德相识了。当时的海明威已经名满欧美，风光无限。因此，庞德跟他在一起时，总是显得有点拘谨，寡言少语。海明威发现这个问题后，决心打破这个怪圈。一次，海明威跟庞德在一起谈文学时，他主动谈起了欧美流行的诗，还当场朗诵了庞德的诗，向他请教。然后，他又拿出一份文稿递给庞德，说自己只会写小说，不会写诗，但很喜欢诗，就学着庞德的诗，模仿了几首，请庞德指教。一谈到诗，庞德自然是兴致高涨，滔滔不绝，当场评点了海明威的诗，海明威连声感谢。从此以后，庞德跟海明威在一起，再也不会拘谨了，而是畅所欲言，就这样，他们成了无话不谈的好朋友。

在大作家面前，庞德有心理压力，影响了二人的正常交往。海明威却谦虚地就诗歌方面向他请教，让对方感觉自己不差，甚至比海明威强，消除了心理上的不平衡，最终成为要好的朋友。卡耐基有句名言："如果你想赢得朋友，让你的朋友感到比你优越吧；如果你想赢得敌人，那时时刻刻比你的朋友优越吧。"在与人交往中，当自己处于强势地位时，要主动找到别人的强项，用自己的弱项去对比别人的强项，让别人觉得比你强，这样，别人就会乐于跟你交往。

北宋名臣韩琦曾经同范仲淹一道推行新政，并长期担任宰相职务。有一年，他与同僚王拱辰、叶定基等人在开封府主持科举考试，王拱辰、叶定基二人经常为考生卷子的优劣争得面红耳赤，而韩琦觉得偏袒哪一方都不合适，就只是听而不闻，视而不见，坐在桌前专心判卷。没想到人不找事儿，事儿却找人。有一次，王拱辰和叶定基为了阅卷的事情又吵得不可开交，王拱辰气韩琦不帮自己说话，跑过来对韩琦嚷道："我说你在这里练习气度哪？"韩琦听了这带刺的话，不但不生气，反而赶紧好言好语地赔不是："实在抱歉，都怪我这耳朵不顶事，不知道你们在争论什么事啊。"这显然出乎王拱辰的意料，他没想到韩琦居然给自己道歉，也就讪讪地无话可说了。事后，韩琦耐心地做了二人的工作，很容易就把事情给解决了。同僚们自此都对韩琦刮目相看、礼敬有加。

在王拱辰跳出来向韩琦"吹胡子瞪眼"地找碴时，韩琦并没有勃然大怒，而是采取示弱的策略向其赔不是，从而避免了一场无谓的争吵纠纷，同时也赢得了同僚们的赞许与好感。在人与人的相处过程中，适当的示弱其实是一种真诚接纳的态度。示弱是消除隔膜、增进交流、建立良好人际关系的润滑剂。交际中巧妙示弱，能给你带来和谐的人际关系。我们往往习惯于向别人展示自己的强项、长处和优越，然而，很多时候，放低位置、降低姿态、有意示弱，却能收到令人惊喜的效果，为你的交际增辉添彩。

某电视台任命陈静为播音组组长、李明为副组长。李明当时正是年轻气盛、争强好胜的年纪，她找到主任说："我们的履历几乎一模一样，凭什么她是正的我是副的？"无论主任怎么解释，李明都觉得不公平。陈静知道此事后，立即去找主任，强烈要求更换李明来当组长，自己当副组长。她说："李明一直是个要强的女孩子，播音业务上，我们不相上下，但管理上，她确实比我强。"然后，陈静还历数几件管理上的事情，证明李明比自己强。经不住陈静的请求，最终主任把陈静和李明两人的职位调了过来。李明知道后，既惭愧又感动，从那以后，二人配合默契，成为电视台最佳黄金搭档主持，李明一直视陈静为最要好的朋友。

李明觉得陈静当组长而自己当副组长就不公平，所以心有不甘，找领导争辩。陈静知道后，主动示弱，并且坚持要求主任调换两个人的岗位，自己甘愿当副手，成全李明的好强心，这种礼让的胸怀，实在令人动容。在生活中，每个人都会有攀比的心理，这时候，如果能够为了对方的自尊心，主动示弱，满足他人的好强心，一定可以让对方感动，从而也起到稳固友情的作用。

股神巴菲特非常热爱打桥牌，称得上业余桥牌高手。一天，巴菲特又和牌友们一起打牌，在得胜之余，巴菲特竟情不自禁地当众炫耀其不凡的牌技，还屡屡向旁边一位女士详加分析和讲解，只见对方始终面带微笑，耐心地聆听他侃侃而谈，并表示极大的赞赏。但事后巴菲特才被告知，那位女士是世界桥牌冠军莎朗·奥斯博格。这第一次会面，巴菲特就被这位其貌不扬的女性深深折服，力邀她到自己旗下的波克夏公司总部做客。自那以后，奥斯博格就成了巴菲特的桥牌教练，两人也从牌桌上的最佳搭档发展成为生活中不可或缺的挚友。

在莎朗·奥斯博格眼里，巴菲特的炫耀可谓雕虫小技，但她并没有朝对方指手画脚，而是给予了赞赏，一下子拉近了两人心灵上的距离。正因为她满足了巴菲特的虚荣心，才让他主动抛出了友情的橄榄枝，并最终成为他的红颜知己。生活中，必定有不少人都爱炫耀自己，如果我们能适当地"糊涂"点，在彼此的交往中成全别人的好强心，成人之美，一定皆大欢喜。

让别人觉得比你强，需要一种不争的态度，但这并非消极逃避、百事退让，而是一种交际的智慧，是一种人格魅力的体现。《道德经》上说："以其不争，故天下莫能与之争。"是的，主动示弱，可以为你的交际添彩，还可以为你集聚人脉资源，促进事业发展。

"常有理"，为什么受伤的总是你

有些人在人际交往中，总是以自我为中心，明明自己不占理，或巧言或强辩，非要给自己搅出个理来不可。通常人们把这样的人蔑称为"常有理"。具有这种脾性的人，从不把别人的感受放在眼里，常常拿别人的权益当儿戏，很是令人反感。所以，如果我们发现自己身上存在着某些"常有理"现象，还是及早克服为好。切不可让"常有理"给我们的交际带来危害。

那么，有哪些"常有理"需要我们着力克服呢？

一、尊长型"常有理"

现实生活中，一些人喜欢以尊位长位自居，在部属或晚辈面前耍"不说理"，久而久之便形成尊长型"常有理"。人们对尊长型"常有理"一向比较迁就，因为是上司或是长辈，很少有人与之较真，或是根本就不能较真。无形中，这又助长了"常有理"行为的发生，使"常有理"耍得很是得意，即使遭遇周围很多人的不满，甚至人际关系小有紧张也毫不在意。

前一段时间，教育局监察室多次接到举报，称松林中学违纪向学生收取补课费，韩主任便带人到这所学校去调查。没想到，调查正在进行，张局长把韩主任叫过来说："韩主任啊，大不了是一些乱收费的破事，批评一下就算了，查什么查？兴师动众的。"韩主任解释说："上次您不是说过，监察工作要'有访必问，有举必纠'吗？我们这也是履行职责，例行公事。"张局长火了："什么职责？现在上下都在求稳定，弄出乱子来谁负责？没有我的话，谁乱查也不行！"面对张局长的恶训，韩主任窝了一肚子气，没辙，只好把调查组撤回来了。没过多长时间，市晚报把松林中学乱收费的事给曝了光。市监察局、纪委都对教育局下了"通牒"，要求教育局严肃查处这一事件，并上报结果。张局长对韩主任又是暴跳如雷："我说你这个监察室主任是干什么吃的？就在我们眼皮底下出这么大乱子，怎么一点儿反应都没有啊？还是让人家晚报记者给捅出来的，你们全成吃干饭的了？"韩主任说："局长，松林中学的案子我们前些天就去查了。我们正查着，不知怎么回事您突然就叫停下来了……""什么？你这个同志说话可要负责任，我说的是不让你们乱查，谁说不让你们查了？这是典型的不作为，非给你个处分不行！"面对张局长的"常有理"，韩主任真是哑巴吃黄连，撞南墙寻死的心都有了。

张局长在监察室的工作问题上，依仗位尊出尔反尔，横竖全是他的理，根本没有别人说话的份。韩主任去查乱收费是有碍"稳定"，不去查又是"不作为"，左右都没理。张局长对属下如此"常有理"，让属下前也不是后也不是，严重地摧残了属下的工作积极性，同时也扭曲了自己的交际形象。谁愿意在这样的上司手下"当兵"啊？

二、无赖型"常有理"

有的人为了占些便宜，竟不顾自己的脸面，不顾社会公德，以无赖的行径向人耍"常有理"，不管是生人熟人，一律照耍不误。一般情况下，遇到这种"常有理"，人们都会理智地让他三分。因为大家都有一种趋善心理，谁也不愿意"穿着新鞋踩狗屎"，给自己惹麻烦。无赖型"常有理"频繁发作，便很容易在这类人身上沉积下来，形成一种极不适于交际的无赖型人格。

暑假里，实验小学校舍装修，拆下5000多平方米的钢窗，卖给废铁回收公司了。当回收公司过秤装车时，黄二提着铁棍子，二话没说就把几个装铁的工人给赶走了，并对校长声称："早就跟你说好了，7毛钱一斤，我全包了，你卖给别人不行！"校长说："你一斤给7毛，人家一斤给9毛，我们当然要卖给钱多的啦。"黄二眼一翻："你敢！这批破窗户是我跟你最先讲好的，你一直就没说不卖给我，东西当然就是我的了。怎么又卖给别人呢？"值班老师劝黄二有什么事说什么事，不要动那么大火，黄二说："你算赶哪辆车的？这事是校长我俩谈的，没你什么事。去一边凉快去！"见黄二的痞子相，有人想出面说和也插不上嘴。校长拿他也没办法，就搬来了街道办的王主任，想让王主任把他领走。哪知道黄二对王主任根本不买账，他说："王主任，在街道你是个官，我听你的，可这是在学校，不是街道，你管不着我。"黄二还是不依不饶的，他说如果他今天做不成这个买卖，不拍死两口子就不算完！眼看工程都搅得没法进行了，学校只好报了警……

黄二到学校耍"不说理"，却振振有词，成了"常有理"。他一是对校长"有理"：旧钢窗的事是"我先说的"，你就得卖给我；二是对值班老师"有理"：买钢窗是我和校长谈的，没你什么事，"一边凉快去"；三是对街道主任"有理"：在街道你是领导，当然"我听你的"，可这里不是街道，你"管不着我"。黄二的歪理一出口，好像只有他才是最牛的，谁说什么都不管用。像黄二那样，撒泼耍无赖闹"常有理"，尽管没有人和这样的人一般见识，但他的人格在别人的心目中却是大煞风景的。经常有恃无恐地耍无赖型"常有理"，到头来必定丧尽自己的人缘，使交际走上穷途末路。

三、懒散型"常有理"

有的人生活和工作都比较懒散，为了应付差事，他们经常要为自己的不当行为找些理由，或粉饰自己或指责别人，变着法往自己的脸上贴金。因而便形成懒散型"常有理"。这种"常有理"工作上懒懒散散，拒绝接受他人意见，却能对自己的观点给出"合理"的解释。

有这种"常有理"的朋友保护自己的意识很强，反省自己的能力却很弱。

田利华早晨上班晚到了几分钟，组长关心地问他怎么迟到了，田利华说："你当我愿意迟到啊？堵车都快把人堵死了，我有什么办法？"组长讨了个没趣，只好笑笑说："可不是，堵车烦死人了。那月底了，你赶快把这个月的盘点表交了吧，经理刚才过来要了。"田利华说："啊？说要就要，也不给点时间。"组长说："昨天就应该交，你忘了？"田利华说："忘倒没忘。昨天跑了两趟银行，哪有时间啊？弄这个表，小工夫不够用，大工夫又没有，加班你又没权力发加班费，叫我怎么办？"组长心想："得，算你有理。"就找个台阶说："劳您大驾打两壶开水去吧！现在水开了。"田利华说："你还是饶了我吧，昨天就是我打的开水，我要是把打开水的事全包了，让你们养成好吃懒做的毛病，我可于心不忍呀！"组长听了田利华的话，鼻子都气歪了。

田利华迟到迟得"有理"，没有及时交盘点表"有理"，组长让他打开水他不去还是"有理"。殊不知这种"常有理"正是职场交际的大忌。在工作上为自己开脱，可以找到无数条理由和借口。但要想为自己赢得职场交际的信誉，赢得上司和同事的赞同，任何理由和借口都是苍白的。

以上我们谈的三种"常有理"都是对交际极为有害的：尊长型"常有理"给人的是强权，无赖型"常有理"给人的是刁蛮，懒散型"常有理"给人的是喋喋不休。这些都是人们非常讨厌的。所以，如果我们身上有某种"常有理"的影子，一定要忍痛彻底清除，千万不要让这种东西固着在我们身上。

过分相信自己，可能让你成为一个笑话

聪明人常犯的一个错误就是：自作聪明，过分相信自己。心理学研究表明：人普遍有一种自我优越感，但是这种优越感有时候就是一个致命的弱点。很多人自以为聪明，与人交往时不把别人看在眼里，或者看轻了别人，可是事实是，很多人都不傻，甚至比你聪明得多。如果你笑话别人，最终可能被别人笑话。

美国第九任总统威廉·哈里逊小时候，小街上的人们都以为他傻。他们把一枚五分硬币和一枚一角银币放在一起，只准他拿其中的一枚。每次，哈里逊都拿那枚五分的，引得人们大笑不止。其实哈里逊明白，他要是拿了一角的银币，没人再和他玩这种游戏，他就连五分的也拿不到了。哈里逊人小鬼大，让那些自以为聪明的人付出了代价。现实生活中，有的人总以为自己比别人聪明，捡点儿便宜就偷着乐，其实这种聪明是加了引号的，用它来与人交往，迟早要吃大亏。

十几年前，阿亮和缪欣一同成了厦门麦当劳的职员。他俩是一同晋升的训练员、见习组长和见习经理。升第一副经理时，缪欣上去了，阿亮却被卡下来，这使阿亮特别窝火。之后，总部下来一个去美国学习的名额，店长为了平衡阿亮与缪欣的关系，就报了阿亮。可阿亮并不知道这件事，以为这次机会非缪欣莫属，便决定略施小计，先把这个对手拿下。于是他便发疯似的找店长，向高层领导发邮件，极力贬低缪欣的工作，说："他只会讨领导喜欢，没什么真能力，让他去美国，无异于打优秀员工的板子。"领导觉得阿亮太闹腾，不适合参加培训，就把他拿下来，换缪欣了。经过那次培训，十几年光景，缪欣已升任麦当劳中国副总裁兼北区总经理，成为第一位中国籍副总裁。而阿亮却还在原来的职位上踏步，到现在他也没明白，机遇为什么总是远离他。

阿亮没能升第一副经理，便"窝火"，可见其度量之小，嫉妒心之重。出国学习的名额本来报的就是阿亮，可他不明就里，自作聪明，到领导那里讲缪欣的坏话，结果，反倒抹黑了自己。以为自己比别人聪明，考虑事以自我为中心，思维僵化，便会出现失当行为。

2011年4月4日，大歌星米歇尔·马尔泰利当选为海地总统。他唱歌成名以后，见政府官员腐败，对民众所做的事少之又少，就试图用歌声改变人们的生活。于是，创作了一首歌曲《改变》。歌词的大意是"有责任改变它们的人只做旁观者，人们的生活水深火热，太阳没有温暖的光，全是无情的火……"不过，一切并没有他想象的顺利。他初次在太子港郊区的一个贫困区义唱时，尽管马尔泰利唱得很卖力，观众却觉得不如缠绵的情歌听着舒服，多次出现"嘘"声。看着一大片破旧的帐篷和一群光屁股孩子，马尔泰利十分感慨，他说："女士们，先生们，亲爱的孩子们！难道我是在给一群不懂世事的驴子唱歌吗？驴子饿了就吃路边的草，渴了就喝小溪的水，从不想改变自己的生活。如果你们都像驴子一样不思进取，我们的社会再过一百年一千年，怕也还是这个老样子……"

观众没听懂马尔泰利说的是什么，只觉得他在骂他们是驴子，于是群情激愤，给马尔泰利叫了倒好："不要马尔泰利，下去，不要马尔泰利，下去！" 马尔泰利不得不灰溜溜地下了台。本来一次很给力的义唱，就这样"砸锅"了。

马尔泰利到贫困区义唱自己创作的歌《改变》，为的是唤起民众的觉悟，改变社会现状，不巧观众对《改变》不感兴趣，现场出现"嘘声"。应该说马尔泰利的义唱是极有正义感的，但他自以为聪明，说话不当，伤害了观众的感情，多正义也白搭。别人对你不理解，或是真的有什么不对，你便出言不逊，多半不会有好结果。你以为自己聪明，别人也不是傻子，人前失言，更失人气，失人缘。

王安石做了皇上办公室的机要秘书，邋遢的毛病老也改不掉。一天上朝，皇上说，明天要召见一位戍边将军，让他回家搞搞个人卫生。王安石到了家，正巧家里来了客人，是儿媳娘家的叔叔，来看侄女了。儿媳引荐叔叔见过公公大人。王安石一看这位"叔叔"，仪表堂堂，又不认识，就断定他是来拉关系求官的。自打给皇上当了秘书，不是这个找就是那个叫，搞得他都不敢回家，这回非好好治治这位"叔叔"不可，让他知难而退。上茶时，王安石吩咐下人，给自己倒热茶，给客人倒凉茶。茶上来了，"叔叔"看着王安石的茶热气腾腾，自己这边却没一点儿热乎劲儿，表情很不自然。王安石说："亲家风尘仆仆远道而来，喝杯凉茶吧，败火。"中午，王安石安排饭局，还没上菜，一坛酒就端上来了。王安石命人满上，先喝了一大碗，说是敬亲家，他料定，自己的海量，一定会让客人丢丑。没想到，一连干喝了三大碗，亲家也没倒下。王安石见这招就要落空，就叫了6张糊饼，每人3张。王安石吃糊饼有一绝，吃得又快又多，吃起来还特别香。哪料，客人吃糊饼的本领并不在他之下，不大一会儿就把糊饼吃完了。王安石问亲家哪儿学来的这等吃功，客人说，他戍边12载，吃功差根本活不到今天。他说："在您这儿吃凉茶，干喝大碗酒，吃糊饼，我这点绝活都使出来了，给明天见皇上垫了底啊。"王安石"啊"了一声，嘴巴竟然张了好几秒钟没有合上，原来对面坐着的这位亲家，正是明天皇上要接见的戍边将领。敢情人家不是来求他走后门办事的。这可如何是好？王安石好生尴尬，恨不得找地缝钻进去。

儿媳的娘家叔叔来了，王安石以为是有求于他，便想以自己的聪明挤兑走了了事。上凉茶，干喝酒，吃糊饼，明显要人好看，让人受辱而退。哪料客人根本不在乎，又吃又喝又侃。听说"叔叔"就是皇

82

上要召见的边关守将，再回想刚才如何拿人当猴耍，王安石的脸真是没地方搁。以为自己比别人聪明，就待人多有不敬，要人好看，愚也。人们对非善意的交际行为十分敏感，你以恶待人，就是对方不还以颜色，你的自身形象也会大大降格，让人把你看低。

以为自己比别人聪明，是一种不良交际心态。它可以轻易扭曲交际策略，使人处事失当，说话失言，待人失礼。交际中，有意识地克服"以为自己比别人聪明"的不良心态，谨言慎行，尊重他人，我们的生活会少很多不愉快。

有多摆谱就有多不靠谱

东北话里有个词叫摆谱，来源于19世纪初期北京移民屯垦。老辈人家都有家谱，没事就把家谱摆出来，看谁家的"谱大"。后来人们就把闹排场，向人显示自己的地位叫摆谱了。在现实生活中，也有很多人喜欢在别人面前摆谱，显摆自己，其结果是招人厌恶，遭人鄙夷。

去年，张志浩在物探研究院升了项目组长，成了管理人员，黄春燕对他就不服气。今年，张志浩满足了晋升中级技术职称——助理研究员的软硬杠，就报名交材料参加评审了。可劳动部门给的指标有限，如果张志浩评上了，必然挤掉一个人。黄春燕的条件和张志浩相当，最受影响的非她莫属。所以，黄春燕便在办公室说："张志浩，你有多长的工龄啊？才调来两年就想当助理研究员，真是做梦。我已经来十多年了，有6年是在野外工作，得过8次先进成果奖，你比得了吗？你不就是个破项目组长吗？去年院长让我当，我死活没当。你还好意思来评职称，我真替你脸红。"后来领导听到了这话，立即对黄春燕进行了严厉批评。

黄春燕想让张志浩评职称"靠边站"，便对他摆谱，想以倚老卖老，让人弃权，这种做法，十分霸道。现实生活中，有的人看到别人获得成绩就眼红得不得了，就打压他，以自己的"谱"大为由头诋毁人，以伸张自身利益，灭他人威风。殊不知，通过"摆谱"压低别人抬高自己，砸的却是自己的牌子。

公司前不久来了一个女会计叫张霞，没事就和大家吹牛。这天，有人看电视新闻,说某某楼盘的精装房质量太差,好多业主都去维权了。张霞一听就来劲了,说:"哎呀,那个楼盘就在我家别墅旁边。我们买的别墅是清水房,自己装修的。我们装成 10 个卧室呢,都是自己设计的。"有同事就说:"哇,10 个卧室,霞姐好阔气啊。"张霞说:"我们的别墅区,是以前修鸟巢的地产商开发的,品质绝对一流。""哎呀,别墅,我们这辈子也买不起了。"张霞说:"买不起别墅没关系,买一个两居室、三居室的楼房也好啊。像你们这种收入的人,同样可以享受别墅区的湖景,还有市政公园……如果你连这种房都买不起,那就找个好人家嫁了。不然就得申请经济适用房了哈。"张霞的话就是在炫富,以后同事们都不跟她走近了。

张霞和同伴们摆谱,话越说越起劲,好像只有她才是有钱人,别人都是穷光蛋。这样炫富的人,谁愿意跟她交往呢?我们与人交往,吹牛炫富,如果不是自己心虚,怕人看不起,就一定是小看了别人。但不管怎样,摆阔气、炫富,必定让人反感,最终让自己走向孤立。所以说,即使我们真的比别人富裕,我们也应该谦虚低调。

罗国伟从法国高等商学院毕业后,进入企业顾问公司做战略管理顾问。很快便以出色的业绩崭露头角。就连他的老校友杜拉斯,都不得不输在他的脚下。出了罗国伟这匹黑马,杜拉斯感到很被动。副总裁埃尔来考察人事工作,在公司特别接见了杜拉斯。埃尔和杜拉斯共进午餐时,向杜拉斯了解罗国伟的工作情况。杜拉斯便说:"罗国伟这个人还行吧?就是有点自以为是,傲慢难当,人们对他一直没有好印象。不就是比别人多出几个客户?谁占到他那个位置也不会比他差。这个只会投机钻营家伙,见识短浅,鼠目寸光,哪提得起来啊?您知道吗?我也是法国高等商学院毕业,专攻市场策划的。未来 10 年,企业顾问公司将进入杜拉斯时代,罗国伟不过是我的跟屁虫而已。"埃尔觉得杜拉斯的话太离谱,经过再三甄别,还是提拔了罗国伟。杜拉斯从此便一蹶不振了。

　　杜拉斯不能接受副总裁埃尔赏识罗国伟的现实，便在埃尔面前百般卖弄逞能，肆意贬人，进而误了自己的前程。为卖弄高深在人前摆谱，好像自己有多了不起，只能证明自己浅薄。真的比别人强则无需显摆。摆谱逞能，为自己拓展空间，实际是给自己反念魔咒，倒霉终究会落在自己头上。

　　摆谱是一种高调的显示行为。不管摆谱者自不自觉，都会因为招人厌恶而影响自己的人际关系。但凡在生活中爱摆谱的人，除了给人留下一点儿笑柄，对人并无大碍。但把自己糟蹋得让人不敢高看，却是绝大的损失。因此，我们倒要试问一句：与人交往，你摆什么谱？

如何做到人缘好事业旺

我们经常说，做人应该尽量低调一点儿。低调是一种品位，也是人际交往中韬光养晦、广结人缘的处世智慧。它要求我们不张扬，多关照他人，自觉从对方的角度考虑事情，处理问题的方法要缓和。这样，我们的事业才会越来越红火，人生之路才会越走越宽广。那么，我们应该在哪些方面做到低调呢？

一次，李嘉诚召开董事会，他让八九岁的儿子李泽钜和李泽楷也坐在小椅子上，听父亲和各位董事讨论工作。李嘉诚在谈到某项合作公司应拿多少股份时，对各位董事说："我们公司拿10%的股份是公正的，拿11%也可以，但是我主张标准低一点儿，只拿9%的股份。"董事们有的赞成，有的反对，争论不休，就连李泽钜也站到椅子上说："爸爸，我反对您的意见，我认为应拿11%的股份，能多赚钱啊！"弟弟李泽楷也急忙说："对，只有傻瓜才拿9%的股份呢！""哈哈！"父亲和董事们都为小孩子的天真而忍俊不禁。但是，李嘉诚对他们说："孩子，这合作之道学问深着呢，不是一加一等于二那么简单，你想拿11%发大财反而发不了，你只拿9%，财源才能滚滚而来。"事实证明，李嘉诚的低调姿态，是英明而有远见的。公司虽然只拿了9%的股份，却与对方合作得更长久，因而使公司生意兴隆，财源茂盛。

与人合作，以获得利益为前提。李嘉诚当然懂得这个道理，但他的合作态度却是内敛而低调的，只拿最低的9%的股份，让对方获得更大的利益，以换得更长久的合作。合作之道不是简单的"一加一等于二"，做人之道亦然，这也是为什么李嘉诚的朋友能遍及全球，生意能做到全世界的根本原因。

我们在与人合作时，要把自己的姿态放得低一点，让对方得到尽可能多的好处，这样才能让自己的路越走越远、越走越宽。相反，如果只顾自己的利益，"狮子大开口"，相信过不了多久，合作就会画上句号，事业也会停滞不前。

夏雨和林楠是同时进入这家艺术设计公司的新人。林楠毕业于名牌大学，曾经在学院的设计大赛上获得过一等奖。而夏雨只是一般大学的毕业生。在夏雨面前，林楠的眼角眉梢都带着得意，她在会议上公开否定夏雨的设计，取笑其作品太小家子气："这也叫设计呀？也太'业余'了吧，花钱买这样的设计还不如弄两只蜘蛛在沙滩上爬一爬呢！"夏雨听了，只是尴尬地笑笑说："我的设计是有点缺乏创意。"其实，夏雨也曾在省级的设计比赛中拿过奖，只是没说而已。她没有把这些话放在心上，依然虚心向前辈学习，还主动跟林楠打招呼。三个月后，公司接了两个大项目，林楠和夏雨都埋头苦干，费了很多心思。最后，夏雨的设计被双双选中。原来，她跟公关部的同事关系处得好，在一次闲聊中得知客户很节省，于是就能有的放矢，把细节处理得很完美，险胜了林楠。林楠为此大哭了一场，慢慢地开始悔悟了，当着许多同事的面说："我说过夏雨不少坏话，看不起她，可她从来没说过我一个'不'字。原来她的能力在我以上，我怎么对得起她啊？"后来，她俩相处得不错，成了亲密无间的好朋友，林楠还称夏雨是知心姐姐呢。

林楠看不上夏雨，人前背后说了她许多不中听的话。但夏雨却低调应对：一方面，不计较林楠的蔑视和诋毁，"只是尴尬地笑笑"，不与对方发生正面冲突；另一方面，主动跟人家打招呼，虚怀若谷，认真学好本领，拿成绩说话。这比"针尖对麦芒"地"火拼"要高明得多，不仅避免了无谓的人际摩擦，而且还感动了对方，赢得了友谊。

职场竞争是一种没有硝烟的较量，成败与否主要靠实力。但无论怎样，都要记住一条原则：高调做事，低调做人。因为竞争是一时的，而做人却是长久的。胸怀宽广，善待对手，才是在职场永远立于不败之地的法宝。

　　在电影界庆祝香港回归十周年的晚会上，著名导演吴宇森带着《赤壁》的主创人员登台亮相。主持人王小丫问周瑜的扮演者梁朝伟："梁朝伟先生，您是一位很有个性的演员，这次由您出演周瑜，对于这个角色，您一定有独特的理解，能谈谈吗？"在这万众瞩目的场合，梁朝伟可以抓住时机，不遗余力地秀一下自己，把光芒亮给同行，亮给观众，亮给影迷。然而，他没有，他带着惯有的迷人笑容说："关键不在于我怎样理解这个角色，而是按着导演的要求，把周瑜这个人物演得不同以往，演得积极、乐观、富有幽默感。"梁朝伟的回答不仅令观众大感意外，就连王小丫也一时无以应对。当采访完毕，全体人员即将走下舞台时，已经迈出步伐的梁朝伟忽然又折返，俯身挽起吴宇森导演的手臂，二人相携同步走下台去。那一刻，潇洒帅气的梁朝伟对长者周到谦恭的背影，定格在观众心里，给人们留下了长久的温暖和感动。

　　电影《赤壁》获得成功，梁朝伟贡献了很大的力量。面对成就，他却丝毫没有张扬自己，而是强调"按照导演要求"，把自己放在从属地位，突出导演吴宇森。其淡然、俯首而谦逊的姿态，在他下场的那一刻，表现得淋漓尽致，像星星一样闪亮了自己的人格。

　　相反，现在那些所谓的明星大腕，有一点儿星光，就灿烂得不得了，一味地争抢、闹腾，口出狂言，不可一世，生怕别人不知道，到头来却像"流星"一样转瞬即逝，不比梁朝伟如常青树一般屹立在演艺界20多年。

　　有一次，著名的"花生大王"齐李杰先生从国外飞回来，到公司后，想去下属的办公室坐坐。一进门，他就发现室内有股香烟味儿。单位有明文规定，员工在上班时间不许吸烟。这里又没来客人，一定是下属违纪在办公室吸烟了。但是齐李杰没有发火，而是坐下来，乐呵呵地对下属说："小伙子多帅气呀！长得本来就帅，一打扮更帅。和外商谈判要是你也参加，往那儿一坐就能盖住对手一头。"一句话说得下属心里美滋滋的："齐总过奖了，我有那么好吗？"齐李杰说："有啊！不过，你要是不抽烟就更好了，一个是文明，一个是健康。你说对吧？"下属立刻明白了齐李杰的意思，歉疚地说："嗯，是我错了，今天整理材料时觉着闷，就抽了几支烟。但齐总请放心，下次绝不会再发生这种事了！"事后，这位小伙子不仅不在办公室吸烟，而且把烟给戒了。

齐李杰批评他人的方式十分委婉，但非常有效，充分照顾了对方的感受和尊严，其用心和人格值得我们学习：首先夸奖对方长得帅气，拉近了彼此的情感距离；然后话锋一转，从下属的利益出发，劝勉对方不要抽烟。相信任何人面对如此低调且不失热情的批评，都能够诚恳地接受。

如果非得进行批评，就一定要给对方留足面子，下"药"不能太猛，不要给对方强烈的刺激，这样才能赢得良好的口碑，营造和谐共处的工作环境。

当然，除了以上四个方面，还有很多地方需要低调。事业上的成功，骄人业绩的取得，都不是一个人单打独斗的结果，与身边的人有着千丝万缕的关系，没有众星捧月，月也亮不起来。因此，我们在人际交往中要低调一点儿，给别人留出一个位置，方能左右逢源，取得人缘和事业的双丰收！

第五章

吃亏是福
——人人都喜欢“傻子”

老实人从来不吃亏。

——约翰·克拉克

好汉要吃眼前亏

现实中，如果一个人过于精明，斤斤计较，工于心计，凡是大小吃亏的事儿一概不干，如果眼前有点事情会让他受损，他就坚决拒绝。这种人，是没有多少人愿意与之交往的，因为这样的人就是刺猬人，别人只会敬而远之，不会真心相待，毕竟谁也不想自己总是吃亏。

先来讲个小故事吧——

一天，狮子建议9只野狗同它合作猎食。它们打了一整天的猎，一共逮了10只羚羊。狮子说："我们得去找个英明的人来给我们分配这顿美餐。"一只野狗说："一对一就很公平。"狮子很生气，立即把它打昏在地。其他野狗都吓坏了，其中一只野狗鼓足勇气对狮子说："不！不！我的兄弟说错了，如果我们给您9只羚羊，那您和羚羊加起来就是10只，而我们加上一只羚羊也是10只，这样我们就都是10只了。"狮子满意了，说道："你是怎么想出这个分配妙法的？"野狗答道："当您冲向我的兄弟，把它打昏时，我就立刻增长了这点儿智慧。"

常言道："好汉不吃眼前亏。"而我要对你说的是"好汉要吃眼前亏"！以这个故事为例，狗能够分到一只羚羊就是眼前亏，它若不吃，换来的可能是狮子的利爪。你认为哪个划算？所以说，"好汉要吃眼前亏"。因为眼前亏不吃，可能要吃更大的亏！

被誉为IT界"打工皇帝"的何经华，早年曾到一家大公司当普通职工。由于初来乍到，好说话，同事们就经常借机找他帮忙，把本该属于自己的活儿都给他干。对此，何经华总是来者不拒，从未表示过任何不满。有人笑他傻，他却好像毫不介意。后来，公司提拔新的领导班子，作为菜鸟的何经华，竟然一鸣惊人，一下子当上了一名管理者。很多人对此表示不理解，但何经华却说了自己成功的秘密。原来，正是由于他以前总是帮同事做事，使他得以接触公司的各个阶层，所以不但对公司各个部门的运行了如指掌，还知道每个阶层人的想法。这些，就为他以后的晋升创造了最好的机会。

同事们欺负何经华是新人，便把自己的活儿都给他干。表面上看，何经华吃了亏，那些同事们得了便宜。可是事实上真是这样吗？不见得。在现实中，一个人做的事比别人多，就一定比别人收获更多。所以吃点眼前亏，日后往往可以得大便宜。

东汉时期，有一个太学博士叫甄宇，为人忠厚，遇事谦让。一次，皇上把一群外番进贡的活羊赐给在朝的官吏，要他们每人得一只。分配活羊时，负责分羊的官吏犯了愁：这群羊大小不一，肥瘦不均，怎么分，群臣才没有异议呢？这时，大臣们纷纷献计献策。有人主张把羊全部杀掉，然后肥瘦搭配，人均一份。也有人主张抓阄分羊，好歹全凭运气。就在大家七嘴八舌争论不休时，甄宇站出来说道："分只羊不是很简单吗？大家随便牵一只羊走不就可以了吗？"说着，他就牵了一只最瘦小的羊走了。看到甄宇牵了最瘦小的羊走，其他的大臣也不好意思专牵最肥壮的羊，于是，大家都捡最小的羊牵，很快，羊都被牵光了，每个人都没有怨言。后来，这事传到了光武帝耳中，光武帝很是感动，便提拔他为太学博士院院长。

甄宇牵走了小羊，看似吃了亏，但是，他却得到了群臣的拥戴，皇上的器重。实际上，甄宇是得了大便宜。故意吃亏不是亏，而是有着深谋远虑的精明之举。吃小亏占大便宜，古今亦然。在一些时候，如果遇事不肯吃亏，而一味选择争论不休，义气行事的话，最终只会两败俱伤，即使你赢了，你也一定会元气大伤的。

　　"好汉要吃眼前亏"的目的是以吃"眼前亏"来换取其他的利益，是为了"生存"和更高远的目标。可是有不少人碰到眼前亏，会为了所谓的面子和尊严，甚至为了所谓的正义和公理，与对方搏斗。有些人因此一败涂地，从此一蹶不振，有些人则获得"惨胜"，但是元气大伤！仔细想想，实在不值得。

锋芒不可露尽，功劳不可邀完

在生活中，我们往往能遇到这样一种人：他们本来有很优秀的素质，有让人感动的行为，或是有很得意的处境，可通过一段经营之后，反倒把自己的人气全断送掉了，成了人见人弃的可怜虫。何以出现这种情形呢？原因是他们稍有作为就忘乎所以，甚至做事得寸进尺，把事做得过了头，堵死了自己的交际之路。

张贺春的知识面比较广，能力也很强，就是有点张扬，让人不喜欢。公司 15 周年庆典，工会组织职工歌咏比赛，勤务部选不出人来，王经理就打算弄一个小合唱应付一下，便把节目报给了张贺春。张贺春上学时就有文艺细胞，他见王经理如此小儿科，就歪着脑袋问他说："就你还想弄合唱啊？你知道什么是合唱吗？你懂什么叫合唱吗？你以为几个人站一块儿唱个歌，就是合唱啊？人家市场部那么多人才，都搞不成合唱，就您，连三脚猫的水平都没有，还想弄一个合唱玩玩？"接着，张贺春就想给王经理讲一下有关合唱的知识，没想到，王经理早厌烦得不得了了。

公关部小魏奉命，要在主楼大厅后边的影壁上写两个字——"腾飞"，他用电脑把字打在一张大纸上，正往墙上拓印呢，张贺春看着不顺眼了，说："你这叫什么招啊？真是狗熊钻树洞——笨到家了。字也太小，衬不起来，多难看啊？"小魏觉得他说得好像在理，就征求他的意见："那您说怎么办啊？"张贺春却说："没有金刚钻还想揽瓷器活儿？问我怎么办，自己想法子去呗，上学的时候老师怎么教的你呀……"小魏被噎得胃都岔气儿了，也没讨出办法来，心说，管他呢，我就这样写了，老板都没说不好，你算老几？

张贺春有知识有才气，在交际上却显得太露。就是王经理对合唱一窍不通，小魏真的做不好字，也没必要对他们如此挖苦。因为那毕竟是人家一亩三分地的事。在这上面太露锋芒，讽刺得让人生厌，又不能给人以帮助，反倒显得自己太浅陋，太没教养。如此待人不留余地，即使你有再好的素质，人再有两下子，也难免被人"拉黑"。

安娜的母亲觉得眼前老是有一块黑，到医院一检查，医生说可能是脑血管有栓塞。这下可吓坏了安娜，便赶紧找在医院办公室工作的李祥帮助出个主意。李祥特热情，安娜一求他，他便跑前跑后，陪着做各种检查，把老人安排住了院，一切都停当才放手。李祥的表现，让安娜好感动，幸亏有了这位同学啊！

经过几天住院治疗，老人的病一天比一天好，血栓已经消融了。李祥到病房来了，安娜感谢他的帮助，李祥说："多亏有我找熟人，及时住上院了，要是再晚两三个小时就麻烦了。"他对安娜说："你知道吗？我在这儿说句话，你还省不少钱呢，检查费都是优惠的，医生也不好给用太贵的药，要不然就花冤枉钱了。""那是那是，有人好办事呗。"安娜附和着，李祥又说："你看，医生护士对大娘都很好吧？我天天都来看大娘，别人就不敢怠慢。"有亲戚朋友来看老太太，只要李祥赶在这儿，他都要向人表白一番，让大家无不感动。安娜的哥哥从省城赶回来看母亲，和李祥一照面，李祥便又摆功，恐怕对方不领情，说得哥哥一愣一愣的。

安娜对李祥的做派很反感，只是不能表现出来而已。她在背地里对家人说："谁的心里都没垒着坏，你有多大好别人心里又不是没个数，就是要报答，也得等我们出院以后啊。"

李祥热情帮助同学，应该让人感动。可他总把对人的好处挂在嘴边，好像别人都是傻子，一点儿不领情似的，很让人生厌。生活在同一个交际群落，你对圈子里的人有什么贡献，不用说大家也清楚。有的人与人交往，总爱把自己的功劳挂在嘴边，邀起功来不留余地，必然遭人抵制。

李建大学毕业后，被一家国企录用，非常得意，让同学好不羡慕。

李建的表兄在电视台当记者，一次来公司采访，他向老总说他表弟就在这里还没过试用期，话一捅开没几天，李建就签约被正式录用了。李建觉得有表兄当靠山真好。

时间不长，李建就向表兄开口了："表兄，我还老在车间干呀？要是让我上办公室多好。""是吗？等我给老总通个话。"结果，公司办公室辞掉了一个文员，让李建"补"上了。

后来，李建又找表兄："我们主任专挑刺，不是说我打的材料出错多，就是说我扫的地不干净……我还要不要上班呀？""别不上班啊！回头我找下老总，问问咋回事。"结果，主任挨了老总一通臭批，气得直哼哼，也不知道老总犯的是哪根神经。

一次，李建又给表兄打电话，说同寝工友嫌他脚臭，晚上把鞋和袜子都给他扔出去了。表兄这次不再宠他了："你是死人哪？连脚都懒得洗，还能干得了什么？扔了活该……这种糗事还想要我给摆平啊？"

李建什么事都靠别人，把表兄都烦透了。老总则说他自立能力差，难以成事。同事也觉得和他交往没劲。

李建发现表兄和老总关系好，就觉得有了靠山，不管值不值得，凡事靠起来不留余地，结果靠烦了表兄，靠烦了老总，也靠烦了同事。交际中，受到他人的呵护是好事，但人情不宜用尽。依靠别人不留余地终究不能长久。哪怕别人能力再大，也不可能是你永久的后盾。

人际交往纷纭复杂，但有一点是清楚的——凡事都要留有余地，给别人，同时也是给自己。锋芒不可露尽，功劳不可邀尽，人情不可恃尽。当我们做到凡事不再占尽，总能留些余地时，我们的交际才有可能炉火纯青。

人生失意，别长脾气

《名贤集》有言："人无千日好，花无百日红。"人际交往中，不可能自己总能占上风、说上联，人生总有失意的时候。但人们往往对自己的失意估计不足，一旦心情不好便失态丢丑长脾气，使自身形象打折缩水，被人小看。

左宗棠率大军收复新疆，功可盖世。回来后调到军机处，每天的工作就是喝龙井听京戏，大把的俸银照拿不误。左宗棠却觉得还是做一方总督气派，过不惯这种清闲日子。所以，在军机处烦了就骂人，哪怕是二、三品高官，也让他骂得不敢抬头。有一次，曾国藩的一个部下来军机处办事，他竟把对方骂得狗血喷头。左宗棠是曾国藩一手提拔的同僚，这么不近人情实在让人难以理解。曾国藩死后，皇上加封他一个最高荣誉——"文正"。左宗棠知道不干了，当着军机处全体官员就开骂："姓曾的小子居然配得上'文正'，什么世道？他都能当'文正'，那老子岂不成'武邪'啦？祖奶奶的，哼！"左宗棠这一骂，在场的人无不脸红脖子粗，也没人敢搭腔。大家都说老左要疯，不想再理他。

左宗棠调到军机处觉得窝得慌，就乱发脾气，逮谁骂谁，就是对提拔他的恩人曾国藩也不例外，这真是情理难容！人生在世，不可能事事顺心顺意，官场有变，或升或降或迁，都不是自己说了算，也总不能让阳光只照耀你一个人。可有人一旦失意，便寻死觅活，失去常态，动不动就长脾气，这种人，只会让人瞧不起。

伊朗人一向有喝饮料的习惯，扎姆扎姆可乐大行其道。可口可乐公司觉得伊朗是块大肥肉，便派迪克兰率团赶赴伊朗开发市场。迪克兰踌躇满志，人刚到伊朗，由比伯负责的可口可乐广告，便在各路媒体搞得铺天盖地，占领了人们的视听。伊朗的扎姆扎姆可乐如临大敌，赶紧高价并购了国内仅有的两家饮料瓶厂。可口可乐团队的广告打足了，著名采购专家史蒂文在伊朗转了个遍，也没找到饮料瓶的合作厂商。从国外进口裸瓶，会让关税卡得得不偿失。所以，可口可乐只能从伊朗无功而返。迪克兰气急败坏，便翻脸不认人，对着比伯大叫："你这个放牛屁的家伙！什么事情都没做就打广告，虚张声势，伊朗的小孩子都知道我们来了，却让扎姆扎姆抢先钻了空子。史蒂文也是一个瞎胡闹，你当采买的连个瓶子都买不到，高级采购师原来是个牛屁专家，吃干饭的。你俩的工资通通下调一个档次。"迪克兰商场受挫，不是咬这个就是咬那个，把大家全骂到了，可结果是，他自己反而被总裁免了职。

史蒂文开发伊朗市场受挫，让脾气冲昏头脑，连失意的原因都找歪了，结果被免了职。商场是没有硝烟的战场，置身其中感觉不如意，不从敌我双方的对峙关系中找原因，而是对"自己人"发火失态，起内讧，搞乱了自己的阵脚，你会败得更惨。人生也是一样，遭遇挫折时，我们应该反省自己，改正自己，而不能把责任推到别人身上，对别人苛责，那样，只能说明你的无能，更加影响了你的交际。

公司老总李大友看好赵娜的才气，便让她做网站的文字编辑。可才华横溢的赵娜对电脑技术不了解，简单的网页设计，都要去问搞技术的程英。一次她向程英求教，程英说正在修改文稿，看她一副爱理不理的样子，赵娜非常生气。赵娜就来找技术总监，总监却说："程英就在你旁边，她什么都会你不问，非来问我干吗？"挨了总监的批评，赵娜肚子直拱小蛤蟆，私下里竟然跟同事抱怨说："技术总监和程英一样坏。"李大友见赵娜人缘太差，就提醒她要和同事处好关系。

哪料赵娜还翻车了："我刚来的时候跟谁差啊？他们一个个都看不起人，能怨我吗？程英一天板着脸，什么忙也不帮，跟别人欠她钱似的。技术总监也是势利小人，没个领导的样……"赵娜又哭又闹，把领导和同事埋怨个够。李大友考虑到赵娜不适合技术部的工作，就劝她另谋高就了。

赵娜特立独行，和同事关系较差，还发脾气怨天尤人，实在不该。与别人处得剑拔弩张，不可能全是别人的过错，赵娜却对同事说了一大通的气话，实在是不应该。在与人交往时，发现不愉快是难免的事儿，但如果不知道检讨自己的不足，总觉得自己的位置不能触犯，不可动摇，一点点小失意就失态，那最后的结果只能白白糟蹋自己的人缘而已。

苏宁在北京某外资银行做白领，他相貌英俊，风度翩翩，深受女同事们的喜爱。后来他和女孩尤丽丽相爱，成了恋人。可苏宁在女孩子的追捧和宠爱下，不由得飘飘然。和女孩们开玩笑不讲分寸，打情骂俏成了家常便饭。更令尤丽丽不快的是，有一次，他居然当着众姐妹的面，说自己长得简直就是垃圾桶，不穿衣服难看，穿了衣服更难看，惹得尤丽丽杏眼圆睁。尤丽丽觉得看错人了，便和苏宁"拜拜"。哪知道苏宁恼羞成怒，竟在银行大楼大骂尤丽丽欺骗了他的感情，话说得粗俗，不堪入耳。结果让保安把他"保护"起来了。

苏宁习惯别人宠他、爱他，他却不惜践踏别人的人格。这样的大帅哥人品实在有问题，被女孩"拉黑"是他咎由自取。爱情是男女双方共同培育的，她不会以单方面的意志为转移。以自身的强势绑架她，结果总是徒劳的。情场失意，便对原本所爱的人反戈一击，这样的人，怎么可能会受人欢迎呢？

人生中，失意事常有，但失意时，也请别长脾气。因为虽然一时可能得了口舌之快，结果往往却是得不偿失。亲爱的朋友们，但愿我们都不要做这样伤人伤己的事。

做一个人人都喜欢的"傻子"

一位作家说："人际交往中，工于算计是不行的，不吃亏、不让人，实际是在做小自己的空间。"的确，遇到事情，我们没必要斤斤计较，耿耿于怀。很多时候，我们不妨放开心胸，宽容对待，不在意自身利益，不计较个人得失，一切以他人为重，为他人着想。这看似有点"傻"，但这样的"傻"往往会让我们的交际之路越走越宽。

福康亲王奉旨带兵赴闽粤一带镇压叛乱。当他来到饶平黄岗时，黄岗行政长官黄兴设宴款待福康亲王。因为天色太晚了，一时找不到山珍海味，就只好以"鞋底鱼"为宴，让福康亲王吃得也很尽兴。由于黄兴没有向亲王的中军递红包，那个中军便在回营的路上对福康亲王说："大人，刚才宴席上吃的鱼您知道是什么货色吗？那叫'鞋底鱼'，是一般轿夫、樵夫等臭苦力才吃的玩意儿。他用这等菜肴招待您，分明是对您不恭。"福康亲王闻言面有愠色，说："是吗？不可能吧，我觉得这鱼挺好吃的啊。"中军说："不信的话，您可以问问别人。"福康亲王说："没必要啊，黄兴这小子怎敢怠慢我啊。这事，以后不用提了。"黄兴听说此事后，深为感动。之后，福康亲王带人平叛剿匪出生入死，黄兴则筹措粮饷积极支援前线，成了福康亲王的后盾，平叛很快告捷交旨，他俩人还成了至交，过往甚密。

福康亲王受到怠慢，中军提醒后还是"傻乎乎"地认为不可能，这是因为福康亲王不想让黄兴难做和难堪，是为他着想，不忍责怪他。如此一来，以后能得到黄兴的全力支持便不足为怪了。生活中，我们也经常会被人怠慢，如果我们因此而耿耿于怀，断不是明智之举。与其如此，不妨"傻一点儿"，看得开，隐忍自如，方能引来别人的高看，最终赢得好人缘。

公司六层空了出来，老总要出租给别的公司。有天晚上来了个客户要看房子，老总便打电话安排加班的王金带客户看房。王金带着客户到了六楼，发现六楼大厅的灯不亮了。客户看不见房间的格局，有些着急："我好不容易晚上抽点时间来看房子，结果却看不清，看不清我也没法决定啊。这样吧，等过两天有时间我再来看，到时候你们可把灯修好。"王金说："实在对不起，我不知道这灯坏了，麻烦您稍等一会儿，我到我们地下室找把梯子，把灯管卸下来，到对面的五金商店买个新的。我来装吧，也就十分钟的事，不能让您白跑一趟。"客户同意了。王金上上下下，跑来跑去，很快把灯管换好了。客户问："小伙子，你是公司管后勤的啊？"王金说："不是，是人力资源部的。今天刚好在加班。"客户说："不错，人力资源的还干这活，管这事。"王金说："谁赶上都一样，都是公司的事。"两天后，这位客户便决定租了房子。后来这位客户和王金的老总熟悉了，说起那天王金换灯管的事，大加赞扬。这让老总很高兴，他看到了王金的责任心，不久便提拔工作出色的王金为办公室负责人。

修理灯的事，根本不属于王金的职责所在。但王金却主动站了出来，紧急出工把灯给修理好了。这种做法看似很傻，吃了亏，其实是一种勇于担当、不怕吃苦受累的精神。而这样的人，自然容易赢得机遇。与人交往，遇到问题需要处理时，不妨"傻"一点儿，不推不躲，毫不犹豫地把责任揽到自己身上，并尽力做好它，你同样能引起他人的重视，获得机遇。

陶行知原先不喜欢胡适，对他有偏见。一次，胡适在演讲时宣称，要利用民主政治改造中国，陶行知立刻撰文批判他是"洋八股"，还写了新诗《拉车的教员》进行讽刺:"分明是教员,爱作拉车夫,拉来一车'洋八股',谁愿受骗谁呜呼。"对于陶行知的嘲笑,胡适只是一笑了之。胡适写过一篇《我们走哪条路》,里面提到贫穷、疾病、愚昧、贪污、扰乱,是影响中国进步的"五个鬼",陶行知则给胡适来了当头一棒,发表文章指责他说:"明于考古,昧于知今,捉住五个小鬼,却放走了一个大妖精。"显然,陶行知是在对胡适恶意歪曲和诋毁。但胡适却表现"麻木",从没和陶行知较真。朋友们说胡适太傻,任人欺负。但胡适觉得中国的教育需要自己,同样需要陶行知。自己受点批评没什么大不了的,那也是为自己好。陶行知听说此事后,深有愧意,终于改变了以往的做派。

胡适对陶行知责难的"麻木",使纷争化为乌有,出现两位教育家并蒂教坛,光耀民国的佳境。如果胡适真刀真枪和陶行知干,那就该是另一种景象了。我们与人打交道,受到责难、歪曲要表现得"傻一点儿",不与人针锋相对,不强求别人接受自己的观点,尽量去理解别人。这样一来,别人也会改变对你的看法的。

乐乐服装加工厂要提一名督导,同样作为组长的吴长利和于群是最终的人选。吴长利别的都不比于群差,但他有个问题就是用不了计算机,而督导岗位是需要计算机考试的,吴长利害怕难以过关,所以想退出竞争。于群知道后,对他说:"你各方面能力都比我好,不能被计算机考试难住。离考试还有两个月时间,就是现在学不晚,这样吧,让我来教你吧。"同事们暗地里都说于群傻,怎么可以帮助自己的竞争对手呢。但于群说:"谁都希望被选上,但被选上的应该是最有才华的才对。"说到做到,以后于群真的教吴长利如何使用计算机。经过一段时间的学习,吴长利对计算机也非常熟悉了。最后,吴长利还考试合格了,顺利得以晋升。同事们都说吴长利的计算机能力是于群给教出来的,因而都对于群抱以敬意。

毫无疑问，职场升迁关系到切身利益，人人都会很看重的。但于群仍能帮助自己的竞争对手吴长利过计算机考试关，可谓大仁大义。不得不说，利益冲突中，专替自己打算，会矮化自己的人格，被人低看；相反，如果你变得"傻一点儿"，把私心收敛起来，真诚地为他人着想，甚至帮助对手成功，你将赢得人们的无限敬仰。

有句俗话叫"傻名难落"，意思是让人们认为你"傻"是非常难的。其实，与人交往中，去除私心杂念，遇事总能把别人放在比自己重要的位置，懂得"傻一点儿"，交际之路更宽广。

第六章

先人为主
——十之八九是错误

不要相信第一眼的爱情，也不要相信第一眼的友谊。

——C·易欧

"第一印象"害死人

在生活中，有些人对待刚认识的人，往往会先入为主，也就是先获得的印象在头脑中占有主导地位，以后一遇到就想起最初的印象，就不容易接受。可是，现实情况是不断地变化着，影响思维和判断的因素很多，必须要深入了解、多多观察才能了解一个人，否则的话，就会错看了人。

讲一个真实的故事吧：

1962 年，莫斯科克雷洛夫幼儿园的一名 4 岁幼儿娜达莎，就在伊万诺夫园长眼皮底下，被一个红胡子男人抱走了，半个月之后，警方才把娜达莎从莫斯科远郊的一个小村解救回来。为这事，伊万诺夫差点儿丢了公职。因此，他对红胡子男人产生了极坏的印象。12 月，正值滴水成冰的季节，幼儿园的暖气突然不热了，伊万诺夫园长赶紧找煤气公司报修。不承想，煤气公司派来的竟然是一个"红胡子"维修工。这人穿一身脏兮兮的衣服，开着一辆小货车。伊万诺夫对"红胡子"早有成见，一看这位来客就不是好人，便偷偷报了警。警车很快就把"红胡子"抓走了，害得他白白受了两天的牢狱之灾。后来，"红胡子"的冤情洗清了，伊万诺夫则受到严厉批评。

"红胡子"抱小孩的第一印象，在伊万诺夫心里，固化成了坏人形象。遇到别的"红胡子"便鬼使神差地套用这一印象，做出反应，这就是典型的先入为主。用第一印象断事识人，虽然方便快捷，能很快得到结论，但特别容易出错。就像"红胡子"不一定都是坏人一样，任何"先入"的东西都不可能是确凿的。所以，再深刻的第一印象，也不一定完全可靠。

1950年，涿县军转干部高绍武到北京文化部电影局开设的放映训练班学习放映技术。高绍武在部队一直做机要工作，文化素质过硬，很快就掌握了电影放映技术。可他总是看"文化部电影局"跟苏联的不一样，觉得特别扭。中央人民政府下设"文化部电影局"，苏联则设"电影部文化局"。我们犯了原则错误！于是高绍武便找电影局领导提意见，让人费了好多口舌跟他解释。训练班结业时，毛主席来了，和大家合影留念时，他就拉着毛主席的手，说："我们犯了很多错误，应该和苏联的一样，叫'电影部文化局'。"毛主席笑着说："'文化'大，'电影'小，电影局隶文化部才是合理的。你这个小同志，不能说和苏联的叫法不一样，就是犯错误啊。"听了毛主席的批评，高绍武才知道是自己的思想拧了绳，把事情想歪了。

见中国的"文化部电影局"与苏联的"电影部文化局"不一样，高绍武便认为是中国犯了错误。因而，给电影局领导和毛主席提意见，闹了很大的笑话。思想意识先入为主，会牢牢地控制个人的意识与行为。一旦某些客观事物与之有抵触，立马会认为这些事物是错误的，因而做出错误的判断。要克服这一心理障碍，我们必须经常对先入的东西进行盘点，使之与时俱进，上升到理性。只有这样，才能在日常交际中剔除"先入为主"的影响，使我们少犯错误。

二战期间，法国的一则机关枪打掉纳粹飞机的报道，对苏联红军德·格·巴甫洛夫大将触动很大。他便在自己的部队中宣扬这一战例，以致大家对此深信不疑。希特勒大军压境，就要向苏联发起攻了，巴甫洛夫组织起800挺机关枪组成严密火网，让纳粹飞机有来无回。参谋长说，"机关枪打飞机"只是一起个案，当笑话说说而已，不可以运用到实战。巴甫洛夫却瞪起眼睛说："个案怎么啦？我们把它放大就是奇迹。法国人能打，我们为什么不能？""可法国现在已经投降了。""你……右倾，我送你上军法处！"参谋长不敢再"参"了，只好由他去。德国军队真的从西线发起进攻了，上百架敌机入侵巴甫洛夫防地，800挺机关枪一齐开火，却没伤敌机的一根毫毛，航空炸弹却在整个阵地开了花，部队战斗力锐减，不得不全线溃退。就为这事，德·格·巴甫洛夫大将受到苏联国防人民委员会的最严厉审判。

看了法国的一则新闻，德·格·巴甫洛夫就先入为主，深信不疑，招致了作战的失败。有时先入的东西仅仅是个案而已，并不代表一般。飞机撞上鸟也会机毁人亡，但你指望用飞鸟击落飞机就是瞎胡闹。先入的第一印象是简单的、个别的，没有上升到一般，便不足以指导实践。所以我们对第一印象要特别当心，不能让先入者成了你的"坏事婆"。

高丽英在上海做了两年多中层，最近派到北京办事处工作。高丽英来北京时间不长，甚至连环境还没来得及熟悉，就看什么都不顺眼了。她对人说："我们在上海，中层开周例会，一周一次。这儿可好，开早餐会，还天天开。您说是顾吃饭还是顾说事啊？主管是个女的，那么老还化着淡妆，一天婆婆妈妈的，烦不烦？"一天下午，美国通用公司打来电话，说他们发来一封电子邮件，要求公司尽快回复。高丽英打开邮件一看，是一项很好的合作项目。她把邮件内容打印出来找主管签字，却被告知，主管去涿州陪客户打高尔夫球了。没有找到主管，就等呗。可第二天一回复才知道，这桩生意早已花落旁家了。主管批评高丽英："你自己职责范围内的事，找我签什么字啊？"高丽英则是一脸的委屈："我们在上海，回复客户邮件，都是要领导签字的啊。"

高丽英在新单位不服水土，怨这怨那，工作出现失误，在于她总是以旧有眼光看人看事，上了"先入为主"的当。时过境迁，先入的东西不可能是你永远的参照。如果还用"先入为主"的老眼光待人接物，出现失误你就会有吃不尽的苦头。

先入的第一印象是表象，是个别，是偶然，反映的是事物的非本质属性。尽管用它处事识人十分方便，但结论却很难做到百分之百的正确。所以，我们与人交往，要特别注意"先入为主"的影响。

急着下结论，浮浅没根基

不管是要了解一个人，还是要了解一件事，都不要轻易下结论。你所了解到的也许只是表面的一点皮毛，如果你不清不楚就给下结论，那会犯致命的错误，最后也许就是损人害己。"要识庐山真面目，就得置身此山中"，只有做到这一点，才不会乱下结论。

北宋年间，黄河决堤，皇帝派郭申锡去治水。他按照以往的方法，却堵不上决口。这时有个叫高超的人毛遂自荐，说自己有办法。郭申锡见他年轻且读书不多，便说："肚里没几滴墨水，又年轻没有经验，能有什么好办法？"可高超还是坚持说了自己的办法："以往都是用60步的埽来堵决口，太长，很难压到水底。如果分成三节，就行了。"郭申锡斥道："60步的埽尚且堵不住水，分成三节怎能挡得住水！"命人将高超赶了出去。郭申锡治水屡不成功，被朝廷训斥。而河北节度使贾昌朝采用高超的方法，很快就解决了水患。郭申锡后悔不已。

郭申锡看到高超年轻且读书少，便想当然地认为其不行，而后，对于高超的新方法，也是不加思考和验证便断然否定。这样的做法，不但使自己无法治水成功，被朝廷训斥，而且也杜绝了自己与高超这位出色的河工结交的机会。生活中，很多人也会犯这样的毛病，遇到事情，不细思前因后果，而是一拍脑门，就下了结论，给别人造成了困扰，也给自己惹下麻烦。特别是交际中，这样的做法很容易给双方关系造成隔阂。

在抗美援朝时期，中国人民志愿军与美军的第五次战役就要打

109

响了。就在这时，第 60 军从前线给彭德怀司令员发来电报，说部队已经断粮了，有的战士开始用衣服换粮食。彭德怀怒不可遏，他怒气冲冲地对管后勤的副司令员洪学智说："你怎么搞的！仗还没打就让部队饿肚子，这怎么得了！"洪学智辩解道："我早就给第 60 军运送了补给，可能是出了什么误会。"彭德怀听后更加愤怒了："战士们都开始拿衣服换粮食吃了，你还说不缺粮！"洪学智只好火速前往第 60 军了解情况，第 60 军军长一脸歉意地解释说："我们这儿有三天的存粮，电报反映的情况不准。"原来是第 60 军有人违反纪律拿衣服换小鸡吃，不是缺粮。彭德怀了解到情况后，马上向洪学智道歉，并顺手拿起了一只梨，说："给你赔个梨（礼）！给你赔个梨（礼）！"

彭德怀将军知错就改的态度值得我们学习，但是在这件事上，他一开始偏信第 60 军的一面之词，而不听洪学智的辩解，没有调查就想当然地认为是洪学智错了，这一点却值得我们引以为鉴。"没有调查就没有发言权"，对于部队的情况，前线的人员确实更了解一些，可这也不能证明他们就一定是对的，而别人就是错的。应该给其他人一个辩解和求证的机会，应该经过仔细的调查研究、取得确切的证据后再下结论，这样才更客观、公正。

1961 年 1 月 20 日，美国第 35 任总统约翰·肯尼迪宣誓就职。由于他是首位当选总统的天主教教徒，波士顿主教卡辛应邀参加仪式并首先致词。卡辛本来准备了一个简短的致辞，可他似乎忘了这是总统就职仪式，漫不经心地讲述起了教义，将时间拖得很长。肯尼迪只好临时压缩自己的讲稿。

仪式结束后，肯尼迪忍不住向卡辛抱怨。卡辛说："难道您也以为我是兴之所至，才作了超长的演讲吗？"肯尼迪笑了："事实就是如此呀！"卡辛摇了摇头："我上台后不久，便发现讲台后冒出一缕轻烟，以为是炸弹的引信被点燃了。为了确保您的安全，我当下决定延长致辞时间，以阻止您上台。好不容易等到烟消失，我确定是电线短路了，才放心地换您上台。"肯尼迪随即来到讲台后面，果然看见一截已被烧焦的电线，这才明白卡辛的用意。

自己的就职仪式却被别人占去了大段的时间，肯尼迪满心抱怨。可事后才发现，原来对方的本意竟是要保护自己，惭愧不已。生活中，当别人做了对不起我们的事，很多人会想当然地认为对方是恶意的，因而埋怨、指责甚至是打击报复，使得双方关系闹僵。可有时候，事实并不像你想象的那样。也许别人是有苦衷，也许事情还另有隐情。所以，当别人做了对不起你的事时，不要急着下结论，马上就指责对方，而应多考虑一下背后的原因。

胡适主张白话文，林纾却极力反对白话文，并对胡适进行攻击。胡适的好友高梦旦与林纾有旧，但还是表示要写一封言辞尖锐的信反驳林纾，为白话文张目，为胡适辩护。这封信写完，最终却并没有发出去。有人对胡适说："高梦旦此人，说一套做一套，不值得交。"胡适却说："我和他相交日久，对他的人品是信得过的，他绝不是你说的那种人！"后来，胡适了解到，原来高梦旦确实写了一封言辞尖锐的信，可就在发信的前一天，林纾来到了上海，和高梦旦相见。一番畅谈，高梦旦觉得林纾"胸无宿物，天性然也"，最终"不忍出此书，以伤其心"。这件事让胡适大为感动，不仅是因为高梦旦对自己、对白话文的支持，还因为高梦旦的不忍与仁厚，他说："如果是我，恐怕也会这样做。"高梦旦听说这些话后对胡适的感情更进一步。

高梦旦答应写信为胡适辩护，最终却未寄出，胡适非但没有想当然地责备高梦旦，反而以诚挚之心信任高梦旦，认为他这样做必是事出有因。当得知原因后，胡适也没有想当然地就认为高梦旦背叛了自己，而是站在高梦旦的立场上，赞美他的不忍与仁厚。与人相处，特别是当别人做了一些对不起你的事时，不要想当然地认为对方错了，而应站在对方的立场上，换位思考，多考虑对方的难处，这样你才能体谅对方，也才能赢得对方长久的友谊和信任。

急着下结论，往往是在事情还没调查清楚时，以自己所掌握的信息或个人的喜好、感觉认为事情应该是怎样的，这样是一种主观臆断。人际交往中，我们切不可急着下结论，而应该多思考事情背后的原因，客观、公正、宽容地对待他人。

看看别人的初衷是什么

生活中，我们要会说话，更要会听话，当别人对我们说了不好听的话时，我们要思索对方说这句话的初衷是什么，这样我们才能真正明白对方话语的含义。特别是当对方存在严重的抵触情绪时，往往会说出一些过激的话，这时我们千万不能当真，而应给予真诚的理解。

叶伟信与甄子丹第一次合作时便闹了矛盾，叶伟信想利用甄子丹的影响拍出一部打斗精彩、生猛好看的功夫片，但甄子丹在出演了20年功夫片后却寻思着转型，所以希望多饰演一些有情有义、文戏较多的角色。在拍摄过程中甄子丹经常提出不同的意见，叶伟信试图去说服，结果争吵不断。甄子丹虽然功夫一流，性格却有点像小孩。有一次，他撂下狠话说："如果你再不给人物加点感情情节，就另请高明吧。"说完转身就要离开，叶伟信知道他正在气头上，如果自己坚持己见恐怕真将招致一拍即散，于是说："让我再想想吧，你也再想想吧。"

甄子丹悻悻地走了，哪料到一刻钟不到，就急促地折回来："可能你是对的，这里加入情感戏的确不合适，不过在后面加应该没问题。"叶伟信听到这话，笑着说："我也是这样想的。"二人和好如初。

人们总说话语是内心的表达，然而，在现实生活中，并不是所有的语言都能如实地表达一个人内心的情感。比如上例中的甄子丹，他并非是真的想辞演，只是一时生气才说出那样的话，如果叶伟信较真的话，恐怕就会弄巧成拙，但叶伟信却能从甄子丹气愤的语言中听出他内心的真实想法，因而大度对待，最终两人和好如初。

再来说一下另一位香港演员舒淇的故事。

舒淇的母亲是一个很严厉的人，只要舒淇不听话，便会招来她的责骂。舒淇曾一度对妈妈十分不满，甚至离家出走过。有一次，舒淇跟朋友飙车，不小心遭遇车祸。妈妈来到医院，没有安慰舒淇，反而对她一顿狂骂。舒淇静静地躺在病床上，心里感到十分委屈。妈妈骂完之后就生气地走了，舒淇的眼里备感绝望。过了一会儿，朋友到医院看望受伤的舒淇。朋友问，你妈妈来看过你了吗？舒淇冷冷地回答，看过了，什么都没说，骂完就走人，真是酷毙了。这时候，朋友惊讶地说，你妈妈正在外头哭得稀里哗啦呢。舒淇惊愕地向窗外望出去，依稀看见母亲不停地流泪，哭声中带着一种急切的关爱。舒淇明白了，妈妈是爱自己的，只因为自己飙车受伤了，母亲着急才骂自己的。痛哭背后，包含着一颗伟大的母爱之心，母亲是由于担心自己才一个人躲在医院外头独自流泪的。从此舒淇对母亲的怨恨一扫而空，当她获得第四十二届台湾金马奖最佳女主角时，第一个想到的人便是在家守候的妈妈。

母亲对舒淇的爱并不比别人少，只是她不是一个善于表达的人，当看到女儿受伤后，虽然对她大骂一场，但是这场痛骂中却包含着关心和爱护，是希望她以后不要再有这样的行为。舒淇却因为不能读懂母亲话中的含义，而误读母亲好多年，直到此时才醒悟。生活中，这样的人并不少，他们关心别人却不善于表达，话语出口往往就变成了责备，特别是当别人犯了错误后，"怒其不争"的情感更是会化作一阵阵的指责涌出来。而作为听话者，如果我们只是听到了对方的责备，就会误读了他的关心，我们要思索他说话的初衷是什么？是为了通过指责贬低我们、压制我们，还是想通过指责使我们少犯错误、改正自己？如果是后者，我们就不应该有任何怨言，因为在这些话语中包含着浓浓的爱心。

著名主持人李彬年轻时生活窘迫，甚至和女友约会都没有钱去一些浪漫的场所，只能带着女友去一些乡村的田野这样不需要花钱的地方。女孩子都喜欢浪漫，一次女友高志伟终于忍不住了，她腼腆地说："我们能去茶座坐坐，或者去喝杯咖啡吗？"

谁料，这句话正好戳到了李彬的痛处，他立马急了，说："你别宰我，你宰我就是将来宰你自己！"一般女孩子听了这句话后都会当场走掉，而高志伟并未如此，而是立刻意识到了李彬口袋不宽裕，于是不再提这样的要求，温柔地陪着他。而李彬对她更是爱意有加，婚后，事业蒸蒸日上的李彬工作十分忙碌，但对妻子的宠爱却丝毫不减，一有时间就去陪她。

想去茶座坐坐，却被恋人称之为"宰"，一般女孩恐怕早就生气了，可高志伟没有，她马上意识到了李彬是因为口袋里没有钱，又不好意思直言，因而陷入窘迫中，口不择言地说出了那样的话，而并非真的讨厌她，而那一句"你宰我就是将来宰你自己"更包含了要和自己厮守一生的含义，因而对他更加温柔。生活中，当人们陷入窘迫境地时，往往容易口不择言，甚至会说出很伤人的话语，但这并非是他们内心情感的真实表达，如果你当真了，只会使双方产生误会，从而把事情弄糟。这时，我们还是要学会分析对方说这样话的初衷是什么，看他说这样的话是真的厌恶我们还是只是因为一时窘迫，从而真正理解他话语中的含义。

话语是一个人内心情感的表达，但这种表达有时候是以婉转的方式呈现的。所以，我们不能仅凭听到的话语来断定一个人的内心，而应学会思考、分析他说这话的初衷是什么，从而真正理解对方。

总喜欢把人往坏处想，是心理有问题

生活中，我们难免会遇到一些坎坷或不如意的事。如果怨不得自己，也不该一味地怨别人。可正如大作家毛姆所说："在人们的惯常思维中，自己撞墙碰壁，总要怨天尤人，把别人往坏处想，好像别人故意给自己颜色看，这不仅影响了自己的事业，更影响了人际关系。"

英国当代女作家扎迪·史密斯上大学时，学习成绩不是很好，写小说倒挺顺手。密友贝拉来担心她会耽误学业，就劝她暂时不要写小说了。但扎迪不听劝告，依然跑去和贝拉来的老爸（出版商）签订合同。老贝拉来把交稿时间定得很短，让她完成书稿特别困难。扎迪非常生气，觉得这肯定是贝拉来在背后作祟，回来后，便对贝拉来说："你不支持我写小说，也犯不着让你老爸来为难我吧？你何必串通你老爸把结稿时间定在月底，是不是想让我考试挂科，来证明你是对的？你至于吗？"贝拉来听了非常生气，跺着脚大叫道："你这人真奇怪，你和我老爸谈生意，与我一点儿关系没有，跟我说这些干什么啊……"两人的友谊，就这样破裂了。

贝拉来劝扎迪应该以学业为重，暂时不要写小说，本是出于好心。但扎迪以为贝拉来是对自己写小说有看法，所以在自己出版谈判不利时，就以为这一切都是贝拉来从中作梗。还对贝拉来大加指责，最终伤了贝拉来的心。生活中，遭遇挫折时，别以为是别人和你过不去，更不该胡乱指责人。如果总把别人想得那么坏，然后心生愤恨，最终，好友也会变成陌路人。

看过一个故事，说的是关于左宗棠的。

文格受左宗棠提拔，做了湖南布政使。除了巡抚大人张秉辉，文格就是第一把手。一次朝廷下诏，要地方推荐能胜任道府官员的人选。文格觉得这项工作可以培植亲信，便特别上心。没料到，他推荐的人选一个都没成，而张秉辉推荐的全报上去了。文格对朋友说："这肯定是左宗棠搞的鬼。"朋友劝他说："也许你哪里做得不对，或者左大帅有他的理由，你不该妄自猜测。"可文格根本听不进去："提拔我又利用权术踩我，这叫啥事？我非得让他后悔这么对我。"刚好，文格听说樊燮要到京城告左宗棠，便给樊燮凑材料参劾左宗棠，说他左右湖南政务，搞"一印两官"。左宗棠差点儿没被他给害死，然而事实证明根本没有这回事。此后，左宗棠气得再也不理文格。

星云大师曾说："每个人都希望过得幸福，但是，有人老往坏处想，所以不幸福。"文格就是这样，他因为推荐道府人选没有被采纳，便妄自猜测，认为左宗棠利用权术踩自己，甚至还怂恿樊燮告御状陷害左宗棠，真是令人不齿。自己的事情没办好，不去反省自身原因，纠正不足，而是把别人往坏处想，把失败归结于别人。这样不但不能及时吸取经验教训，还会伤害无辜的人，从而影响了自己的交际。

李华丽这人工作能力很强，但性子急，和董明工作上一直合不来，她觉得董明做事我行我素，太霸道。为此，李华丽曾向公司老总朱江告过她的状。不过，董明竟然在不久后当上了新总裁。这下，李华丽觉得自己没有好果子吃了，指不定什么时候就会被董明搞得人仰马翻。一次，董明看见李华丽和几位中层领导正抢着吃零食，便厉声说："你们在办公室吃东西，是居家还是上班啊？每人罚款200元，交财务部！"这时候，恰巧下班的铃声响了，李华丽说："您看这不是也快下班了吗……""快下班不是下班，在上班就要执行纪律。"李华丽觉得董明是在报复自己，一气之下，一声不吭就辞职离开了公司。事后，她才听说董明本来还想提拔她的，可后悔已经没有用了。

　　董明做了公司总裁后，曾"冒犯"过她的李华丽便担心会遭到报复。当李华丽违反公司规定，董明罚她本是应该的，可是她却往坏处想，以为董明针对她，便辞职走人，丢掉一个好职位，实在可惜。生活中，与人有隙是难免的，但遇事时，应该坦诚相待，把事情讲清楚，解决双方矛盾，而不是对以往的隔阂念念不忘，那样纯属庸人自扰，自讨苦吃。

　　美国著名的心理学家汉克斯说："遇事时，总把别人往坏处想的人，不但是心理问题，更是品质问题。"由此可见，与人交往，千万不要总把别人往坏处想。否则，无形中便给自己树了"敌人"，让自己的交际之路越走越狭窄。

有一种错误叫"晕轮效应"

　　普希金狂热地爱上了"莫斯科第一美人"娜塔丽娅，并且和她结了婚。虽然当时有好友劝普希金要好好考虑婚事，但普希金认为娜塔丽娅是莫斯科贵族冈察洛夫的女儿，她受过良好的教育，还有非常好的见识、口才、仪态和气质。因此，普希金说："一个漂亮的女人也必然有非凡的智慧和高贵的品格。"然而娜塔丽娅虽然容貌惊人，但与普希金志不同道不合。当普希金每次把写好的诗读给她听时，她总是捂着耳朵说："不要听！不要听！"相反，她总是要普希金陪她游乐，出席一些豪华的晚会、舞会，普希金为此丢下创作，弄得债台高筑，最后还为她决斗而死，一颗文学巨星就这样过早地陨落。

　　心理学家桑代克提出，普希金这种识人方式其实是一种晕轮效应。晕轮效应常表现在一个人对另一个人的最初印象决定对其看法，而看不准对方的真实品质。现实中，人们对他人的认知判断往往过于片面，如果认知对象被标明是好的，他就会被"好"的光圈笼罩着，并被赋予一切好的品质；如果认知对象被标明是坏的，他就会被"坏"的光环笼罩着，他所有的品质都会被认为是坏的。正如日月的光辉，在云雾的作用下扩大到四周，形成一种光环作用。

　　庞统是刘备手下的重要谋士，与诸葛亮同拜为军师中郎将，他为刘备出谋划策，为蜀国的建立立下了汗马功劳。可就是这样一位能人志士，却也曾遭到过别人的拒绝。早年，庞统就与诸葛亮齐名，智慧过人，他也很有抱负，一心想在乱世中有一番作为。当时，庞统先是去拜见了孙权，希望辅佐孙权。但是，孙权见他"浓眉掀鼻、黑面短髯、形容古怪、样貌丑陋",所以心里非常不喜欢。手下对孙权说:"庞统跟诸葛亮齐名,主公应该好好待他。"孙权则认为庞统这样面貌丑陋之人不会有什么才能,因而就没有任用他。不得已,最后庞统只能来投靠刘备。令孙权无比后悔的是,庞统虽然长得丑陋,但能力超群,是个不可多得的人才。如果当初孙权留下庞统,必定会让吴国更强大。

人们常说的"情人眼里出西施"、"爱屋及乌"、"一好百好"、"一俊遮百丑",都是典型的晕轮效应。孙权之所以错失了庞统,就是因为他以貌取人,先入为主的结果。这也就是晕轮效应。晕轮效应所产生的认知偏见是一种明显的从已知推及未知,由片面看全面的认知现象,往往会歪曲一个人的形象,导致不正确的评价。哲人说"不要相信第一眼的爱情",我们在与别人交往的过程中,也要记住:不能凭第一印象就一锤定音,就把别人"一巴掌拍死"。

在拍《天若有情》时,杜琪峰是电影的监制,刘德华是主演。每次拍完摩托飙车戏,卸下头盔,刘德华都会下意识弄弄被压扁的头发。杜琪峰觉得,喜欢拨弄头发就是肤浅,这样的演员不会是好演员,并直言"他的问题是深度不够"。杜琪峰要求刘德华改掉弄头发的习惯,但下意识的东西一时半会儿哪能改掉?因此,杜琪峰就张口大骂刘德华。最终,两人因此产生了矛盾和纠纷。虽然《天若有情》成为了经典,在接下来的《天若有情2》中,刘德华不再是主演了,甚至接下来的好几年,杜琪峰也都没有跟刘德华说过话。然而事实证明,刘德华没过几年就成为了一代巨星。后来,杜琪峰也不得不承认自己的错误,并表示刘德华的演技的确很好。

我们常常会看到这样的人:喜欢抓住一点短处,推及其余,认为极端地、绝对地坏,恨屋及乌。而在交际中,就会把对一个人某些方面的厌恶、鄙视与痛恨,衍生到对方的一切方面。杜琪峰觉得刘德华喜欢拨弄头发就不是一个好演员,这样的定义实在过于片面。最终导致两位香港著名电影人多年的冷战,实在是一件遗憾的事。刘向在《说苑》中曾说：憎恨一个人，也会连带憎恨他的仆人、随从。这当然是错误的做法，现实生活中我们一定要杜绝。

在武侠小说《射雕英雄传》中，杨康贪图荣华富贵，干了不少坏事。因此，黄蓉对他恨之入骨。杨康死后十几年，黄蓉和郭靖偶遇杨康的儿子杨过。郭靖立刻将杨过带回了桃花岛，并想把一身功夫传授给他。但是，黄蓉对杨过抱有成见，她认为杨康这种人的儿子也不会是善良之人。于是，她阻止了郭靖的提议，并谎称由自己来教杨过功夫。可是，黄蓉只是教杨过读书，却始终不肯教杨过一点儿功夫。她的理由是，她担心杨过会学坏。杨过为此感到很悲伤，最后不得不离开桃花岛，前往终南山学艺，从此开始了他悲苦而又传奇的一生。令黄蓉没有想到的是，杨过一生侠义为怀，从未做过什么坏事。黄蓉后来也为自己一直对杨过有偏见而深深地自责。

因为杨康是坏人的缘故，黄蓉就对他的儿子杨过抱有偏见，这样的观点明显是错误的，也是缺乏依据的。现实中，我们对一个人的认知和判断，不能只是从一个局部或者一个角度出发，然后扩散而得出整体印象，因为那是以偏概全，那是以点概面，那样做的结果，就是双眼和心智容易被自己的主观臆断所蒙蔽。我们应该真诚地对待别人，深入地了解别人，才能真正地看到对方的心灵，判断对方的人品。

我们在人际交往中应克服晕轮效应，不要以偏概全，不要凭一时主观印象行事。要相信人人都有优点和缺点，在交往中多了解对方，避免以点代面，以偏概全。也只有这样，才会有利于良好人际关系的建立。

感情用事，伤人伤己

喜怒哀乐，可谓人之常情。该喜时喜，当怒时怒，这可以说是正常人情感的自然流露，没有什么问题。但是需要指出的是，感情的流露，也不能不分情况，有时要学会控制，至少也应该有个"调节器"，使它适可而止，不至于过盛过溢。因为如果失去调节，往往会酿出不必要的事端。

蔡康永在主持《两代电力公司》节目期间，要做一档有关两性的辛辣论辩节目。节目录好后，发现一位嘉宾小姐的表现欠佳，该说的没有说到位，该辩的没有辩出辣味，便不得不请她来节目组补录。这位嘉宾小姐平时脾气就不好，重来电视台后，一见到蔡康永便说："怎么还是你啊？节目录砸了上不去，就是你的过失。我说得不好，辩得不深，还不都是你一手安排的，有我什么事啊？"蔡康永说："真对不起，是我主持得不到位，没有及时发现问题，所以才麻烦您。"这位嘉宾小姐觉得更有理了："知道是你的错，我凭什么来返工？你以为我们都是白吃饭的是吧？拿别人的时间不当回事！车马费谁给呀，误工费谁给呀……"本来，蔡康永打算先跟这位嘉宾小姐交代一下，再补录几个镜头就可以了，被这位嘉宾小姐这一呛，让他非常失望，尽管此事最后得到圆满处理，但蔡康永表示再也不敢请这位嘉宾小姐来了。

这位嘉宾小姐在节目中表现有欠缺，所以蔡康永请她来台补录，是对观众也是对这位嘉宾小姐负责任。可这位嘉宾小姐却感情用事，先是对蔡康永横加指责，然后便质问"车马费"、"误工费"怎么办，好像电视台让她亏大了似的，显得特没教养，让蔡康永大跌眼镜，最终也让他不再用她了。生活中，我们也会经常犯这样的错误：自己心中不悦，便对人感情用事，是没有教养的表现。尽管自己感觉痛快，却要付出看不见的代价，没人愿意和这样的人打交道。

　　一天下午放学回家，纪海老师看见自己的学生吕超和几个街头小混混打架。纪海赶紧把那些人驱散了，吕超觉得吃亏，还要追人家。纪海立马上去拽住他，等对方走远了才放开。后来，吕超回到家一脱衣服，身上露出一块淤青。他爸吕志连问他是怎么回事，吕超不敢说实话，反而说是和人打架时，被纪海老师抓住给掐的。吕志连一听急了，孩子们打架就不对，你当老师的怎么还打自己的学生？当即，他就气势汹汹地跑到学校找班主任、找校长，说纪海帮学生打架，把他儿子吕超的身上掐紫了好几块。见到纪海后，更是直接抓起他的衣领，当众把他大骂一通，并声称要告纪海。纪海和吕志连在校长室坐下来，才把问题说清。吕超身上的伤都是拉架时撕扯的，不光吕超，纪海身上也有这样的伤，但都无大碍。这下，吕志连真是羞愧得无地自容。

　　没问清情况，便感情用事，风风火火赶到学校兴师问罪，还当众谴责甚至辱骂纪海老师，即使学校和纪海都老师能谅解这种不当行为，但吕志连在人前表现得如此没有理智，其人格损失总是不好弥补的。所以说，我们在遇事时，千万不要不分青红皂白，想当然地处理事情，一旦判断失误，丢面子事小，要是犯下大错，就更是得不偿失了。

　　北宋时期，张逊在枢密院做知院，"一览众山小"，很是得意。而同朝为官的寇准，虽然表面上跟自己和和气气，但常常因为政见不合，上奏事情多有矛盾。于是，张逊便对寇准竭力排斥，恨不得让皇上把他调走充军。一天，张逊遇一"刁民"正在路上给寇准跪拜，口呼"万岁"。第二天早朝，当着众君臣，张逊就把这件事抖出来了，说寇准

123

在街上让子民呼他"万岁"，虽然寇准极力辩说子民只是当街乱用礼数，并无他意。但皇上怕他有二心，还是罢了他的官。这下，张逊总算如愿以偿。可是皇上离开寇准又想寇准，不到一年又把他请回来了。皇上对张逊说："你奏寇准有反心，他的反心在哪儿啊？你是唯恐天下不乱吧？"张逊吓得头如捣蒜，连说"不敢"。而心里更是犯嘀咕："是我使坏把寇准赶走的，这又回来了，以后叫我怎么面对他啊？"

　　张逊和寇准有异见，不是想方设法与之求同，共谋大业，而是感情用事，给寇准使绊子。借题发挥，到朝会上给寇准下猛药，实在是小人之心，故意使坏。与人交往，难免会有不同意见或产生矛盾，这时候，应该积极弥补，弃异求同，而不是感情用事，给人制造麻烦，最后只能自己"吃不了兜着走"。

　　凭个人的爱憎或一时冲动处理事情，百分之百会给自己的交际带来不利影响。牢骚满腹显得缺教养；遇事冲动容易犯错误；爱耍心机只能毁前程。总之，感情用事伤感情，不但可能伤害别人，还一定伤自己。

第七章

先予后取
——不要怀着目的去交际

什么样的人，交什么样的朋友。

——欧里庇得斯

你怎样，世界就怎样

网上流行一句话，叫"你怎样，你的国家便怎样"，其实这句话同样可以用于交际中：你怎样，他人便怎样。因为如果你对别人好，别人自然就对你好；如果你对别人一般般，别人自然对你也就一般般；如果你不爱理别人甚至对别人很不好，那别人又怎么会给你好脸色呢？

前段时间，我收到表弟的信。在信中他诉说了自己的种种苦恼，他说自从他发迹之后，以前很多朋友都疏远他了，甚至还有几个人在背后说他坏话，以后要防着他们点。可我告诉他，与其防备别人，不如反省自己。

为了说明这个道理，我给我表弟写了回信。信件大约如下——

汤唯可以说是一夜成名，迅速蹿红的典范。可她成名后，以前的朋友并没有疏远她，反而和她更亲近了。因为，她并没有因为自己红了，便觉得高高在上，在朋友面前，她依然是以前的小演员汤唯，从来不做作，更没架子。有一次，一个朋友装修房子，很多朋友都过去帮忙，汤唯也跑了过去，又是扫地，又是擦家具。当时，屋子里有几个工人，朋友们特别担心她被认出来，影响形象，想让她走。可汤唯却一直"赖着不走"，里里外外地忙活。而其他人怎么也不会想到这个忙碌的女子居然是大明星。等工人走了，她得意地对朋友说："我知道你们想赶我，我偏不走。"朋友们笑了，都觉得汤唯更加亲切了。

论成就，汤唯要比你大不知多少倍，可为什么她的朋友就没有疏远她呢？那是因为，虽然地位变了，身份变了，可她对朋友们的心态一点儿都没变，依然真诚质朴。生活中，很多人会说"某某变了"，他们却不知道先反思一下，是不是自己先变了。就比如你，听弟妹讲，发迹后，你很少再赴以前朋友的约会，对他们说话时也多少会带有一些高高在上的姿态，别人怎么会不疏远你？你变了，别人才会变。当我们觉得朋友们疏远我们时，首先要做的是反省自身。

生活中，很多人会抱怨他人不够真诚，与人交往时，必须留个心眼，所谓"防人之心不可无"就是这个意思。可你有没有想过，当你开始防备他人时，你自己还有真诚待人的态度吗？每个人都抱着这种想法，人际间的交往还能有多少真诚可言？真诚地对待别人，别人也会以诚相待，人们之间的交往才会更加和谐、顺畅。你怎样，别人便会怎样，想要获得他人的真诚，你首先要做到真诚待人。抱着"防人之心"，只能换来别人的"防人之心"。而如果你真诚待人，别人即使一开始会防备你，慢慢地也会被你的真诚打动，对你敞开心扉。

影响全球华人的国学大师傅佩荣先生不仅学问渊博，而且口才出众，是一位演讲大师。他曾受央视邀请，在《百家讲坛》主讲《孟子的智慧》，得到众多学者、观众的认同。然而，谁能想到，这样一个人，也曾有过口吃的经历。他小时候，因为经常学口吃的人说话，导致自己也不能流畅地表达，常常被人视为笑柄。可他并不恨那些嘲笑他的人，他觉得是因为自己有口吃的毛病，所以才会被嘲笑，与其与那些人争吵，不如努力改正自己的缺点，使别人的嘲笑无从出口。经过不懈的努力，他终于克服了口吃，并成为众人敬仰的演说家。谈起曾经被嘲笑的经历，傅佩荣说，你有缺点，别人才会嘲笑你，与其整天提心吊胆地防着别人嘲笑你，不如努力地完善自己。正是因为有了当初不善表达的经历，我才更珍惜每一次可以说话的机会。

鲁迅先生说，"可怜之人必有可恨之处"，生活中，很多人被嘲笑、被讽刺、被轻视甚至被伤害，往往是因为他自身存在着这样那样的缺点。

最简单的例子,容易被别人骗走钱财的人,往往是一些贪图小便宜的人。正如傅佩荣先生所说,我们与其每天小心翼翼地提防着别人的嘲笑、讽刺、轻视甚至是伤害,不如认真地反省自己,找到自己身上的缺点,努力改正,完善自身。你怎样,他人便怎样,你不断完善自己,别人便会对你投以尊重;你品德高尚,别人便不会忍心伤害。

你怎样,他人便怎样。身边的人其实是你的一面镜子,他们对你的态度以及所作所为,都是你的态度和行为在他们身上的反射。严格要求自己,不断提高自身的修养,多为他人考虑,别人也会对你更加信任和尊敬,你才能赢得更多人脉。

目的性太强的交际大多数是失败的

现代社会，很多人做事都讲究利益最大化，即使在人际交往中也选择那些能给自己带来最大利益的人交往。可是，怀有功利之心的人，一切都以自己的利益为中心，会变得越来越自私狭隘，他身边的朋友也会越来越少；没有功利之心的人，会更多地为别人着想，自己也会变得更加宽容，他的交际之路也会越走越顺。

古时候有位诗人，外出游历天下，增长学识。有一日，他来到杭州，恰闻一位旧时好友在这里做高官，便想去拜访一下。随行的书童说："人家现在已是地方要员，您去拜访，也应该备下重礼才好。"诗人说："他虽位高权重，可我并不求他帮忙，昔日之时，我们常以诗文会友，今日只是朋友之会，备上几篇新作足矣。"到得高官府上，却发现高朋满座，来者不是巨商大贾便是达官贵人。可这位高官唯独对诗人另眼相看，奉为上宾，还留宿多日，常常彻夜长谈、抵足而眠。一天，诗人不解地问："你这里往来的人都比我有身份，何以对我如此看重？"高官说："往来之人，皆是对我有所图，或是希图通过我的权力获得利益，或是通过我的名望抬高身份，只有兄台你是作为朋友来看我，而毫无所图。对我有所图者，一旦我失去了现在的地位便会离我而去，而对我无所图者才是我真正的朋友。"诗人感叹道："能得到一位像你这样的朋友也是我的荣幸！"

这位高官是十分清醒的，他很明白，那些有所图的人，都是怀着功利之心，出于某种利益需要而接近他的，一旦他失势便会离他而去，而只有像诗人这样的人，才会始终如一地把他当作朋友，无论是他得意时还是失意时，都真诚相待。因而他对那些怀有功利之心的人也只是表面上敷衍应酬，而对诗人却真心相待。

生活中，有太多人都是带着目的去交际，好像跟人交往，不获取一些利益就对不起自己一样。可是，人际交往贵乎以诚、贵乎以心，你怀着功利之心与人交往，如何能换得他人的诚，如何能换得他人的心？

唐骏初到微软的时候，只是很普通的一个程序员。当时，他认识了一位领导，对这位领导的能力和人品很是敬佩，于是便主动结交这位领导。可那时，领导身边想要巴结她的人很多，唐骏根本无法得到这位领导的重视。后来这位领导因为公司"洗牌"，被撤了下来。原本围在她身边的人，一看她失势，都不太理她了。可是唐骏却依然敬佩这位领导，想到这位领导正处在失落当中，便经常去看望，对她一如既往地尊重，遇到什么事也会很谦虚地听取她的意见，还经常请她吃饭，过圣诞节也不忘给她送礼物。这些让这位领导感觉到了唐骏与其他人的不同，对唐骏极为看重。不久，这个领导迎来了东山再起的机会，又被提拔起来了。原本不搭理她的人又开始围绕在她身边，可她对这些人完全不放在心上，而对唐骏却另眼相看。恰逢此时，微软要开拓中国市场，于是她大力推荐唐骏去当总裁，唐骏也因此开始了他的"打工皇帝"之路。

如果唐骏是怀着功利之心，那么当这位领导失势时，他便不会再跟这位领导来往，因为这位领导身上已经没有什么利用价值了。可他依然怀着敬佩的心态，对这位领导尊敬有加，使得这位领导也对他真心相待，最终助他成为"打工皇帝"。我们常常说，"有心栽花花不开，无心插柳柳成荫"，如果你在交朋友之前便怀着功利之心，那么便只会结交那些对自己有用的人，而对那些"没用"的人弃之不顾。你怀着利用别人的心态，所交来的，大多也都是想利用你的人。"有心栽花"，以功利之心有选择地交往，只会使自己的交际面越来越窄；"无心插柳"，以诚挚心广交朋友，你的人脉会越来越多，你遇到困难时帮助你的人也会越来越多。

1993 年，上海青年男篮的教练李秋平发掘了年仅 13 岁的姚明，对他大加栽培，为他日后闯荡 NBA 打下了基础。2009 年 11 月，姚明收购上海队。然而让人大跌眼镜的是，他入主母队所做的第一件事，就是把恩师李秋平给炒了。一时间，舆论纷纷指责姚明忘恩负义，心太狠。姚明也坦言对师父李秋平有点负罪感。

看到姚明被指责，一向不太愿意面对媒体谈及此事的李秋平做出回应："我的心情很复杂，但同时我也理解姚明，他要请外教，把 NBA 的一整套先进科技、管理团队和管理方法带到上海队，如果我还在，总会有点格格不入。他是希望让上海队再次崛起，而这也正是我的愿望，我们大的目标是一致的。我个人的得失绝不该凌驾于上海篮球的整体事业之上，所以我支持姚明。"听到了这些话，姚明十分感动，而外界对李秋平也是一片赞誉之声。

如果李秋平对姚明的付出是怀有功利之心的，那么当姚明收购上海队却不知回报他，反而炒了他时，恐怕早就怨言满腹了，甚至会师徒反目成仇，那样的话他还能得到姚明的尊敬和外界的赞誉吗？他对姚明并无所图，反而从大局出发，站在姚明的立场上为他着想，彰显了自己广阔的心胸。对他人有所图，就会纠结于一己私利，一旦不能得到满足，便很容易心生怨言甚至是愤恨，不但会断绝与他人的交往，自己也会变得狭隘；而对他人无所图，才能更多地顾及到大局和他人的利益，才能更多地理解他人，包容对方，自己也会变得宽容起来。而这种品质会也为你凝聚更多的人脉。

在人际交往中，你怀有功利之心吗？你是希望通过人际交往获取某种利益还是希望真心地交朋友？

先予后取，你敬我一尺我敬你一丈

敬人是一种美德，它可以给人以抚慰，给人以安全恬静的心理空间。敬人还是一种交际策略和方法，用"敬"把善意和尊重传递给别人，可昭示自身的人格魅力，给对方以好感。俗话说"你敬人一尺，人敬你一丈"，善于敬人的人，则善于赢得人们的尊敬和信赖。

谢安石是东晋的一代名相。他年轻时，刚参加工作不久，便有一个同乡因犯错误被革职。那天，同乡灰溜溜地打点行装，准备回家种田。同僚们没有一个人肯帮他一把，都躲得远远的。谢安石却来了，他对同乡说："呵呵，你搜刮的民脂民膏不少啊，装了5辆大马车。发大财了哈！"同乡说："哪有什么民脂民膏啊？这几年的俸银没给我现钱，这是折合的5万把蒲扇。您看这吃也不能吃，用也不能用，运到家还要拿脚费，可如何是好？"谢安石施礼道："仁兄在外为官多年，拉这么多'财宝'返乡，仁义啊！5万把扇子您确实没法处理，我看不如先放到我府上，我帮您把它变成银两，也好安顿生计啊。"同乡说："怎能太麻烦您呢？"谢安石说："这算什么？仁兄做人清白，做官清正，理当受人敬重。"就这样，谢安石利用自己的影响力四处奔波，把所有的蒲扇都卖掉了，同乡一家的生活终于有了着落。

同僚见谢安石对落魄同乡如此敬重，觉得他可以信赖，都愿意结交他。因此，谢安石官到国相，交了许多的朋友。

同乡为官一方，只赚得5万把蒲扇，说明他一身廉洁，两袖清风。对这种可敬之人，谢安石则冒着政治风险倾心以敬。同乡犯的是王法，却没有犯"民心"，落魄了更需要关爱和抚慰。谢安石的敬，既给同乡解决了实际问题，又使其精神有了支撑，可谓雪中送炭。在赤胆敬人的同时，他更赢得了同僚的好感，迎来众星捧月，壮大了自己的人脉。生活中，我们不能只敬重得意之人，人失意了，更需要敬重。你不吝向其致以敬意，给予精神支持，不仅能使对方受到感动，还能博得更多的人与你心心相印，增加自己的人气。

当年，涿州的一家文化机构在阳光酒店宴请文兴宇，市美协的李册先生出席作陪。两人刚一见面，文兴宇就端详着李册的名片说："哈，中国美术家协会会员，河北美术家协会会员，双'加料'的。您的画好啊！我早就知道您的大名，还得到过您的一本画集呢，只是没见过面。"接着他又说："您是大画家，我是业余爱好者，给我当老师怎么样？我跟您学画画啦。"一席话，李册好像见到了多年不见的老朋友。

进餐时间到了，李册便安排文兴宇坐上首，哪知道，他却拉了拉椅子说："我还是坐这儿吧，正位子让李老师坐。""那怎么行啊？您是前辈。"文兴宇说："什么前辈，我比您也大不了几岁，您是大学教授，我是跟您学画画的，哪有学生坐正岗儿让老师陪着的？您以后是不是不想教我学画画啊？"争来争去，文兴宇到底还是让李册坐了上首席。

后来人们了解到，文兴宇刚出来工作时，就有一个信条，就是做什么事都以他人为上，以他人为重，把自己放在"二"的位置，敬业敬事更敬人。所以，凡与文兴宇打过交道的人，没有人会说他半个"不"字。

年轻时，文兴宇就在话剧界声名鹊起，老来的一部《我爱我家》电视剧让他变得妇孺皆知。尽管如此，他接受宴请仍然对人敬重有加：要当学生和李册学画画；在席位上更是以礼敬人。现实生活中，我们做人处世又何尝不该这样？待人接物不抓尖抢上风，事事以人为重，与人为敬，你同样也会受到他人的敬重。你把别人尊为"第一"的同时，也会赢得别人的抬举，你的人格自然更具魅力。

"三毛之父"张乐平特别牵挂的是小学教他画第一幅漫画的陆寅生老师。1983年，张乐平费尽周折，终于在上海的一条弄堂里找到了陆老师。他见陆老师住的房子低矮潮湿，见不到阳光，生活条件极差，就搬过来，像儿女一样，一边照顾老人的生活，一边琢磨如何给他找个好房子。陆老师说："你工作那么忙，泡在我这里怎么行啊？"张乐平说："您放心，我现在已经退休，该做点儿自己想做的事了。以前想孝敬您都没有机会，现在是天赐良机啊。"

之后，为老师的房子，张乐平跑街道居委会，跑房产局、教育局，甚至到区政府、区人大，奔走呼吁，找熟人托关系，最后终于"感动上帝"，使陆寅生换得一处宽敞向阳的房子，居住条件一下子提高了一大截，乐得老人家成天合不拢嘴，逢人就讲他早年教的那个好学生。朋友和同事对张乐平的所为无不交口称赞。

张乐平景仰小学老师陆寅生先生，找到下落便搬过去，边照料他的生活，边为他奔走求人调换房子，敬人做得勤勉务实，一点儿不来虚的。因而受到陆老师的赞扬和朋友同事的好评。我们在生活中，把自己放勤勉些，多做类似的好事，用以敬爱自己的可敬之人，并不用很大的付出，你就能成为对方心目中的座上客，得到更多的人缘。

"敬人者，人恒敬之。"人际交往，人敬人高。敬人不避落魄，敬人甘做下位，敬人勤勉务实，可谓交际典范。在社会生活中，效法这些典范，俯首敬人，你的交际也会精彩纷呈，风光无限。

后会无期还是后会有期

人走茶凉，这是人与人交往之间最悲哀的事儿。之所以出现这种情况，其实说白了还是交往的功利性太强。很多人的心里都有这种思想：你在这里，我跟你和和气气的，你不在这里，我管你是死是活。但是，这种人是不会交到真心朋友的，只要真心相待，天涯若比邻，人走茶不凉，才能交到最真的朋友。

陈明担任某领导的秘书，因为父母病重，他只好来到领导办公室请辞。因为正赶上单位年中过渡的繁忙时期，领导为难地说："小陈，能否忙完这两个月再辞，也算是帮帮你的老领导？"陈明只好连连道歉，说："对不住老领导，实在没法。其实我女友还在这个城市，如果不是迫不得已，我不会做这个决定的。"领导一听，只好示意让他交接工作。陈明专门制作了一张领导的日常工作习惯表交给同事手上，让同事按领导的习惯来工作。他还专程到领导办公室告别："后会有期！"几年后，陈明的女友家里发生了变故，他无奈拨通了老领导的电话，老领导一听认出了陈明，电话那头笑出声来："小陈，你的那句'后会有期'，还有你留下的那张领导工作习惯表，我现在还在记得呢！我觉得你这个下属是个实诚人，这个忙我帮。"

临走时，陈明制作了一张领导工作习惯表交给同事，希望自己的离开不会造成领导的困扰；告别时说了一句"后会有期"，这些都让老领导觉得这个下属虽然要离开了，但是还在尽心尽职，让他感觉到曲终人不散的感动，自然深深打动了老领导的心。与人交往，不以权势来评价朋友的价值。多一些纯粹的友谊，多一份真诚交往之心，人走茶不凉，足以赢得一位又一位人生的至交。

2008年北京奥运会上，羽毛球男单决赛如期举行。林丹以2：0完胜马来西亚名将李宗伟，获得了金牌，成为真正的羽坛大满贯选手。这个结果也没有出乎广大观众的意料，奇怪的是，比赛之后，林丹径直走向情绪低落的李宗伟面前，低声说："我们伦敦奥运会后会有期！"四年之后，伦敦奥运会羽毛球男单决赛再次开战，那句后会有期果真应验，林丹和李宗伟再次会师。比赛中，身体有恙的李宗伟神奇地先下一城，比分1：0。然后比赛急转直下，林丹直落两局取胜，实现卫冕。赛后，李宗伟禁不住痛哭失声："虽然比赛失败了，但是我以能成为林丹的对手为荣，他的那句'后会有期'一直激励着我不断训练，重返奥运决赛。"

林丹和李宗伟的比赛被称为宿命对决，二人都是世界上数一数二的羽坛高手，更是以竞争对手的身份出现在人们的视野中。北京奥运会战胜李宗伟后，林丹没有讥笑挖苦对手，而是献上真诚的安慰，一句"后会有期"充满了对李宗伟的尊重和期待，怎能不让失败者李宗伟内心深深触动呢？这也让李宗伟在伦敦再次失败后仍然骄傲地站在世人面前，在他的心中同样是对林丹的极大尊重。与人交往，不以成败论英雄。别人成功了，多奉上你的赞赏；别人失败了，多一些鼓励。这样能帮你赢得更多的尊重和朋友。

1985年，苹果公司陷入经营困境，总经理和董事们便把这一失败归罪于董事长乔布斯。很快，乔布斯不得不辞职离开亲手创建的苹果公司。当他收拾文件从公司大楼走出时，很多下属因为可以不再受乔布斯的蛮横管理而幸灾乐祸，有一位下属杰克帮他拿着行李往外送。乔布斯回头问："以前我对公司的管理总是十分苛刻，对员工的制约也很强硬，甚至听不进你们的意见，难道你不讨厌我这个董事长吗？"

杰克微笑着说："那些已经不重要了，以后我们再见面的时候，希望是私人朋友的关系，我们后会有期！"乔布斯眼睛瞬间湿润了。乔布斯和杰克也成了很好的朋友。10年后，乔布斯果然重返苹果，管理风格逐渐温和起来。在公司大会上，他说："请珍惜我们每次相聚的机会，即使要分开了，也请相信后会有期！"

乔布斯离开亲手创建的公司，众多下属冷眼旁观，当然有乔布斯管理较专制的原因。但是杰克却主动前去拿行李相送，还送上临别赠言"后会有期"。对于一直特立独行又身处逆境的乔布斯而言，这一句温暖的话真可谓是意外馈赠，这无形中也增强了他重返苹果，反思管理风格的信心。与人交往，不以利益作为交友的准则。不管对方身份如何，本着一颗真诚的心，一句"后会有期"中透露出的满是情谊，怎能不让人动容呢？

王昌龄家境贫寒，在京城做了一个小官，与王维交情颇厚。有一次，王昌龄被贬岭南，前途未卜。王维前来相送时，王昌龄请求说："唯有家父仍留在京城不得照顾，只有劳烦你多加照顾。来日再见必当答谢。"王维安慰说："以后你还会回来的，我们后会有期。"后来，王昌龄又遭贬斥，途经亳州时被刺史嫉妒惨遭杀害。王维得知噩耗后，恰逢安史之乱叛军攻入长安被俘。他再三思量，只好暂时投靠了叛军，希望能尽力照顾王昌龄的父亲直至终老。几年后，安史之乱平定之后，朝廷追责王维投靠敌军，王维始终不提王昌龄之事。有朋友替他不值，他说："虽然此生不能与王昌龄再见，但后会有期的承诺既已许下，就要终身相守，来自外界的一点点质疑又能损害什么呢？"

后会有期，不仅是一句临别赠言，也是一个需要终身相守的承诺。为了兑现这个永不能实现的诺言，王维宁可暂时投靠叛军，不顾自己的名声，为的只是更好地照顾好朋友的父亲。这份对朋友的承诺，或许被一些人误解，或许永远不能得到朋友的反馈，但是足以感动更多的人。与人交往，对朋友许下的每一个承诺，都应该尽全力去完成。即使这一辈子再无相见的机会，也应相信后会有期，这包含的是对彼此友谊的一种庄重承诺。

其实，后会有期中藏着深刻的交际之道，那就是不以权势、成败、利益等标准，对待人生中那些匆匆而过的朋友，而是用一颗真诚的心遵守彼此的承诺，哪怕是后会无期，也能相隔千里，彼此问候，延续彼此的友谊。这份真诚能助你赢得越来越多真诚的朋友。

你想过谁会帮你吗

先问自己一个问题：当你有了困难需要帮助时，谁会诚心帮你？你可能会想到很多很多的人，但你一定不会漏掉的答案是你帮助过的人。因为你帮助过人家，人家就会对你充满感激之情，铭记在心，当有一天你需要帮助的时候，他也会站出来帮你一把。不信？请看——

欧阳修的父亲很早就去世了，他生活非常困窘，甚至无法解决温饱问题。当地有一位陈员外，得知本地有一个贫寒但喜爱读书的年轻人，便想请欧阳修到自己的庄上负责文书工作。他的妻子劝他说："这样一个穷书生，能有什么前途，你帮他不会有任何回报的。"陈员外说："我并不求什么回报，给他一份工作，对我并没有损失，却能帮助别人脱困。"后来，欧阳修经常在书房工作到很晚。陈员外有个非常顽劣的儿子，竟然在书房外读书习字。欧阳修发现后，对其悉心指导，最终使其成为喜欢读书、尊重师长的孩子。陈员外询问缘故，他的儿子说："欧阳修可是本地的名人，能拜他为师，我感觉很自豪。"

巴金说："君子乐于为人解困。"陈员外请欧阳修负责文书工作，是一种帮助别人的善意，并不求欧阳修的任何回报。正是因为他的这番帮助，才让欧阳修心生感激，从而阴差阳错地改变了自己的儿子，意外地为自己解围，还成就了自己的一番美名。交际中，要懂得对处于困境中的人施以援手，你对别人的帮助越多，就会赢得更多人的感恩和敬重，别人才会帮你解围，帮助你解决你无法克服的大麻烦。

"二战"期间，亚当参加了英国远征非洲的部队，好朋友托付他帮助搜集行军中的所见所闻，然后邮回英国。有一次激烈的战斗后，战士们原地休整，亚当却拖着疲惫的身体四处查看地形。同行的伙伴不解："现在不知道什么时候就死了，你怎么还有闲心欣赏风景？"亚当说："我有个朋友很喜欢研究非洲的地形，我要记录下这里的特征寄给他。"半个月后，亚当所在的部队被隆美尔所部截断了去路，被困在了同一片区域。英国军队顿时陷入了困境，统帅也一筹莫展。亚当突然想起来自己无意中发现的一条狭窄的山路，他把这件事告诉了统帅，竟然神奇地帮助部队逃脱包围圈，成功实现突围。

卢梭说："那些不愿帮助他人的人必将一事无成。"即使面临无法预料的战争，亚当仍然坚守承诺，其实是一颗成全朋友愿望的心。这种成全别人的行为，也帮助他熟悉了当地地形，最终让他帮助部队逃出险境，立下大功。生活中，一些人认为帮助别人只会让自己受累，却全然不顾帮助别人的同时，也是对自己能力的一种培养和提高。归根结底，为别人解围的结果其实是帮你自己解围，受益最大的还是你自己。

在拍摄电影《钟馗伏魔：雪妖魔灵》时，其中最具挑战的是黑钟馗失控，雪妖抱住他，用爱感动他的镜头。导演十分看重这个镜头，但扮演雪妖的李冰冰表演多次都没有通过。当天完工后，十分疲乏的陈坤主动找到李冰冰说："明天你再演的时候，就把我当成一个发疯的人，你放开了演！"他们私下接连演了几次。第二天，李冰冰的表演效果甚至超过了陈坤，产生了震撼人心的效果。导演得知事情的经过后，问陈坤："你这样帮助她，你不怕到时电影出来，她的光芒盖过你？"陈坤说："我和她是绑在一起的。她若能演得更好，自然能助我更入戏，她获得观众的赞赏，也是对我的一种认可。"李冰冰更是视他为要好的知己。

陈坤和李冰冰是合作和竞争的关系。陈坤宁可不顾劳累而全心全意陪李冰冰加练，完全不担心对方的风头盖过自己，甚至认为李冰冰能帮助自己更入戏。陈坤帮助李冰冰却不居功自傲，反而把它看成对自己的促进和提高，体现的是一种宽广的胸怀和气度。生活中，不妨多对困境中的人加以帮助，对方能在无形中帮助你取得更大的成功，不仅能为你解围，还能让你赢得更多的赞赏和敬重。

　　当你身在困境中，谁能为你解围？归根到底，是你自己。

如何赢得别人的信任

现实生活中，我们都希望得到别人的信任，交到真心的朋友。可是，这不是一件容易的事儿。爱一个人可以不需要理由，信任一个人却必须是有理由的。那怎样做，才能赢得别人的信任呢？老规矩，我们不妨先来看一看下面的故事吧——

黄遵宪花了大量时间搜集资料，研究日本明治维新以来的变化，全力完成《日本国志》。黄遵宪把书稿呈送给当时清朝主管涉外事务的李鸿章，希望他能移送到总理衙门，尽快让此书出版。但是李鸿章递交书稿时，认为此书可能顶撞上司，不想让自己陷入被动的局面，只是轻描淡写地描述了这本书。最终，书没有出版。有朋友让他再请李鸿章帮忙，但他拒绝了，说："他帮助我，我应该感谢他。但他帮人却只出三分力，于事无益。即使我三番四次请他出面，书稿仍旧不能出版。"原本至交的两个朋友，却因为一本书心生罅隙。

李鸿章因为不愿意顶撞上司，提交书稿时只是走程序，不做任何多余的努力，自然对书籍的出版益处不大。李鸿章帮黄遵宪推荐，本应该得到感激，但帮人要尽最大的努力。无论结果如何，只要你尽力了，朋友都会对你感激。交际中，要想赢得别人的信任，那你就要"尽心"，这不仅仅是你对朋友的看重，更是一种珍贵的交际品质。

很多和郭晓冬有过合作的导演，对他总有一个评价："把角色交给他，不用你多说，他肯定能演出彩。"为什么会有这样的评价呢？导演为何如此信任郭晓冬呢？在拍摄电影《推拿》时，郭晓冬首次诠释盲人角色，他特意去南京盲校体验盲人生活。从盲校返回后，郭晓冬在家里继续用黑布蒙住眼睛，然后在屋里摸索着散步。妻子程莉莎以为他在温习戏份，便没有在意。当她出门整整一天，晚上回到家的时候，仍旧发现郭晓冬漫无目的地散步。程莉莎关心地问："你从盲校回家后还蒙着布，已经很尽力了。不能为了一个角色就真的成了盲人吧，中午饭也不吃，不顾身体状况吗？"郭晓冬说："盲人推拿时，很可能要连续站上十多个小时，还可能更长。导演也说过有个场景要拍十多个小时，我现在只是提前适应拍摄环境，到时才能避免浪费其他人更多的时间。我不能因为自己尽力做了，就有理由拖累他人。"导演娄烨说："郭晓冬一直都值得信任。"

这样的敬业态度，怎能演不好戏呢？把角色交给他，导演自然放心。当别人对你不信任，不放心时，不是别人多心，是我们自己做得不够好。要赢得别人的信任，你必须拿出具有说服力的态度和行动。

远在上海的老朋友大婚，邀请身在北京的胡适和梁启超一起前往。但梁启超有事，便把贺礼委托给胡适带过去。胡适到达上海后，见到老朋友，准备拿出贺礼时，却只找到自己的那份，而梁启超的贺礼却不见了。胡适一脸尴尬地说："不好意思，这是梁启超先生的贺礼，我的贺礼被自己弄丢了。稍后我一定补，一定补。"老朋友说："胡先生您是我的证婚人，就是我的长辈，您不用客气。"后来梁启超知道了这件事，便问："即使你说是我的礼品丢了，我也不会怪你的。"胡适却说："你没有来，所有的情谊都在这个贺礼上面，如果我说我把你的贺礼弄丢了，会让人觉得我是在为你圆场，自然生疑。我人已经站在那里了，即使贺礼弄丢了，也能让人看见我的诚意。"梁启超不禁感叹："胡适是一个值得信任的人。"

胡适替梁启超送贺礼，中途弄丢了贺礼，即使他如实相告，也能得到梁启超和老朋友的理解。但是他却采用偷梁换柱的说法，把自己的贺礼说成是梁启超的贺礼，宁可让老朋友迁怒于自己，也不辜负梁启超的信任。胡适不以别人的理解作为借口，而是体察人与人之间微妙的情感变化，全心为朋友考虑。这一番真诚的言行，让人看到了他极其看重朋友的赤诚之心，传达出的是一种感人的魅力。遇事总是先考虑别人，而不是顾及自己的得失，这样的人自然能赢得他人的信任和依赖。

在《我是演说家》中，选手库尔班江讲了一个他弟弟的真实故事：2001年，亚库普江在深圳开了一家玉石店。有一次，他花160多万从市场上买了一块玉石，然后放在自己的店内。有一个老板看中了这块玉石，准备花560万买下，双方约定第二天交易。当天晚上，他把玉石拿给父亲看。他的父亲曾做过30多年玉石生意，看了一眼，对亚库普江说："这个玉石不能卖，这个玉有问题。我们做一个实验，看看明早有什么反应。"第二天一大早，这块玉石果然发出浓浓的化学味儿。亚库普江急着赚钱，说："这也没有褪色，而且还能赚400万啊。"父亲说："你到这边是赚钱的还是扎根的？如果你赚了这一笔钱，以后再也没有人相信你了。"他如实告诉了买家。后来他的诚信迅速在深圳的玉石市场传播开来，很多客户愿意跟他合作。

亚库普江因为经验不足，花大价钱买到了一块假玉石。作为受害者，得知玉石是假货后，亚库普江的父亲没有拘泥于损失的一大笔钱，而是宁可自己亏，也绝不把假货卖出去。表面上看，亚库普江不仅没有赚到400万，反而损失巨大，但是他赢得了对方的信任和赞赏。这样不看重金钱，而看重诚信的品质，自然能帮他赢得众多客户的光顾。为什么别人会信任你？即使在巨额金钱面前，仍然能坚持自己的人格操守，别人就会认可你的为人，相信你的品质，同你交往就放心了。

林肯说："如果能让别人对我完全信任，这是我做人最心安理得的事情了。"生活中，总有一些人认为别人不信任自己。其实，人与人之间的关系是相互的，只有你做得到，做得好，别人才能信任你。

第八章

难得糊涂
——别做至清无鱼的水

在很多情况下，不懂得装糊涂，是真的糊涂。

——伊丽莎白

处事须精明，待人要糊涂

俗话说得好：处事须精明，待人要糊涂。为什么这么说呢？因为做事必须细致严谨，才能做得好。但与人交往，有时候却不能较真，甚至得装傻，才能妥善地对待世间的人和事。糊涂待人是一种心态，是一种美德，秉持糊涂的心态做人处事，既尊重自己，又能赢得别人的尊敬，这也是糊涂做人的要义。

看一下这个故事：

北宋名臣韩琦镇守大名府时，有人献给他两只出土的玉杯，这两只玉杯表里毫无瑕疵，是稀世珍宝。韩琦非常珍爱，送给献宝人许多银子。每次大宴宾客时，总要专设一桌，铺上锦缎，将那两只玉杯放在上面使用。

有一次在劝酒时，玉杯被一个官吏不小心碰到地上摔个粉碎。在座的官员惊呆了，碰坏玉杯的官吏也吓傻了，趴在地上请求治罪。可韩琦却毫不动容，举杯笑着对宾客说："大凡宝物，是成是毁，都有一定的时数，该有时有人把它献出来了，该坏时谁也保不住。"韩琦又转过脸对着肇事的官吏，作混沌状说："咦，你怎么还不起来饮酒？大家都在等你呢！"肇事者感激涕零。此事传扬开去，大家都称赞韩琦雅量达观，难得糊涂。

玉杯打碎，韩琦却故作糊涂，推说宝物成毁有时数，更将事件以一句不相干的话轻轻带过。如此糊涂待人留有余地，不但使得肇事者感激，也赢得了大家的称赞，建立起良好的口碑。韩琦对玉杯摔碎事件的处理，是在明事理、知变通的情况下，一种超然物外而难得糊涂的情怀。

难得糊涂，向来被推崇为高明的处世之道，也是一种超脱的交际智慧。有道是"人至察则无友"，人际交往，难免会有不尽如人意之处，倘若事事较真认死理，纠结于细枝末节，反而会致使人际关系紧张起来；相反，糊涂待人，豁达办事，才能在交际中进退自如、伸屈悠然，成就交际精彩。

1964 年 2 月，苏联元帅铁木辛哥受命去波罗的海驻扎，青年军事家什捷缅科作为他的参谋长同行。等上了火车，吃晚饭时，铁木辛哥发出一通连珠炮："为什么派你跟我一起去？是想来教育我们这些老头子的吧？白费劲！你还在桌子底下跑的时候，我们已经率领着整师的部队在打仗了。你军事学院毕业了，自以为了不起了！革命开始的时候，你才几岁？"

这通训，已经近乎侮辱了。但什捷缅科却做出一副愚钝懵懂的样子，老实地回答："那时候，我刚满十岁。"接下来不管铁木辛哥如何挑衅，什捷缅科都装糊涂，不与他计较，并极力表示自己对他非常尊重。铁木辛哥突然说："现在我明白了，你并不是我原来认为的那种人。"后来什捷缅科被召回时，铁木辛哥亲自向大本营提出要求，调这个晚辈来共事。

在交际中，人们难免会有摩擦冲突，对此，人们可以借助于"糊涂"，忍让一下，不斤斤计较，暂时吃点小亏，作点退却姿态。这种"糊涂"可以保护自己。铁木辛哥对什捷缅科大加挑衅，后者却深谙"难得糊涂"之道，作糊涂状老实回答质疑，平息了元帅的轻视与怒气，并最终被元帅认可与看重。什捷缅科懂得适时的糊涂、韬晦，展现了自己非同寻常的交际智慧与风采。

其实，越是聪明的人，越懂得糊涂的妙用。无独有偶，美国"石油大王"洛克菲勒待人难得糊涂，不喜与人计较，与同事关系非常融洽。有一次，他的合伙人爱德华·贝特福在南美经营一笔生意失败了，使公司损失了 100 万美元，贝特福很内疚，不知如何解释，他等待着洛克菲勒的批评。

一天下午，贝特福在路上走着，发现洛克菲勒和别人在后面边走边交谈，但是贝特福害怕面对洛克菲勒，于是他加快脚步照直向前走，他实在不想与洛克菲勒详说南美失败的情况。可是洛克菲勒在后边叫住了他，洛克菲勒在他的肩膀上真诚地拍了拍，说："好极了，贝特福，我们刚才听人说了你在南美的事。"

贝特福心里非常紧张，以为洛克菲勒要责备他，马上说："但是，那实在是一笔很大损失，我们只保全了 60％的投资。"

洛克菲勒绝口不提贝特福的失误，而是以惊异的口吻说："这是说的哪里话？你犯了什么错？全靠你处理有方，我们才保存这么多投资，能做得这么好，已经出乎我们的意料了，我们都很感激你的能干呢。"寥寥数语使贝特福放下了心理包袱，也付出了他的感激和忠诚，他们成了最要好的朋友。

贝特福的失误已经铸下，再深究也不能挽回公司的经济损失，即使批评也毫无益处。洛克菲勒不纠缠于无法弥补的错误，而是以糊涂做法原宥合伙人，显示出来的襟怀与气度，深深地打动了合伙人的心，这种寓宽容于其中的难得糊涂，取得了良好的交际效果。

难得糊涂是面对大是大非不糊涂，而对小恩小怨不执著不计较，这是对世事的一种洞明深察。人际交往中，如若秉持糊涂的心态待人，凡事给人留有余地而不斤斤计较，多一些体谅与理解，就会多一些宽容与友好，如此自然能妥善地处理好人际关系，从而成就自己的精彩。

装装糊涂，万事皆通达

一个人，处在这个社会中，应该学会聪明，学会生存之道。但是，这里所说的聪明不应该被误解，我们不是让人学小聪明。小聪明都是投机取巧，小聪明的人能聪明一时而不能聪明一世。而大智若愚，表面上糊涂的人，不计一时的得失却能聪明一世。

再说我那个表弟吧，他平常喜欢给我写信诉苦，有一段时间他说他很烦恼，主要是因为在人际交往中遇到了一些不顺心的事。我是怎么回复他的呢？在此，我把这封信公布给大家一起看看吧——

亲爱的表弟，你知道自己的问题在哪儿吗，据我观察，就是因为你太精明了。古人说"水至清则无鱼，人至察则无朋"，工作中你明察秋毫没有错，可在人际交往中，如果你也至清、至察，就会使别人疏远你。

比如上次，邻居送了一箱苹果给你。你媳妇高高兴兴地就接受了，还说："邻居真热情，有好东西都想着我们。"可你却说："他们热情什么呀，看这苹果，分明就是单位发的，他们吃不完，扔了又可惜，就送给我们做顺水人情。"一句话说得你媳妇也对邻居没了好感。你这样的态度，邻居会喜欢吗？你怎么会有好人缘？人家送你东西，你只管接受别人的好意不就完了，为什么非得把人家的动机都搞清楚？

宋朝宰相富弼年轻时颇有才名，一位秀才嫉妒他的才华，便处处找他麻烦。一次在街上碰到，富弼主动和秀才打招呼，可秀才却对他

149

不理不睬，扬长而去。旁边的人说："他看不起你！"富弼却说："他只是没看到我而已！"还有一次，这名秀才在大庭广众之下嘲笑富弼说："你如此懦弱，像一只乌龟！"而富弼却不生气，别人说："他骂你！"富弼说："他又没指名道姓，怕是在说别人吧！"后来一位朋友问起此事，富弼说："他不理我也罢，嘲笑我也罢，我当然知道，可跟他争吵只会使事情更糟。而装装糊涂，假装这些事没发生过，却可以大事化小、小事化了，何乐而不为呢？"朋友听了连连点头。渐渐地，那位秀才也发现富弼是一个极为忠厚的人，自己如此欺负他实在是过分，便主动向富弼道歉，两人成为朋友。

生活中，我们也会遇到类似的情况：别人或有心或无意说了不尊重我们的话或者做了一些对我们不尊敬的事情，如果你锱铢必较，非要和对方争出个子丑寅卯来，那往往会因为一件小事而引发剧烈的争吵，甚至产生不可调和的矛盾。为了别人的一点儿小小的不敬便付出巨大的心力和时间与别人争吵，为了一件小事，就彻底失去和一个人做朋友的可能，值得吗？更何况，这个过程中，也会暴露你心胸狭隘的一面，影响你的形象。

曾任搜狐首席运营官的龚宇是一个出了名的"好老板"，对员工一向十分温和，从不疾言厉色。有一次，一位员工因为工作上的事和他发生了分歧，那天正赶上这位员工心情不好，于是指着龚宇鼻子说："兵怂怂一个，将怂怂一窝，像你这么面的人，是不可能带好一个团队的！"说完扬长而去。事后这位员工也很后悔，但事已至此，他想，如果龚宇因此给他小鞋穿就马上辞职。可龚宇像没事人一样，第二天见了面还乐呵呵地和他打招呼，在工作上对他依然倚重，不久后还给他升了职。这位员工自己觉得不好意思了，就主动找龚宇道歉，可龚宇却说："那点儿小事，睡一觉就忘干净了，你不提我根本想不起来。如果满脑子净记着这种鸡毛蒜皮的事，还哪有精力做好工作呀？"员工感激不已。这位员工是互联网行业的精英人才，很多人来挖，可他却始终跟着龚宇，他说："龚宇是一个可以做朋友的老板，我愿意跟着他干一辈子！"

表弟，你的人际关系处理不好，很重要的一点就是你记性"太好"。别人有点儿什么对不起你的事，你便时时记着，总记着别人的不好，你怎么能敞开心扉和别人做朋友？人糊涂，一个明显的特点就是健忘，人际交往中，别人对我们的好，我们应该记着。可别人对我们的不好，不妨忘了。记着别人的不好，一来会使你心情郁闷，二来会在你与别人之间树立一道无形的藩篱，使你们的关系更加疏远。这是有百害而无一利的，为什么还要记得？

瑟琳娜和碧利斯是一对好朋友，从小一起长大。瑟琳娜没有父亲，家里很穷，而碧利斯的家境要好一些。有一年圣诞节，碧利斯的父亲送了她一件很漂亮的裙子。瑟琳娜看到碧利斯开心的样子，又想到自己没有父亲，过圣诞节什么礼物也得不到，便被嫉妒冲昏了头脑，偷偷地把碧利斯的裙子剪坏了。碧利斯为此哭了好久，瑟琳娜后悔不已。

可二人的关系并未因此而受到影响。多年后，瑟琳娜向碧利斯说起了这件事，并忏悔道："你那时哭得那么伤心，我一直觉得对不起你，希望你能原谅我！"碧利斯说："其实这件事我早就知道是你，只是一直假装不知道而已。"瑟琳娜忙问为什么，碧利斯说："我知道你那么做只是一时冲动，本性并不坏。我想和你做一辈子的朋友，如果我说了，即使我不怪你，你也会觉得有愧于我，我们之间难免会产生隔阂。为了一条裙子失去一个最好的朋友，我才不会做！"瑟琳娜十分感动。

别人做了对不起你的事，如果不是事关原则，你会像碧利斯一样，假装毫不知情吗？对方如果不是真的想伤害你，你大可以当这件事没有发生过。这样一来，可以令对方没有心理包袱，另外一方面，也是

151

给对方一个自己反省、改正的机会，给你们的友情一个机会。假装不知，更重要的是，你要从内心深处做到不介意、不怪罪，而是真诚地对待对方。这也是一个人心胸和气度的体现。

郑板桥说"难得糊涂"，这是一种人生大智慧。交际也是如此，很多时候，我们的交际出问题，都是因为我们太过精明。装糊涂，首先需要的是宽容他人的心胸，更需要照顾他人的感受。这样的人，谁不喜欢？

以上是我给我表弟的信，但我觉得这封信同样适合读者朋友们，对吗？

别做至清无鱼的水

清代书画家郑板桥游莱州云峰山时，在山间茅屋，为一儒雅老翁写了一幅字——"难得糊涂"。哪料郑板桥的大笔一落，竟为人们的交际增添了一条座右铭，二百多年来历久弥新。交际中，把所有的事情都想得滴水不漏，做得圆圆满满，是难以做到的。所以，我们在与人交往时，适当"糊涂"些，常常会给自己的交际带来亮色。

比如流言蜚语吧，你就不能对它太认真。流言蜚语是背地里污蔑他人的没有根据的话，它的出笼与传播"主人公"都不知情。对流言蜚语"糊涂"些，不听信不传播，既是一种人格修养，又是一种交际策略。对流言蜚语见风就是雨，参与其中推波助澜，那肯定要惹麻烦了。

两个月前，宁馨从乡税务所调到地税局办公室去了，所里的同事好羡慕。特别是安兰兰，显得眼热极了。一时间，宁馨的升迁，成了大家的热议话题，其中不乏飞短流长。而安兰兰却偏偏对流言蜚语感兴趣，从中积累了好多有关宁馨的"事迹"。

一次参加税务联查，休息时，一位老同学和安兰兰提起宁馨工作调动的事，安兰兰的话匣子一下就打开了，她说："你认识办公室高主任吧？他是宁馨的同学，又是她的初恋情人，为了把宁馨调上来，高主任给她出了好多主意呢。"接着，安兰兰就把宁馨怎么托人，怎么送礼，又怎么跟高主任套近乎，都煞有介事地和这位老同学说了。哪晓得，这位老同学竟是高主任的小姨子，她的这番话招来一场"笤圈架"。最后水落石出，安兰兰不得不挨个向人道歉。

其实，安兰兰不过是做了流言蜚语的传声筒，无心和哪位过不去，可她却给自己找了这么大麻烦，多后悔啊。

宁馨调了工作，为了探求内情，人们便凭空乱猜，结果流言蜚语便出笼了。面对这些毫无根据的话语，糊里糊涂地听完拉倒，实在认真不得。像安兰兰那样，在流言蜚语上晃荡个没完，无疑是自寻烦恼。"流言止于智者"，如果我们对流言蜚语都"糊涂"一点儿，甚至麻木得没有反应，它也就没有市场了。

有人为你抱不平，有时你也该糊涂些。生活中有什么不如意，便可能会有人为你抱不平。但这种抱不平一般只是出于义气、出于礼貌，说说而已，或者是对方以此向你表示友好、表示亲近，你对对方的话过于认真，甚至把对方当成自己的后盾就不合适了。

这个学期，刘娜在调研考试中得了市级教学优胜奖，再加上平时的获奖论文，她觉得年终评优秀没问题了。可是，校长在会上当着一百多名教师的面公布优秀名单，竟没有刘娜的名字，这不禁让她大失所望。坐刘娜旁边的一位女老师小声对刘娜说："娜姐，错了吧？优秀奖怎么没有你呀？你有市级教学优胜奖，还有获奖论文，优秀奖没有你也太不公平了吧？"刘娜嫌她话太多，就示意让她小声点儿。可那位老师还是对刘娜说："你教的数学在全校考第一，平均分最高，优秀率超过了90%，就该得优秀奖。"刘娜听了，觉得自己也太亏了，散了会，就风风火火地找校长"算账"去了。可还不到10分钟，刘娜就逃也似的回来了。原来学校对老师的考核打分十分严格，根本就没有理由质疑。

校长公布的优秀名单上没有刘娜，女老师就在一旁抱不平，如果刘娜对女老师的这些体贴和肯定"糊涂"些，就当是刮大风，没有那么强烈的反应，就不会有后来的尴尬了。所以，当有人为你抱不平时，不见得真的就有不平，你只要略显领情就可以了，没必要那么认真。

有人对你耍小脾气并不是坏事，说明你在对方心目中有一定的地位。对方对你特别在乎，且有一定的心理依赖，稍不如意就可能拿你当出气筒。面对对方的小脾气，你如果不把自己放"糊涂"些，针尖对麦芒地与对方拼，使对方的情感依赖落空，你们的关系就该出现危机了。

　　王新的老婆周六加了半天班，还和同事闹了别扭，很是郁闷。中午到家一看王新没事人似的在家正玩电脑呢，就嚷开了："我说你是呆了、傻了、脑瓜子进水了，还是吃错药了？床不叠、地不拖，饭也不做，就这么蔫泡了是吧？"老婆本打算让王新服软，好好哄哄自己，可没想到王新不领风情，反而说她没人招没人惹的就乱咬人，疯狗啊你是？气得老婆又哭又闹撒开了泼，王新对老婆更是疾言厉色，老婆被搞得昏了头，叫喊着要和他离婚。王新哪能示弱啊，离就离，谁怕谁呀？买房子时你妈就出两千块钱，要离你先滚，这个家是我的。老婆见王新也太绝情了，心一横，脚一跺，把门"砰"地一摔，真的回娘家了。

　　王新回过神来可傻眼了，一个星期接了好几趟，好话说了一大车也没把老婆接回来，真是烦死人了。

　　老婆加班，又与同事闹了别扭，心里自然郁闷，到家便对王新没好气。她觉得老公最亲近也最可依赖，所以才对王新肆意发泄。王新对老婆耍小脾气实在不该当真，退一步哄哄她，老婆也就心满意足了，断不会跑回娘家不回来。对老婆的蛮横"糊涂"一点，给老婆留出发泄的空间，夫妻关系才会更和谐。

　　郑板桥也知道"糊涂"的不易，所以加注曰："聪明难，糊涂难，由聪明变糊涂更难。"糊涂是一种人生境界，是人屡经世事沧桑的成熟和从容，更是人际交往中，大彻大悟之后的淡泊与宁静。对待流言蜚语保持"糊涂"，生活中你会少许多烦恼。有人出于礼貌或尊重称道你的优点，为你不平，你"糊涂"以对，不翘尾巴，就不会被冲昏头脑。与你比较亲近的人，什么时候都不会拿你当外人。他们耍"小脾气"你便装糊涂，大度能容，其亲密关系方能地久天长。

人不至察朋友多

如果下雨天路滑你不小心掉进了一个坑里，爬不出去，又冷又饿。此时有个人路过，你求他救你出去，可他却害怕自己也掉进去，不敢拉你。但他给你送来食物和衣服，还帮你报警求救。这时你会怎么想呢？是会想：这个人，只顾自己的安危，眼看着我在坑里却不肯拉，太冷漠了！抱着这样的想法，获救后，你不会对方心怀感恩，反而会怨恨他。相反，如果你的想法是：我和人家非亲非故，人家还费心费力地给我送食物报警，真是个好心人。抱着这样的想法，你对那个路人肯定会满心感激！而你的感激也更容易赢得对方的友情。

古语云："人至察则无徒。"意思是说精明的人往往容不下别人小小的过错或者差异，因而没有朋友。就像我们假设的这个例子中，人家帮了你，你却因为人家没有当即把你拉出来这件事就斤斤计较，怎么能交到朋友呢？能遇到见义勇为、舍己救人的人当然最好，可生活中能达到这种境界的人有多少呢？所以，不要"至察"，指望着别人做的事十分完美，更不要指望能交到完美的朋友。而应该做一个"不至察"的人，即使对方做的事不符合你的心意，甚至有缺点有错误，只要不涉及原则就不要斤斤计较，这样你才能交到更多的朋友。

任志强成名要比潘石屹早一点儿，虽然后来潘石屹在业界地位很高，可任志强还是总管他叫"小潘"。有一次，任志强发表了一些过激的言论，潘石屹不同意他的看法，就写了一篇文章，客观地对他的观点进行反驳。可任志强一下子火了，连着写了《小潘的无知》《小潘，洗洗你的脸》等几篇火药味极浓的文章，其中不乏对潘石屹本人的贬低。

身边的人都说："任志强好歹也是个成功人士，一点儿风度和心胸都没有。"劝潘石屹远离此人。潘石屹却说："成功人士就一定要每时每刻都心胸宽广吗？谁还没点儿脾气啊，任总人很好，只是说话比较直而已！"一个月后，任志强过生日，潘石屹欣然前往，任志强对潘石屹也是热情有加，两人的感情非但没有因为这次纷争而疏远，反而因此而更进一步。

如果任志强能够宽容大度一些，那当然是最好的。可难道仅仅因为他脾气不好我们就能全盘否定他吗？潘石屹正是明白这一点，才给予了任志强更多的宽容。生活中，谁都难免会发脾气，难免会犯这样那样的错误。如果我们"眼光毒辣"，他们有一点儿错误就看在眼里、记在心上，那么慢慢地我们的心里会累积对对方的恶感，很容易就会失去这个朋友。可如果我们"不至察"，一些小事发生过就忘，就不会求全责备。不但彰显了你的大度，为你赢得了朋友，也能使你少生不必要的闲气，生活更阳光、快乐。

李鸿章的哥哥李瀚章年轻的时候官虽然不大，但架子一向很大，很多人都因此不喜欢他。有一次，他以知县的身份去晋见湖广总督裕泰。行礼后，李瀚章就大咧咧地坐在裕泰旁的椅子上，丝毫没有下官见到上司的紧张和拘束。这令裕泰身边的人很恼火，他们对裕泰说："这个小小的知县，太不懂事了，把他赶出去吧。"裕泰说："不懂事又何妨？我要的不是'懂事'的官，是有才能的官。这人职位虽小，但见到上官也不紧张，有这份气度和自信，他将来的成就必然不下于我。"果然，后来李瀚章做到了总督的位置。即使官位上升了，他对裕泰却一直很尊敬。

又要别人有才华有本事，还要求别人"懂事"，会溜须拍马，你的要求是不是太多了呢？你要的只是一个能干事的下属，又何必盯着人家的一点小缺点不放呢？裕泰不要求完美，反而得到了真正有才学的下属。有些人在生活中交不到朋友，就是因为他们"至察"，总是能发现别人的缺点。如果你期望交一个没有缺点的朋友，那你一辈子也不会有朋友。相反，如果你觉得一个人只要本质上是好的就可以交，而对他的缺点视而不见，那么你就会发现身边可交的人实在是太多了。

美食作家庄祖宜痴迷于厨艺，在读博士研究生的时候，去厨师学院学习。毕业的时候，她想做一道 "创意菜"，到世界各地去寻找有特色食材。在夏威夷，她发现了一种独具特色的豆苗，眼前一亮。可人家的豆苗产量很低，根本不外卖。没有办法，庄相宜趁夜偷偷潜入对方的豆苗苗圃，想摘一些回去，结果被人抓了个正着。在美国，擅闯私人领地是很严重的行为。赶来"解救"庄相宜的朋友生气地说："你怎么能做出这样的事呢？这是违法的，你知不知道！"可那位园主听了庄相宜的解释后，竟然哈哈大笑起来："年轻人犯错误，上帝都会原谅。"庄相宜说："你不怪我吗？"园主说："哪个年轻人没有头脑冲动的时候，更何况你是出于对自己事业的热爱，我怎么会怪你呢！"他大方地送了一些豆苗给庄相宜。此后，庄相宜和那位园主成为了好朋友，每次去夏威夷都会去看望他。

如果单看庄相宜的行为，确实违反了当地的法律，看似很严重；可如果我们结合她的初衷来看，就会发现这只不过是一个年轻人一时头脑发热干下的错事，并不能因此就认定庄相宜的品质不好。"至察"的人，总是"明察秋毫"，人家犯一点儿错误，他就能上纲上线、小题大做，因而在他眼中全都是不值得交往的人；而"不至察"的人，即使对方的错误很严重，只要对方不是出于恶意，他就不会抓着不放，不会厌弃对方，反而能交到更多的朋友。

我们经常说要严于律己、宽以待人，所谓的"不至察"，其实就是要宽以待人，用更加宽容的态度去看待对方，用更加委婉的方式去包容对方。这不仅是善待别人，也是在修炼自身的涵养。你的胸怀会越来越宽广，你的朋友自然也会越来越多。

别抖动你的机灵

抖机灵是一个北方方言，意思是耍聪明。但是与人交往，可千万不要抖动你的机灵，因为抖动机灵的同时，也把你处世的圆滑淋漓尽致地表现了出来，别人自然不会真诚地对待你。为什么这么说呢？我们且来看看下面这个故事，或许现实当中你也碰到过——

周末，赵强和葛伟在华兴超市旁边的饭店吃饭。眼看饭菜即将吃完，赵强灵机一动，说："葛伟，要不给陈华打个电话，让他来吃饭？也让他知道咱们兄弟在惦记着他。"葛伟为难地说："这样叫他不太好吧？"赵强微笑着，打通了电话，说："陈华，你在哪里呢？"对方回答："我在外面买点东西。"赵强说："你看你看，我们准备请你吃饭呢，现在就差你了。真可惜。"陈华回答："你们在哪里？我在华兴超市，我马上赶过去。"赵强一愣，见无法解释了，只好说："下次吧，有点儿远，以后有的是机会。"挂掉电话后，赵强一脸难堪。葛伟觉得他不可深交，慢慢疏远了他。

为了在陈华面前显示自己在乎朋友，赵强便不顾饭菜已经吃完的事实，耍起了机灵。他先确定对方的位置，当对方透露不在单位的时候，他顺势提出请对方吃饭，这样既能显示出自己的大方，又让对方无法验证事实。但陈华正巧在附近，这让他无法自圆其说，十分尴尬。陈华如果知道了事实，会如何看待赵强这个朋友呢？与人交往，千万不要抖动你的机灵，因为抖动机灵的同时，也把你处世的圆滑淋漓尽致地表现了出来，别人自然不会真诚地对待你。

公司接待了一个重要客户，需精心制作一个企划方案。策划部经理让陈兰和赵莉莉到办公室听候命令。根据以往的惯例，大家分工合作，如果选择"搜集和整理资料"就可以不用操刀弄复杂的文案。陈兰抢先一步向领导请命："经理，我来负责搜集相关资料，客户和赵莉莉需要什么资料随时和我讲就可以了。"经理点头同意。赵莉莉把客户的要求整理好，递交到经理手中后，经理迟疑了片刻，说："为了全力打造一个精品方案，这次我决定让你们俩同时完成，写出两份你们认为最好的方案，然后我们择优选用。"一听这话，陈兰顿时懵了。

为客户制作活动方案，按照领导的要求本应该是分工合作，共同完成。然后陈兰依据以往的经验，抖起了机灵，希望主动要求搜集和整理资料，从而避免弄更加复杂的文案。表面上看，她主动积极工作，实际上是一种避重就轻的推责行为。巧合的是，经理再三考虑后，让她们二人各写一份方案。陈兰的抖机灵不仅没有避免繁杂的工作，而且给领导和同事一个不好的印象。这样喜欢抖机灵的同事，怎能赢得同事的赞赏和领导的信任呢？

慧子是某政府单位的内刊校对，负责对照原稿挑错别字。她干得劲头足，科长也非常满意。忽然有一回，慧子感觉自己可以还能做得更好，手一痒，就在大领导某篇稿子的末尾续了几句。越看她越觉得这是场"貂尾续貂"的行为艺术，肯定能带给大家惊喜。那段时间，慧子逢人便说单位要升她职，来回请朋友几回客了，结果还是竹篮打水一场空。朋友再三追问，才知道其中的原委。科长也没留神，刊物就印出来了。"喜"没见着，"惊"是来了，她挨了科长一顿狂批："谁让你加的，比领导还聪明是吧？行了，什么都别惦记了，科长说继续原岗位待着锻炼吧。"

每个人都有自己的角色，需要完成自己那份工作，这便是最基本的职责。慧子本负责内刊校对，她超出职权范围，校对时在大领导的某篇稿子后面加上了几句话，她想由此展现自己的文字水平，获得领导的赏识，结果可想而知，这种抖机灵的行为必然受到领导的批评。领导怎么敢用一个擅自做主张的下属呢？与人交往，切记不要越出自己的范围，为别人做决定，这样抖机灵的行为，不仅不会赢得赞赏，反而惹人厌恶。

耿辉住在单位的集体宿舍里，他搬进去住的时候，宿舍里并没有其他同事住。他收拾完行李，准备把衣服放到宿舍的衣柜里，他发现其中有两个衣柜紧锁着。有一天，他回到宿舍的时候，单位同事和一个陌生人正在宿舍内说话。同事告诉他："这个是之前的同事，以前在这里住，他有些行李在这里，现在来取来了。"双方打过招呼后，耿辉看见对方正在尝试用钥匙打开那两个紧锁着的衣柜。"怎么打不开，我记得是这个钥匙啊，是不是有人动过？"对方很疑惑。耿辉无奈地说："我来了之后，就一直锁着。"对方又试了几个钥匙，终于打开了，原来是一些衣服。这个同事一连串的言行，给耿辉一个非常差的印象。

辞职离开后，固然人情在，可以暂时停放一些物品。但这位同事把物品放进两个衣柜里，还紧锁后带走了钥匙，以防别人破坏了自己的财产。或许他认为公司默认这种情形，他便理所当然地把单位当作免费的寄存处。这样抖机灵的后果，只能让别人清楚地看见他的自私自利。更严重的是，当他拿着钥匙打不开衣柜时，还质疑耿辉是否动过他的物品。与人交往，切莫因为自私自利抖小机灵，这样只会被人看轻。

遇到事情抖机灵，体现的是圆滑，是推责，是自私。真正的强者，无论何时何地，都会以真诚待人，而不是耍一些小机灵。

第九章

自我修养
——脸可以"厚",但心不能"黑"

懂得自爱,才能得到他人的友谊。

——托·富勒

脸可以"厚"，但心不能"黑"

很多人知道，"厚黑教主"李宗吾曾经写有《厚黑学》，宣扬脸皮要厚如城墙，心要黑如煤炭，这样才能成为"英雄豪杰"，才能取得巨大的成功。但是，很多人不知道的是，厚黑学其实是李宗吾以嘲讽手法提出的戏谑性学说，其本意是值得商榷的。面皮厚，我们可以在一定程度上表示赞同，毕竟与人交往中，会遇到一些时候，你必须得脸皮厚才能办得了。但是，心地黑，我们是坚决不赞成的，一个人做任何事，都不能心地黑。

乾隆年间，有个叫巴延三的人写文办事的能力很差，虽然在军机处，却从未起草过一篇公文。一天夜里，军机处只有巴延三值班，乾隆皇帝命他立即起草一篇紧急的军事诏令。可巴延三一紧张，竟连诏令的内容都没记清楚。这时，他悄悄把一直侍奉在乾隆身边的小太监叫出来，俯首贴面地向他请教诏令的内容。这小太监虽满腹才华，却因为身份低微，从未受过如此礼遇，感激不已，帮他写了诏令。乾隆一看大加赞赏，而此时巴延三早把小太监抛之脑后，声称这是自己写的。不久，乾隆便封他为两广总督。可他并无真才实学，到任后，政绩很差。乾隆一查，才知道了真相，便罢了他的官。

李宗吾告诉人们，为人处世要脸厚心黑。而这巴延三可谓深通此道。他"脸厚"，以军机要员之高位，对一个小太监俯首贴面，因而令小太监感激不已，帮他渡过难关；他"心黑"，过河拆桥，昧着良心独占功劳，虽然一时登上高位，但最终他却因此而被罢官，可谓得不偿失。由此可见，与人交往，脸皮不妨厚一些，而心却不能黑。厚而不黑，方是交际大智慧。

留学生王娜勤工俭学，到一位法国老太太家里做保姆。老太太的邻居告诉她，这个老太太极其挑剔，已经有十几位保姆因为无法忍受她而辞职了，王娜只是微微一笑。几个月后，王娜与老太太相处得越来越融洽。这位邻居不解，问："你是怎么和她相处的？"王娜笑着说："她确实很挑剔，刚来的时候，她经常批评我这里不对，那里不对。有一次，我用手直接帮她取了一块蛋糕，她突然大怒，斥责我没有教养，说应该把糕点放在碟子上给她。当时，我眼泪差点儿下来了，真的想辞职。但事后，我觉得，用手直接取食物给她，的确不太妥当。那件事后，我就反思，是不是因为我做得不够好，所以她才挑剔呢？在以后的日子，她挑剔我便改正，渐渐地我们关系就融洽了。其实老太太并不是苛刻，只是她对自己和别人的要求都严格一些。"邻居听后对王娜佩服不已。

别人天天挑剔甚至是指责，"心黑"者会恶意揣度，因而会心生怨恨，对别人更加厌恶，两人之间的矛盾也会不断激化。但王娜不是这样，她从不认为老太太是刻意为难她，反而客观地看到了老太太对人对己的严格要求。因而她甘做一个"脸厚"的人，不生气、不退缩，在挑剔中不断完善自己，并与老太太相处得越来越融洽。当面对别人的挑剔时，不要做"薄脸皮"，承受不住，或者对别人怒目相向，而应该以诚挚的心和不怕损失面子的态度对待挑剔，这样你才能完善自己，也才能赢得别人的认可。

于晓丽入职不久便大放异彩，甚至抢了原本在单位被称为"首席策划"的王枫的风头。因而，王枫便处处排挤为难她。一次开会，于晓丽的方案得到了一致好评，可王枫却抓住其中一个小细节的疏漏，大做文章，指责于晓丽。大家都觉得于晓丽和王枫的梁子算是结下了。可出人意料的是，开完会后，于晓丽竟主动找到王枫，说：
"谢谢你呀，要不是你，我还发现不了那个疏漏。"王枫尴尬地笑笑。
后来，于晓丽再做方案，都会向王枫请教："王姐，您是公司的前辈，
水平比我高，抽点时间帮我提提意见吧！"一开始王枫还不冷不热，
可后来她看到于晓丽很诚恳，便帮忙提意见。二人的关系由此越来
越好。后来，部门主任空缺，王枫力挺于晓丽，她说："虽然在业
务水平上我们不相上下，但在为人处世的胸怀上，我比不上她！"

在"心黑"者看来，别人刻意排挤，那就是自己的敌人，应该无
情地打击报复，而不是委曲求全。但于晓丽不但不反击，反而以真诚
的心，把对方当作好同事、好朋友来相处；别人冷漠相对，她更没有
因为害怕丢面子就后退，而是放低姿态，主动求教，最终赢得了王枫
由衷的认可和友谊。心不黑，才不会把别人都当成敌人，才不会想要
打击别人而成就自己；脸厚，才能放下架子和面子，低姿态与人交往，
最终赢得别人的情谊。

赛琳娜的儿子得了重病，无钱救治。她向一位记者求助，并谎称
自己的孩子得了绝症，需要一笔天文数字的医疗费用。记者将她的故
事刊登在了报纸上，雪花般的捐款汇到了赛琳娜的账户。

然而不久后，赛琳娜却向记者坦白了真相，并在报纸上发表了
一篇文章：《对不起，我撒谎了》，她说："我的儿子患的不是绝症，
只是比较严重的骨骼病，需要的治疗费用也不是天文数字，只是高于
我的承受能力而已。鉴于这个原因，我将把收到的所有捐助全部奉还。
我知道，坦白真相，我的后半生可能都要在人们唾弃和鄙夷的目光
中度过，但如果不坦白，我和我的儿子都将在良心的煎熬中生活！"
然而出人意料的是，人们并没有因此而责备赛琳娜，反而被她的坦
诚所感动，很多人伸出援手，表示愿意帮助她治疗孩子的病。

"心黑"者，心中只有自己，因而他们不会因欺骗而感到愧疚，

但你能骗得了别人多久？这样的人，最终会被人唾弃。而心不黑的人，他们始终会坚守自己的良心，犯了错误，或者说了谎话，即使只是出于使自己良心安宁的目的也会坦白出来。而为了自己的良心，他们甚至愿意面对别人的指责和怨恨，做一个"脸厚"的人。可是，面对如此真诚的人，谁会去责备他们？人们反而会对他们无比敬重。

所谓厚而不黑的交际智慧，本质上讲，就是在内在上，坚持自己的良心和底线；而在外在上，不要太注重面子这种虚无的东西，而应多关注别人的感受。如此一来，你便能赢得更广阔的人脉。

人贵自知，进退有度

常言道：人贵有自知之明，把人的自知称之为"贵"，可见人是多么不容易自知；把自知称之为"明"，又可见自知是一个人智慧的体现。人不自知，正如"目不见睫"——人的眼睛可以看见百步以外的东西，却看不见自己的睫毛。只有自知之明，才会更受大家的欢迎。

著名球星斯坦科维奇退役不久，就获邀出任塞尔维亚足协主席，不过出人意料的是，斯坦科维奇拒绝了。有记者采访他："在以普拉蒂尼为代表的一批足坛名宿都成为了足坛政客，你为什么拒绝？"斯坦科维奇答道："我的确接到了这份邀请。普拉蒂尼善于管理，积极推动足球事业的发展，是个很好的主席。但有些人适合担任足坛政客，有些人则未必适合。就像爱因斯坦不敢当总统一样，我也不敢去担任一个如此重要的职务。至少我觉得现在这个时候，我还没有做好足够的准备。"舆论一致认为斯坦科维奇是个有自知之明的人，值得大家敬佩。

现实生活中有很多人做人做事总是自以为是，没有半点自知之明，结果遭人鄙夷和唾弃；而有些人就很有自知之明，懂得客观公正地看待自己，结果受人敬重。可见"人贵自知"这四个字，是金玉良言。一个有自知之明的人，不在于他能够评价别人，而在于能够正确地评价自己，只有真正了解自己的长处和短处，避己所短，扬己所长，才能对自己的人生坐标进行准确定位。正如哲人所说，当你真正认识自己之时，也就是你进步的开始。

新学期，学校决定选一位语文老师担任校报主编。校长知道胡夏和王晓鸥两位老师文章写得特别好，经常在报纸上发表文章。于是，校长定下规矩，给一个月的时间，看谁文章发表得多，谁就是新办的校报主编。平常，王晓鸥写文章一直比较得心应手，发表的文章也多。但在这一个月里，胡夏却多发表了好几篇文章。同事向胡夏表示祝贺，校长也对他进行了表扬。但是胡夏却不以为然，他还对校长说："我这个月的文章的确发表得多，但这不能代表什么。我主要是时间比较充足，刚好又有素材，所以写得多一点儿，多发表了几篇。但要论文章的质量，王晓鸥比我厉害得多。因此，我觉得他比我更适合当校报主编。"校长听后，高兴地说："也许你的文章不是最好，但你有这种认识就很好了。我决定了，你们两个都是校报主编，一同负责。"

　　有自知之明的人，不会只看到别人的缺点，却看不到自己的缺点。胡夏对自己有着清醒的认识，向校长表明自己跟王晓鸥没法比，这样的自知之明，也让人看到了他谦虚、低调的品质。一个人，要真正了解自我，就必须换一个角度看自己。要客观地审视自己，跳出自我，观照自身，如同照镜子，不但看正面，也要看反面；不但要看到自身的亮点，更要觉察自身的瑕疵。切忌孤芳自赏、妄自尊大。其次，要不断完善自我，有则改之，无则加勉。

　　由姜伟编剧并导演的谍战剧《潜伏》，在全国热播后，口碑和收视双丰收，该剧还获得了第15届上海电视节和第27届电视剧"飞天奖"的多项重要奖项。无数观众更是表示期待《潜伏》尽快出续集。对此，姜伟在接受采访时却表示："其实现在有很多人找我拍《潜伏》的续集，但是我的想法很坚定，坚决不拍续集。观众会喜欢《潜伏》，不代表就会喜欢《潜伏》的续集，正如我能把《潜伏》拍好，不代表我能把《潜伏》的续集拍好。虽然这个剧得到了很多人的肯定，但我觉得故事已经讲得很完整了，没有必要再拍什么续集，而且我也不认为自己还能在这个故事基础上讲出好的东西出来。既然如此，我又何必还勉强自己甚至可能还要勉强别人呢？"很多人都表示姜伟拥有一颗清醒的头脑，他的成功离不开他的智慧。

人在一片赞扬声里一定要保持清醒的头脑，要有自知之明，才不至于迷失方向。所谓：自高必危，自满必溢。成就大，就居功自傲，名声高，即自以为是，这样的人，就会让人看不起。人生如秤：对自己的评价秤轻了容易自卑；秤重了又容易自大；只有秤准了，才能实事求是、恰如其分地感知自我，完善自我，对自己了然于心，知道自己能吃几碗干饭，有几许价值，才能做到有自知之明。也只有那样，跟人相处才能得心应手。

国学大师任继愈治学严谨，一生著述颇丰。虽然取得过非常大的成就，但他为人也十分谦逊低调。到了晚年，有一个出版商来找他，希望给他出一套全集，以便大家对他的思想和生活有个更为全面的认识，并且还许以丰厚报酬。但是令所有人都感到意外的是，任继愈却毫不犹豫地拒绝了这个合作要求。出版商以为他不满意报酬，于是急忙提了标准。但是任继愈却解释说："这不关稿酬标准的事。不出全集，是因为我自己从来不看别人的全集。即便是大家之作，除了少数专门的研究者，其他人哪能都看遍？所以，我想，我的全集也不会有人看。不出全集，免得浪费财力、物力，耽误人家的时间。"此后，任继愈也一直都坚守着"不出全集"这个规矩。而这并没有影响他在世人面前的声誉，反而赢得更多人的尊重。

有自知之明的人，看待问题不会只知其一，不知其二。而有些人，常常会抓住自己身上的一点，不顾其他方面，最终还是不能客观地认识自己。好说己长便是短，自知己短便是长。没有因为自己有一点点成就，就以为自己有多了不起。"自知无知才求知"，这是对任继愈最好的注释。因为自知度愈高，求知欲愈强。学然后知不足，知然后更求知。而一个如此自知的人，谁会不敬重不佩服呢？谁会不愿意跟你交往呢？

歌德说："有一种东西，比才能更罕见，更优美，更珍奇，那就是自知之明。"是啊，"人贵自知"这四个字，是金石良言。这不是叫你自卑，而是要你清醒。做人不能只看到自己的优点，看不到自己的缺点，因为成为别人的笑柄事小，毁了自己事大。

别人宽容你，你要三思

毫无疑问，宽容是一种美德，每个人都应该懂得宽容待人，这样才能使自己的人际关系更和谐。但是，如果我们做了一些不恰当的事情，当别人对我们宽容的时候，我们却不能理所当然地接受，而应该"三思"！

明朝的时候，有个叫天宝的年轻人整天花天酒地，败光祖产，差点儿冻死在街头。这时，王员外正好路过，不禁起了怜爱之心，便命家人救醒天宝，并把他留在身边，做女儿腊梅的先生。腊梅长得如花似玉，时间一长，天宝不禁犯了老毛病，对腊梅想入非非，动手动脚。王员外知晓后，便写了一封信，对天宝说："我有一个表兄，住在苏州一孔桥边，烦你到苏州把这封信送给他。"

谁知到苏州，到处都是孔桥，天宝找了半个多月，也没找到王员外表兄，无奈，他打开信一瞧，只见信上写着："一孔桥边并无表兄，这只是对你的小小惩戒。若你能真心悔改，可仍回到我身边。"看完信后，天宝十分感动，他想：员外大度，不计旧恶，但我品行如此恶劣，又有什么脸面回到员外身边。于是，他留在苏州，白天帮人家干活，晚上挑灯夜读，一边增长学识，一边磨砺品性，终于改正了缺点，还考中了举人。此时，他星夜兼程，回去向王员外请罪，员外也被他感动，与他成为至交好友。

员外宽容了天宝，允许他回去，可是天宝却反思，我的品行真的值得员外宽容吗？员外大度，可我不能再以这样的面貌回去见他，于是他苦读诗书，磨砺品性，终于改正了自己的缺点，此时才去回报员外，也最终赢得了员外的敬意。别人宽容对待我们，只是因为别人大度，心胸开阔，不计小恶，但这并不等于说我们的"恶"就不存在了，所以我们要反思一下，我们的"恶"真的值得别人宽容吗？如果不改正这个缺点，别人可以宽容你一次，却很难长久地容忍你。

一次，巴巴多斯共和国总理弗伦戴尔·斯图亚特与一群盟友喝酒，然后，已经有些酒劲的他自己驾车回家。就在行驶不到一公里路程时，他突然想起自己上任后不久颁布的一项法令：对于酒后驾车的公职人员，除吊销驾照半年外，还要接受去砖厂做苦力的处罚。自己作为一国总理，又怎能违反这一法令呢？于是，他立即给交管部门打电话，举报了自己酒后驾车的违法行为。

两名警察赶到后，说："您确实酒后驾驶，但行驶的路程很短，况且没有造成任何后果，就让我们驾车送您回家吧。"斯图亚特马上严肃地说："我作为一国总理，怎么能知法犯法？请送我去砖厂做苦力！"警察无奈，只好送他去了。为严厉惩罚自己，斯图亚特连夜开始，一边造着砖头，一边反思过错。经过夜以继日的艰苦劳动，斯图亚特终于完成了一千块的造砖处罚，也赢得了国人的尊重。

警察已经宽容了他的过错，如果斯图亚特不是一个严于律己的人，一定会顺水推舟地领了这个人情，但是既然能有第一次违反法律，就能有第二次，积少成多，他的品质会逐渐下降，估计最后连总理的宝座都会弄丢。而他选择了严厉惩罚自己，则会使自己记住这次教训，再不敢违反法律。古人说："宽以待人，严于律己"，当别人宽容对待我们的时候，我们却不能忘记严于律己的信条，要知道，如果你把别人的宽容当成了放纵自己的理由，那么你对自己的要求会越来越松懈，最终很可能会因此而铸就大错。

科比进入 NBA 的头两个赛季，一直担当替补球员。一旦比赛正式开打，坐在板凳上的他，时刻摩拳擦掌，苦苦等待机会上场。终于有一天，场上需要换人，科比热切地望着教练，希望得到这次上场的机会。教练眉头紧锁，犹豫一下，说，你上！

然而，也许是因为与队友配合陌生，也许是因为过分紧张，科比竟然一点儿都找不到感觉，表现得一塌糊涂。他瞥向场边的教练，惭愧地低下了头。赛后，他开始躲避教练的目光，但教练还是叫住了他，对他说："孩子，忘掉不愉快的一切，我相信你总有爆发的一天。"

教练的宽容与鼓励，令本来有些绝望的科比坚定了信心，他也决心以自己的实际行动来回报教练。他在训练中更加刻苦，与队友的默契程度也与日俱增。终于有一天，他又被教练派上了场，这一次，他惊艳全场，所向披靡，为球队的胜利做出了巨大贡献，场边的教练也欣慰地笑了。

面对教练的宽容与支持，科比十分感动，为了回报教练，他融入团队，刻苦训练，终于以惊艳的表现、出众的成绩回报了教练。当别人宽容我们，我们改正错误、严于律己就够了吗？如果你只是止步于此，又怎么对得起别人的好意？别人对我们宽容，我们除了严格要求自己外，还应该以更多的努力，更好的成绩来回报别人，这样，对方也会看到，他对我们的大度是正确的，我们是值得他这样对待的。

对人宽容是一种美德，但并不是别人理所当然的态度，所以我们也不能理所当然地接受，而应该三思：我值得别人宽容吗？别人的宽容是我放纵自己的借口吗？我应该以什么来回报别人的宽容？只有这样，你才对得起别人的宽容，才能赢得更长久的宽容。

远离"有毒"的朋友

现实中，相信每个朋友身边都会有那么几个"有毒朋友"，你与他们交往，他们却会有意无意地损害了你。如何摆脱"有毒朋友"带来的困扰，最理性的解决办法是定期静下心来，好好盘点清理自己的朋友圈子。心理学家通过研究认为"有毒朋友"主要分以下几种类型：

朱岭这个人比较老实，所以身边的人平日里会开开玩笑。偶尔成为别人的笑料，朱岭也不会当一回事，但有一个叫李可可的朋友，却总是玩笑过度，什么玩笑都乱开，根本不顾朱岭的感受。而且因为朱岭的随和、不计较，李可可变得越发过分，最后简直就是以贬损朱岭为乐。比如，有一天，几个朋友一起吃饭，李可可说："朱岭你这姓正好，我觉得你就是一头猪，多可爱啊……朱岭你胖的像猪一样，还吃饭啊……朱岭怎么都不吃肉了，哎哟我忘了，猪比较喜欢吃菜……朱岭你真是一头猪啊，这么好的菜你都不吃……朱岭你真是比猪还笨啊，打个包你还把筷子弄掉了……"朱岭觉得自己受够了李可可，以后再也不跟他一起出去玩了。

李可可这种做法，是不懂得尊重朋友，自以为是地觉得怎么说朋友都可以，但是从来不会想想如果自己被这样贬损会是什么心情。这样的人，一点儿分寸也没有，不是真正的朋友。在现实当中，如果你的朋友一直热衷于贬损你，没有底线地对你进行嘲笑、挖苦、讽刺等，那么毫不犹豫地离开他吧，你没有理由被他损害。那些赞美你、肯定你、尊重你的人，才是你应该亲近的。

宋飞最近每天都加班加点的，一回到家就想早点睡觉。可是，他刚睡到一半，就被洪太男的电话叫醒了。洪太男新近开了一家棋牌室，为了招揽顾客，他特意让宋飞等几个好朋友来玩，以显示店里生意好。刚开始的两天，宋飞忍着疲劳和睡意，跟大家玩到晚上很晚才回家。但是他白天的工作实在太累了，所以后来几天宋飞来棋牌室玩的时候，就说自己比较累，需要早点回家休息。但是洪太男却说："咱们都几年的感情了，让你帮我几天，你还婆婆妈妈的，真没有意思。你再累，也得帮帮我啊。"宋飞觉得很尴尬，他不是不想帮洪太男，而是自己确实受不了。洪太男不让宋飞回去，宋飞也没有办法。后来宋飞因为睡眠不足，工作上出现了一个重大错误，受到严重处分。宋飞意识到，洪太男这样的朋友不能交。

　　能够尽量帮助朋友的事，相信大家都会乐意去做的，宋飞也不是不想帮助洪太男，只是他个人也因为工作劳累需要休息啊。然而洪太男不但不理解，还以友谊要挟，不理你死活，逼着你迁就，就算明知你第二天一早上班，还逼你熬到深夜。这样的人，真是自私自利。朋友有事，我们可以提供力所能及的帮助，但也要让对方知道你也是一个有原则的人，不能没有度，该拒绝的时候记得拒绝。如果对方还是纠缠不放，那这种人就不值得你继续交往了。

　　每次和丁鹏见面，杨晓都很不舒服，因为丁鹏总是牢骚满腹，抱怨生活中自己遇到的种种不愉快。他在工作中一直得不到提升，便说："我都做了这么久了，领导还不给我升职，太让人失望……"他因为工作突出而终于升了职，可他又说："给我升职了，可是工资却只提高了这么一点点，真是让人无望……"后来，他又因为工作失误，而被降职了，他又说："不就是因为一个小小的失误吗？竟然如此无情，真是令人绝望……"杨晓后来终于再也不去找他了，因为他实在不想成为朋友的情感"垃圾桶"。

　　生活里，我们经常会遇到丁鹏这种朋友，他们会经常向你抱怨自己的不开心或是一些鸡毛蒜皮引发的不良情绪，让你的情绪也受到影响。当然了，对生活、工作有很多不满，请朋友分担本无可厚非，但总是将这种悲观情绪传染给朋友，让朋友也受到了伤害，就让人反感了。在现实生活中，遇到这样的朋友，我们应该理性提醒，不能放之任之，那样他们根本就意识不到自己的讨厌。如果你跟他们明说了，他们却根本不当一回事儿，那你就趁早溜吧。

马青青是一家公司的会计员，工作非常勤奋，老板很看重他，有心培养他，所以让他在工作之余，也去各个部门帮帮忙，多学一些东西。于是，马青青一有时间就去跟着推销员到处跑业务，跟着宣传员做公司宣传，跟着产品检查员验收产品，跟着网络人员学网站建设……马青青不分白天黑夜地做这个做那个，忙得不亦乐乎。这天，同事王小明却带着几分不屑的口气说道："你一个会计，学什么网站建设啊？我看你也真是的，领导让你干什么，你就干什么，领导无非就是想让你多干点儿事，你还当领导真的想培养你啊。我说你别傻了，别学什么推销啊，宣传啊，检验啊什么的，我告诉你，你安心把自己的工作做好就成了。把自己搞得那么累，有啥用啊？"马青青知道王小明这个人不值得深交，以后就慢慢疏远了。

领导让马青青多干一些工作，多学习一些业务知识，对于马青青来说，肯定是一件好事。但是，王小明不知道是嫉贤妒能还是头脑简单，不知道是有意的还是无意的，竟然跟马青青说胡话，出馊主意，如果马青青不懂得辨明是非对错，估计真的就要听王小明的黑话了。在生活中，我们难免需要听取别人的意见和建议，这时候，有些朋友就像狗头军师，心怀叵测地给你出一些鬼点子，这种所谓的朋友，我们应该远远避之，否则，最后受伤害的总是你。

每个人都需要朋友，每个人都希望多些"良友"少些"毒友"。遇到"有毒朋友"，就清理了吧！另外，我们也要不断反省自身，千万别让自己也成了别人眼中的"有毒朋友"。

诚实胜过一切智谋

这个世界从来不缺乏所谓的聪明的人，他们对待别人时喜欢玩弄心计，可是，这样做真的就能占到便宜了吗？其实未必。多少机关算尽，反而害了卿卿性命！至少总是算计别人的人，谁会喜欢跟他做朋友呢？只有诚实厚道的人，才是谁都喜欢交往的。正如《韩非子·说林》上所说，巧诈不如拙诚。

有一位犹太富商，生了两个儿子，大儿子聪明，小儿子拙笨，富商临终前令两儿子分别经营两家酒店，并叮嘱："商以德行，德以术胜，经商求术忌无德，切莫以术欺人。"两兄弟各自独立操业一段时间之后，大哥觉得谨遵父命赚不了大钱，灵机一动，便在酒中加进了白水。这样一来，哥哥比弟弟多赚了不少钱。弟弟呢，则依然按照父亲的教诲老老实实做生意。时间一长，弟弟的生意反而好了起来。哥哥便怀疑弟弟也在酒里掺了水，于是自己掺水更多。不料怎么也赶不上弟弟的生意，后来连一个顾客也不来了。哥哥便去质问弟弟："我比你聪明百倍，为什么经商却不如你？"弟弟无言以对，旁边有一位顾客碰巧听见了，就告诉他："你虽然比弟弟聪明，但你的德行却远远不及，你在酒里掺水坑客害人，哪有不败之理？"哥哥这才想起父亲的临终嘱托，可惜为时晚矣。

拙笨的弟弟经商取得成功，而聪明的哥哥却惨遭失败，充分说明了一个道理，那就是："巧诈不如拙诚。"在现实当中，有一些心怀鬼胎之人，他们自以为聪明的奸诈之举，乍看起来很有好处，实际上却往往会弄巧成拙，搬起石头砸自己的脚。所以，做人千万别总是费尽心机投机取巧，而应该踏踏实实地去做好每一件事、诚心诚意地去对待每一个人。

北宋时期著名的文学家和政治家晏殊，14岁就被地方官作为"神童"推荐给朝廷。晏殊当官后，每日办完公事，总是回到家里闭门读书，而不是像别的官员那样一办完事就四处宴饮游玩。皇帝了解到这个情况后，十分高兴，不但让他做了太子手下的官员，还称赞他是个勤奋好学之人。好朋友陈彭年跑来恭喜晏殊说："能得到皇上的夸赞，真是荣光之极啊。"晏殊却说："皇上的夸赞，我受之有愧啊。其实，我不是不想去宴饮游乐，只是因为家贫无钱，才不去参加。如果我家里有钱，我也是会去参加的。"陈彭年忙说："能得到皇上喜爱，以后少不了加官进爵啊。"但晏殊却说："这是一种欺骗，我不想靠这赢得皇上认可。"于是，他把找皇帝说明了真实情况。皇帝听后，不但没有失望，反而又称赞他既有真实才学，又质朴诚实，几年之后，便把他提拔上来，让他当了宰相。

世界上最聪明的人是最老实的人，因为只有老实的人才能经得起事实和时间的考验。老实人心中不存恶念，或许有时行为举止略显愚直拙笨，但从不欺瞒别人，如此，便更能赢得别人的尊重和爱戴。与其心怀鬼胎，有目的有意图地故意表现出某些能够吸引人迷惑人的假象，不如学学晏殊：诚实为人，表里如一，不弄虚作假，那来自于内心深处的真诚，不仅是一种美好的品质，也是作为人的最大魅力，为他赢得更多的机会。

曾有媒体报道说，歌手王蓉赴韩国整容，由于相貌发生变化，回到首都机场还被警察带走调查。此事被记者发现，并立即报道了出来。这一场整容风波，顿时引得无数歌迷热议。这时，朋友们都劝王蓉说："你作为一位女明星，千万不要承认这事。不然，对你影响会很不好的。"但王蓉却笑笑说:"整就整了,没必要隐瞒什么。叫我昧着良心说假话,我是做不到的。"接着,王蓉在自己的新浪微博中,大方地承认确有此事,并说:"爱美之心人皆有之,我是个女孩,也希望自己变得越来越漂亮。我为此去整容,相信大家能够理解的。"的确,王蓉的坦诚让网友们纷纷表示接纳与支持。

庄子说:"真者,精诚之至也。不精不诚,不能动人。"庄子把"本真"看作是精诚之极至,不精不诚,就不能感动人,这就把真诚提高到一个新的境界。相比那些想靠小聪明、靠蒙骗取得利益的人而言,王蓉的做法实在令人佩服。"拙诚"有时也许会受到各种"巧伪"浮华的诱惑和冲击,有时还会陷入一定的劣势,但那只是暂时的,最后的成功肯定离不开坚持和诚信。当浮华散尽,"巧伪"被人们识破,"拙诚"的价值就会显现出来。

谢福慕初到北京大学时,担心自己会因为家境不好而受到室友的排挤,于是他对所有室友谎称自己的家里有钱有权。有一回,大家聊到大学生就业难的问题,谢福慕竟然拍胸膛说:"你们大学毕业后不用担心找不到工作,我家社会关系多,将来谁有需要,我叫我父母帮一帮就行了。"这一番话当时赢得了大家的称赞,大家纷纷说他为人仗义。但是,没过多久,大家就渐渐地不再和他交流了。他感到不解,便问自己的上铺怎么回事。上铺告诉他说:"我们都知道了,你父母都是农民工,可你为什么要骗我们呢?家境不好不可耻,可耻的是欺骗。" 谢福慕听后惭愧不已,之后他主动向大家坦陈事实并真诚道歉,于是大家又开心地玩在了一起。

人们常说:"路遥知马力,日久见人心。"朋友交往都是长长久久的事,虽然拙诚的人貌似愚拙,但时日一长,其诚就越发显现出珍贵,这样的人,自然也更能赢得别人对他的信赖。谢福慕起初想靠欺骗来赢得友谊实在是荒谬,好在他后来醒悟过来及时改正。不得不说,真诚是相互的，正如李嘉诚所说："你必须以诚待人，别人才会以诚相报。如果你耍小聪明，可能刚开始风光一时，但纸包不住火，一旦被发现，终将得不偿失。"

著名哲学家康德曾说："诚实比一切智谋更好，而且它是智谋的基本条件。"是啊，"巧诈"也许蒙骗得了别人一时，却终将会露馅。鬼把戏被人戳穿之后，便失去了别人对自己的信赖。因此，交际中，只有以真诚报真诚，心与心相印，情与情相许，方能使友谊终生不渝。

什么时候可以不守原则

哲人说，只知道坚守而不知道变通的人，注定走向另一个极端——固执。现实当中，很多人做事都有自己的标准和原则，很多情况下，为了维护和坚守标准和原则，他们就不理会别的任何东西，哪怕明知道这样做是错的，也要一根筋走到底，冥顽不化，结果往往是得不偿失，伤人又害己。可是，当我们做一件事时，如果能够让结果变得好一点儿，那又何妨变通一下呢？

众所周知，卡夫卡在20世纪的文学史上可以说是数一数二的作家。然而，这位作家的作品，本来大家可能是看不到的。因为卡夫卡一生之中没怎么公开发表文章，在他病危之际，他把自己的所有手稿交给了他的好朋友——著名作家布洛德。他要布洛德答应他，将他的全部作品烧毁。可是，布洛德发现这些作品是绝世佳作，是文学精品中的精品，是人类的精神财富。所以，在卡夫卡过世后，布洛德没有执行他的遗嘱，而是把这些作品整理出来，并且将这些作品推荐给出版方，最终让卡夫卡的作品被世人所熟知。曾有人质疑布洛德背叛了朋友，但布洛德表示，自己也曾经为此陷入极大的矛盾之中，但他认为，他这么做尽管违背了朋友的意愿，但对于世人来说，却是一桩好事。所以，他最终选择了将作品公诸于世。

卡夫卡生前留下遗嘱，要布洛德在他死后将全部作品烧毁。但是，作为卡夫卡的亲密好友布洛德，却没有执行这一遗嘱，相反，他先后将卡夫卡的作品一一出版。这是不守原则吗？这是对朋友的背叛吗？

表面上貌似是这样，实际上他是出于对卡夫卡的爱，是希望卡夫卡的作品能够被更多的人所熟知。现实中，如果我们所遵守的原则是错误的，我们就应该废弃，而不是盲目地遵守。只要你做的事情是对大家有益的，那就应该大胆地去做。

在电视剧《亮剑》中，新一团和团长李云龙都被日本的坂田联队包围，上级让李云龙撤退。但是，李云龙没有服从命令，而是反攻坂田联队。最后，李云龙虽然打了胜仗，但上级不但没有表扬他，还怪他违抗命令，而处罚他去被服厂工作。李云龙非常生气，一肚子怨气和愤怒，他觉得自己在弟兄们面前丢尽了脸，所以他发狠话："那老子以后就在被服厂了，不打仗了，以后就算让老子当师长也不干了。"可是，没过多久，前方战情紧急，能带兵打仗的人根本就没有。上级左思右想，只好又去找李云龙出山。这下李云龙不好办了，因为他之前在将士们面前信誓旦旦地说天皇老子来请他他都不去了，现在如果又去了，那岂不是很没面子吗？但是，如果不去，那不就是给了日本鬼子危害老百姓的机会吗？左思右想之下，李云龙最后放下了面子问题，还是出山了。但大家没有笑话他，反而为他的顾全大局而深受感动。

功劳没有被奖赏，反而还受罚，李云龙放出狠话说自己以后再也不打仗，也是可以理解的。虽然他差不多是当着将士们的面承诺下的，几乎是不可更改的。但是，当敌情越来越严重时，面对上级的召唤，李云龙短暂的纠结之后，还是硬着头皮出山了。大家会觉得他是不守信用的小人吗？不会的，大家都知道，他这是为了顾全大局，为了大家好。在现实生活中，我们也要做一个明事理，知轻重的人，不能为了所谓的标准和原则，弃大义而不顾。

明英宗朱祁镇的一生并没有什么太大的作为，还宠信过奸邪小人，打过败仗，当过俘虏，做过囚犯，害过忠臣，要说他是好皇帝，真是连鬼都不信。但是历史学家在评价他时，都认定了他是个好人。为什么？因为他在临终前立了一个特别的遗嘱：他死后不能有人殉葬。要知道，中国古代的传统是君王死后要有很多人殉葬，甚至殉葬的人越多，就越显示君王的尊贵。其实，明英宗早年就反对殉葬制度，并曾写信给几位藩王，要求废除这个不人道的制度。但殉葬制度是祖宗的规定，那几乎是不可改变的事。所以没有人听他的，而且还怪他破坏祖宗规矩。但明英宗知道人的生命都是值得尊重的，所以他不顾别人的反对坚决要求部下执行。就这样，他挽救了不计其数的生命。仅仅这个举动，就足以让他流传千古。

明英宗没有太多的政绩，为什么会被大家称道？因为他废除了殉葬制度，挽救了无数人。他知道那些所谓的祖宗规矩是不对的，是非人道的，所以他要打破这个制度，哪怕他刚开始不被人所理解，还遭到过别人的反对，但是，他依然义无反顾地去做，并强制手下照办，他的这个举动，将永远刻在历史的丰碑上。现实当中，很多人囿于所谓的规矩，放任错误不管，结果伤人伤己。其实，如果知道规矩是错的，就应该纠正过来，以后正确对待。

愚直的人固执持守，不撞南墙不回头，甚至撞了南墙也不回头；而聪明的人总是让自己从陈旧的观念里走出来，因为他们深知有些所谓的原则不能守，该变通的时候得变通，懂得转变一以贯之的规则，去与人交往，去赢得人心，同时，也实现自我突破，创造自己的辉煌。

第十章

交际雷区
——使小性子往往酿大错误

一个人知道了自己的短处，能够改过自新，就是有福的。

——莎士比亚

先破后补，于事无补

我有一套茶具，十分精美。一开始，我每次拿起茶杯茶壶，都会小心翼翼，可时间久了就不在意了。一次，一失手，竟将茶壶摔坏了。于是便找人修补，结果花了很大力气修完，仍然可见一道明显的疤痕。由此我想到，很多人交际也是这样。经常是先为了眼前的一点事情，就不惜伤害别人的感情，并且还自以为是地表示，可以以后再弥补人家。可是，破坏了的友谊，又真的能弥补得了吗？

张振南和刘立杰是好朋友。一次张振南的公司要外包一个项目，他答应会给刘立杰。这时，他的小舅子却找了过来，要承包项目，张振南最终把项目给了小舅子。刘立杰闻之此事后，大怒，对别人说："为了这个项目，我筹集了手头所有的资金，推掉了别人的工程，现在你连说都不说一声就给了你小舅子，这不是耍我吗？这样的朋友，以后不能交了！"张振南听到这番话，反而笑着说："他心中有气，是可以理解的，不过我们是多年的老朋友，以后有了更大的项目我再亲自找他赔礼道歉，他就会消气了！"没过多久，张振南公司果然又有了一个更大的项目，他亲自登门去找刘立杰，可刘立杰却冷冷地说："您的项目我可不敢接。这么大的项目，等我筹完资金，你再转手给别人，我不得亏死呀！"张振南落了个灰头土脸。

在张振南看来，双方是老朋友，即使闹了矛盾，也可以很快修复。可事实是这样吗？其实人际交往就像我的茶壶一样，只要不破裂，并不需要特意地去维护，可一旦破裂了，想要修补就难上加难了。因为，你破坏交情的行为首先就是对对方、对你们之间情谊的不尊重不重视，会令对方心寒，也会令对方看到你不重情谊的一面。想要温暖人心，本来就是一件很难的事，更何况你已经给别人留下了这样的坏印象。

再说我的茶壶，以前有客人来，用我的茶壶，总是小心翼翼，可自从它破了之后，客人们便随意多了，磕碰也更多了，不久便变得千疮百孔。

宋杰刚进一家单位不久，大家也都挺喜欢他。一次，他因为一些工作上的分歧和资历很深的张师傅吵了起来，并称对方是"老顽固"。他心想，反正大家都是普通员工，吵就吵了，看他能把我怎么样！张师傅确实没把他怎么样，可单位的其他同事对他都变得很冷淡，再不像以前那么热情了。他十分苦闷，向一位朋友请教，朋友说："张师傅是多好的一个人呀，你都能吵得起来，还骂人家，大家都会觉得你是一个性格暴躁、不好相处的人。谁还会对你热情呀？"宋杰听后，恍然大悟，马上找机会去向张师傅道歉。张师傅虽然原谅了他，可他和别人吵架的事却早就传开了，想要消除影响，就得付出更多的努力和时间了。

宋杰觉得和张师傅吵一架没什么，可这一架却暴露了他身上的一些缺陷，令大家对他敬而远之。与人闹矛盾的时候是最容易暴露人身上的缺点的时候，一个人和大家关系都不错，大家也不会觉得他有什么缺点，因而会对他很友好。可一旦你和别人闹了矛盾，不管谁对谁错，你性格中不好的一面，比如粗暴、狭隘等便会呈现在别人面前。面对这样的你，正如客人看待我那有一道疤的茶壶一样，谁会珍惜？

一天回家，发现我那个茶壶终于完全破了。原来是儿子和邻居的孩子一起玩弹珠，目标就是我那个茶壶。而家里那些完好的用具，他们却丝毫没有破坏。

孩子们不会去故意破坏一个好的茶壶，可如果这个茶壶本身就是破的，他们玩起来就会肆无忌惮。你先背弃了别人，损失的是自己的人品和形象。你自己首先变成了一个"破茶壶"，再想修复和别人的关系，还会那么容易吗？不但如此，其他人也会因此而看不起你，甚至特意疏远你。

茶壶坏了，而和茶壶配套的几个茶杯孤零零地摆在茶几上就显得很不协调。无奈，我便将那几个茶杯也收了起来，放在了角落里，很少再用。

王振为了升职，背后打竞争对手李明的小报告。虽然没能成功，但还是得罪了李明。他又拉下脸来百般道歉，李明才不说什么了。一次，王振的儿子生病，挂不上专家号，想到李明的妻子赵冉在医院工作，便去求助。可赵冉却冷淡地说："你还好意思求我？你差点儿害得我们家李明丢了工作！"王振说："李明都已经不怪我了，你也别生气了！"赵冉却说："他不生气是他气量大，我可没这样的心胸！今天看在孩子的份上帮你一回，下次如果是你自己有事，千万别来找我！"王振受了一顿埋怨，却也无话可说。

茶壶坏了，我的茶杯也没了用武之地。同样的道理，你得罪一个人，往往不只是得罪他自己，还包括他的亲人、朋友、同事，等等。你赔礼道歉，得到了他的谅解，可不见得就能得到其他人的谅解。所以，你得罪一个人很容易，可要想再修复关系，那可能就要付出好几倍的努力。

"千里之堤，溃于蚁穴"，人际关系也是如此，任何一个小缺口破了，都可能你使陷入交际困境。因此，与人交往切不可先破后补，而应该精心维护。

迁怒于人，招祸于己

与人交往中，最忌讳的习惯就是迁怒于人。也就是你心情不好时，把怒气发到不相干的人身上，而且这个不相干的人，往往是自己身边的人，这样子，就让别人无缘无故成了炮筒，试问，这样的行为，怎不叫人寒心？

看过一本古书，说的是武周时期，湖州别驾苏无名和跟随自己多年的助手刘成宝来到京城洛阳向武则天述职。留京期间，恰巧太平公主一件价值两万多两黄金的宝物被人偷了，苏无名稍动脑筋，就把案子给破了。没想到，武则天听了近臣的谗言，反而说苏无名有通盗之嫌，并给予严厉斥责。苏无名被皇上误解，觉得特冤枉、生气。回到住所，看见刘成宝正在那里"呀呀"地哼小曲，顿时暴跳如雷："呵，你还有心思唱？不想在老子手底下混了就说，我决不强留。你以为这里是湖州啊，可以随便你怎么来？这里是京城，你的脖子上，我的脖子上，都架着一把利剑，说不定什么时候就'咔嚓'了，还想不想活了？"苏无名把气转接到刘成宝身上，让刘成宝很是伤心。没过多久，这个颇为能干的助手就离开了苏无名。苏无名后悔不迭，因为他从此少了一个忠心耿耿的左右手。

苏无名因为被冤枉，就拿刘成宝撒气，好像是刘成宝捅的娄子，这实在荒谬。可是在生活中，我们不也经常会犯这样的错误吗？一旦心情不好，就把坏情绪发泄到不相干的人身上，结果让人莫名其妙，感到你不可捉摸，难以相处。可以说，刘成宝离开苏无名也是情理之中的事。其实，人生在世，难免会受气、受委屈，这时候，如果能把自己的不快平和地告诉他人，或许还能得到他人的安慰和帮助；如果迁怒于他人，就会伤及无辜，失了人缘。

桥东大酒店快餐部，每天早上6点店员到岗之后，里里外外地要先收拾一番，这时候客人也到了，店员一边收拾，一边照顾客人，显得很乱。厨师长老蔡就向经理建议更改上下班时间，让大家5点半到岗，先关门收拾，半个小时之后再开门，这样就能更好地进入工作状态。经理采纳了厨师长的建议，果然很见成效。可谁知道，主食组的赵书凯并没把这个调整放在心上，一连两天迟到，结果被经理罚了100元。赵书凯这下可气坏了，在后厨对老蔡大喊大叫："当个破厨师长有什么了不起的？就你多事。这出的是什么歪主意，我看是神经有问题吧！本来6点上班好好的，非得提前半小时干嘛？老子被扣钱了，你就高兴了？"这事后来被经理知道了，经理毫不犹豫地开除了赵书凯。

赵书凯没有在意上班时间的变动，迟到被罚。照理来说，他这时候应该反省自己，吸取教训，杜绝以后出现类似情况，然而，他不但没有这样做，反而在被经理处罚后，恼羞成怒，而且还是迁怒于老蔡，对老蔡出言不逊。如此不可理喻的做法，最后受损的其实还是他自己。朱熹说："怒于甲者，不移于乙。"与人交往，要一事对一事，决不可因为自己不爽，就随便迁怒于人，因为那既可笑又可鄙，只会自取其辱。

战士张英华和李磊因为要排练相声参加地方庆"七一"文艺会演，所以一个多月没参加驻训。张英华觉得因为这个原因耽误训练，考核科目不合格也有的说，到时候首长怎么也得让过关。所以，排练完节目就没有再补训。一天，首长来连队观摩训练，抽签抽到了张英华和李磊，他俩和另外两名战士对垒，张英华很快就被击败了，李磊却表现得近乎完美。下来后，张英华生气地对李磊说："什么意思啊你？

本来如果我们两个都不合格，还可以说时间紧，来不及加练，那样我们可以一起过关。可你私下怎么把这些科目都练了，你今天倒是过关了，那我怎么办？你这不是害了我吗……"李磊非常生气地驳斥说："你自己不努力，关我什么事？我没法跟你这种人一起做事。"以后，李磊再也不跟张英华交往了。

张英华的训练科目出了丑，不反思自己不努力，还迁怒于李磊太努力，实在毫无道理可言。生活中，别人做得好，你做得差，你不是发现不足反省自己，不是见贤思齐，而是迁怒于人，那你就永远也进步不了。而把怨气向别人转嫁，更是纯属自毁形象。你的脾气再大，暴发得再厉害，也不会对人有多大的妨碍。可你在人前要"狗熊"，谁还能拿你当人看？

陈玲玲是一家杂志的上半月版美编，最近两个月，她发现下半月版美编于兰的排版标题用字和插图都存在明显不足。陈玲玲曾找于兰沟通，但对方却将她的话当耳边风。本着为杂志负责的想法，在评刊会上，陈玲玲发表了自己的见解，大家也表示认可。主编对于兰说："于兰，我也发现现在的排版存在这些问题，你以后得注意点儿了，工作还是要认真负责，不能有丝毫的松懈。"散会后，于兰很不高兴地对陈玲玲说："是，我的水平是不行，可你至于在那么多人面前对我指手画脚吗？我被领导批评了，你就高兴了？真不明白，你这到底是什么用意？"陈玲玲被打了一闷棍，忍不住和她争论了起来，同事们也纷纷站了出来，说于兰有点无理取闹。于兰羞愧不已，没过多久就悄悄离职了。

于兰的工作做得不好，面对陈玲玲的善意提醒却无动于衷，这本身就有问题了。陈玲玲在评刊会上的发言，其实也是为了工作，而非刻意刁难，于兰应该好好反省自己才对，绝不该还因此斥责陈玲玲。在现实生活中，如果我们有缺点和不足被别人指出来了，我们就要懂得反思、改正，决不能因为觉得没了面子，就迁怒于指出我们错误和不足的人。我们如果因此而针对对方、报复对方，就只能让自己处于尴尬境地，最终害人害己。

迁怒于人，仅是以冲动发泄情绪而已，也许对他人不一定有恶意，但却会让人觉得你是一个心胸狭窄、小肚鸡肠的人，给人留下霸道无理和没有气量的印象。这样，谁还愿意和你交往啊？所以，朋友们一定要谨记：交际中，不可随便迁怒于人。

使小性子往往酿大错误

人际交往，难免有不如意的时候，也难免有受委屈的时候，这时候，如果不能进行有效的自我调解，对着别人使性子，发脾气，不仅起不到排解积郁的作用，还会败坏人际关系，把自己置于更为难堪的人际环境中。

有一位歌手叫胡大伟，没什么名气，所以收入微薄，拼命地演出和创作，也赚不了什么大钱。于是，他便和妻子白露丝去炒股。胡大伟和妻子用的是同一个账号，因而常常因为意见不合吵架。这天中午，白露丝打开报纸一看，气又不打一处来：胡大伟卖出的股票全线飘红。刚好就在此时，婆婆来她家，见她脸色不好，就告诉她胡大伟去演出，中午不回来了。白露丝便忍不住说："你看你生的那个宝贝儿子，什么事都要跟我对着干，今天参加演出，一个电话，就把一支很看涨的股票卖出去了。什么事啊！两口子过生活，做这种决定应该给我打个招呼吧，总该听一点我的意见吧？做他太太，我才叫倒霉呢。你说你是不是没做好事啊，怎么养这么个儿子？哼……"再往下，白露丝的话便由痛斥转向埋怨婆婆。婆婆是一名中学教师，哪里能忍受白露丝对儿子这样责骂，更何况还要捎上自己，于是婆媳两个吵得天翻地覆，几个礼拜没有说话。而他们两口子，最后也离了婚。

白露丝因炒股与胡大伟有分歧，如果就事论事，怎么讲都是可以理解的，跟婆婆诉诉苦，评评理也并无不可，然而，她却任由自己的"小性子"不停膨胀，最后拿婆婆当出气筒，实在是太不应该了。使性子本就容易让矛盾激化，而不看对象使性子，拿"无辜"之人来出气，更会扩大矛盾，在原有的烦恼上再添新的忧愁。在生活中，对谁有什么不满，可以找人平心静气地商量，动不动就使性子，还不顾长幼伦理对旁人撒起泼来，即使并非出于恶意，也必然会造成新的矛盾。

平定七国之乱后，窦太后想让景帝封皇后的哥哥王信为侯，景帝决定和大臣商量一下。在景帝和周亚夫商量时，周亚夫说，高祖皇帝定下规则，不姓刘的不能封王，没有功劳的不能封侯，如果封王信为侯，就是违背了先祖的誓约。景帝接受了他的意见。不久后，匈奴将军唯许卢等五人归顺汉朝，景帝非常高兴，想封他们为侯，以鼓励其他人。此时，周亚夫又反对说："如果把这些背叛国家的人封侯，那以后我们如何处罚那些不守节的大臣呢？"景帝听了后，觉得没有道理，于是说："丞相的话未免迂腐。"然后将那五人都封了侯。周亚夫很失落，觉得自己不被重视，一气之下就借口有病，提出辞职。景帝毫不客气，批准了他的请求。

其实，作为下属，面对工作中的问题，当然可以发表自己的意见，也可以保留自己的看法。但是意见被采纳与否，权力则在领导。如果以为领导对自己所有的意见都必须采纳，否则就是不重视自己，那就大错特错了。毕竟，谁都不是神，不能保证自己每个意见都正确。周亚夫在自己的意见被否定后，居然一怒之下，赌气辞职，这就未免过于高看自己了，无形中把自己置于不可触犯的位置，这自然惹来了领导的反感，被"一撸到底"。

王金是某公司采购部经理。这天早上，老板秘书李敬打来电话，说老板请他到办公室来一趟。当王金赶过来之后，李敬连忙招呼说："王经理，你来了？老板突然有个重要会议，先开会去了。请您在大厅稍候一下。"王金颇有不满，要去老板办公室坐着等，李敬提醒道："您是知道的，员工不可以随便进他的办公室。"听了这话，王金的脾气一下上来了："我知道什么，我是随便进了吗？别人不让进，我还不让进吗？不让进你叫我来干什么？你怎么当秘书的，为什么不把时间安排好？我每天都是工作缠身，哪像你那么清闲自在！公司效益这么差，都是败在你们这些人身上的。以后再出现这种情况，你就给我回家去！"说完，王金就进老板办公室坐着看杂志去了。没几天，王金这段"光彩"事就传遍单位上下，他这种拿员工当出气筒的做法，不仅让老板对他失望，大家对他更是避之不及。

所谓"己所不欲，勿施于人"，在生活和工作中的一些误会，有时候并不是别人的主观错误造成的，如果你因此而把自己的情绪转嫁给别人，人们不仅不会同情你的遭遇，更会看低这种自私和粗暴的行为，人缘肯定会越来越差。

对人使性子，表面上看的话，好像可以证明自己的存在，让人不敢小视；而实际上，却是饮鸩止渴，得不偿失。乱使性子对人际关系危害极大，希望朋友们都引以为戒。

有"度"才有大空间

内蒙古鄂尔多斯烤全羊之所以外焦里嫩，鲜香异常，奥秘全在火候上。火候不够当然不好吃，过火了也不行。人际交往就像烤全羊，火候必须适度。不及不好，过了头也要出麻烦。所以我们与人交往，没有"度"拦挡，招人不快是小事，严重者则会搞坏自己的生存空间。

北宋时期，黄庭坚和赵挺之同在国子监教书。黄庭坚爱开玩笑，有时总想整一下人。一天，食堂的大师傅问明天吃啥，赵挺之用山东话回答说："来日吃蒸饼。"这话让黄庭坚记住了，一次就餐，他便出了一个酒令：每人说五个字，前四个字要合成最后一个字。赵挺之说出了"禾女委鬼魏"，黄庭坚则说"来力敕正整"。哪知道这几个字正是山东话"来日吃蒸饼"的谐音，同事们哄堂大笑，赵挺之则下不来台了。一回闲谈，赵挺之和大家说，他家乡注重文才，每次给人写传记，人家都要给一大车东西当稿费。黄庭坚说："哈哈，就你那两把刷子还赚稿费，怕是一车萝卜咸菜吧？"赵挺之听了又是脸红脖子粗。由此，他便与黄庭坚结怨。后来，赵挺之在副相任上接到举报，说黄庭坚写碑文诽谤朝廷。赵挺之便给黄庭坚定了一个"幸灾谤国"的罪名，将他法办了。

黄庭坚风趣幽默，人又随和，但他开玩笑找错了人，分明是太随便了，因而铸就悲惨的结局。人随和，爱开玩笑固然不错，但到处兜售你的随和，随便一个人你都敢和他开玩笑，至少会让人说你没正经。如果对方不厚道，或是有误解，那就该让你付出代价了。

潘汉强做了集团的营销部经理之后，经深入思考，形成了一套全新的招商办法——利用现有的代理商发展二级代理，以拓展新的销售网络。形成文字后，便呈给王凤老总过目。王凤看也没细看，就说"行不通"。潘汉强解释说："我们公司当前业务人员少，又舍不得出广告费，利用现有300多家代理商，在相应地区招商，网不是越织越大吗？我们可以按销售额的一定比例，给一级代理发补贴，实际是'借鸡生蛋'。投入10万元，估计可以增加提货额2000万元，合算。"王凤说："谁舍不得出广告费啦？销售人员现在还少啊？你刚当经理说话就这么不搭调！不依靠自己的业务人员去招商，一级代理能替你干这事，他是疯了傻了还是脑子出毛病了？让我拿10万元打水漂，没有收益你赔呀？哼！"老总的一声"哼"，就把潘汉强的意见全否了。销售部员工对老板很是失望。

王凤仅凭想当然否定潘汉强的意见，显得太武断太固执了，这种"坚定"让人难以接受。交际中，我们对别人的意见不随风倒，但也不能过于固执。爱默生说过："庸才之所以平庸就是因为他们的固执。"对别人的意见一味排斥，拒绝从外界吸收营养，不接纳新东西，你就会渐渐地没落下去，变成一个十足的庸人。

霍兰德中校是美国空军轰炸机联队的飞行天才。驾驶B-52战略轰炸机，无数次地出色完成任务，同时他还是一个酷爱冒险的疯子。他和联队司令格尔特少将是好友，即使犯了天大的错也会得到宽容。一次霍兰德的女儿参加运动会，他竟驾机到学校操场盘旋，向女儿招手。对如此恶劣的违纪行为，格尔特却一笑了之。一次训练，霍兰德违规驾驶B-52以7米的高度穿越峡谷，回来的时候，硕大的机体竟然离地不到1米，就是溅起的树叶飞虫，都有可能让他机毁人亡。可是，格尔特少将仍然对他拥抱祝贺。1994年，参加例行超低空飞行表演，麦克哈恩拒绝做霍兰德的副驾，他说不能和这个疯子同机飞行，他还要命呢。格尔特少将严厉批评了麦克哈恩，强令他上机。结果，霍兰德违规以低于182节的超低速盘旋，造成坠机，4名机组人员无一生还。格尔特的纵容，终于酿成了惨祸。

格尔特少将是霍兰德少校的上司加朋友，于公于私他都应该制止霍兰德的冒险行径。可他却因一再纵容酿出惨剧。对朋友宽容无度，放任对方的缺点，并不是对朋友好。暗藏的杀机暴发出来，会毁了朋友，殃及自己。莎士比亚说："姑息纵容，无形的默许，实际是一种罪恶。"对朋友的错误保持零容忍，及早遏制，可能会让朋友一时不快；但放纵出了问题，定会让人抱憾终生。

交际的"度"是一种行为圈子。我们与人交往，必须在这个圈子里活动，出了圈就是"无度"。朋友们在交际中，把握交际行为时，务必做到不欠火候，也不过头。

友情不是你想衡量就衡量

每个人心中都有一杆秤，别人对自己怎么样，都会去掂量掂量。可有些人的秤，却不那么客观，衡量来衡量去，却把朋友都"量"跑了，这是为什么呢？

周大伟的大学毕业证丢了，需要在省级媒体上登挂失声明，才能补办。他的好友高西友正好在省日报社上班，他便给高西友打电话，并说："这事你得给我抓紧啊，我们单位评职称，要用毕业证。我如果在规定时间内补办不下来，今年就评不上了。"高西友答应尽力帮忙。报社登挂失声明等信息，需要攒够一定的数量才会登一次。高西友几乎每天都去找负责这项工作的同事询问，可这几天很少有人来登这类信息，一直到一周以后才凑够了规定的最低数量，挂失声明登了出去。结果，却晚了两天，误了周大伟评职称的事。周大伟生气地说："我今年本来是能评上的，就因为高西友耽误了。我评职称这么大的事，他却一点儿都不放在心上，根本就不拿我当朋友！"高西友听后也很生气，两人的感情日渐淡漠。

挂失声明确实晚登了几天，但那是有客观原因的，而且高西友不是没把这事放在心上，反而是每天都去问、去催，怎么能由此断定高西友不看重友情呢？有些人只看结果，找朋友帮忙，朋友没办成，便觉得对方是没尽心、没把自己的委托当回事。友情岂能用如此片面的看法衡量，为什么不去看看朋友为此付出的努力？每个人都有自己的实际困难，应该多看看别人背后的苦衷，多想想别人在其他方面对你的好。

上大学时，王春晓和李志玲是最要好的朋友，形影不离。毕业前，她们相约，以后谁结婚，不管多远，另外一个一定要去参加婚礼。毕业后，两人不在一个城市。王春晓结婚前，邀请各位同学来参加婚礼。她给李志玲打电话，李志玲说："我这次可能真的要失约了。去你那里，至少要请三天假。我们公司刚换了新领导，正在严抓纪律，谁也不许无故请假。而我正是负责考勤的人，如果我带头请假，影响不好。"王春晓听后很不高兴，她说："我给同学们都打过电话了，咱们宿舍的几个人，都说要来。郑欣欣，当时上学的时候跟咱们关系一直处得不太好，现在人家还嫁到外省去了。我一打电话，人家马上就说：'是哪天，我赶紧订机票。'我一辈子就结这一次婚，你是我最好的朋友。人家郑欣欣那么远都来了，你看着办吧！"李志玲听完这些话，左右为难。

郑欣欣来参加婚礼，难道李志玲就一定也要来吗？郑欣欣来，是人家重情义，但李志玲确实有现实的困难，不能轻易请假。王春晓的强求，只会让李志玲为难，也可能给她们的感情造成伤痕。有些事，可能有些人能为你做，你应该感激，而不应该用此去衡量你和朋友的感情，更不能要求朋友也要这么做。那样是强人所难，会让人反感。

郑凯从进公司起就是李晨在带他，得到了李晨方方面面的帮助。十年后，郑凯能力出众，被提拔到了副总的位置，而李晨还只是车间的普通员工。一次，销售部想从车间调一名员工过去，郑凯有最终决定权。这个岗位薪水高，工作还轻松，很多人都想去。李晨和同事王铮是有竞争力的两个人。李晨对郑凯说："这些年我对你怎么样，你心里应该清楚。虽然你是我的上司，但我一直把你当我的兄弟看。"郑凯犹豫再三，还是觉得王铮更合适。结果公布以后，李晨生气地说：

"他现在是当领导了，可刚进公司的时候，他什么都不懂，是谁掏心掏肺地帮他？我对他那么好，到现在，我在他心里的位置却比不过王铮，真是太让人心寒了！"郑凯听说了这些话，觉得李晨太不理解自己，也不顾全大局。

郑凯选择了王铮，但不能由此就认为他不顾念对李晨的感情。人做什么事，总要秉持公正的态度，更要顾及大局，而不能完全凭感情出发。但在有些人的眼里，谁跟自己的感情好，就应该处处偏向自己、维护自己，一旦对方做出了更有利于别人的事，便认为对方对自己不好。感情岂能这样衡量？尤其是当涉及原则问题、涉及大局时，不要总拿自私的标尺去衡量别人的做法，而应该有一颗客观、公正的心。

沈诺和甄世强情同手足，一次他俩坐公交车。有个扒手偷沈诺的钱，被沈诺当场抓住，对方不但不认错，反而纠集了几个同伙围殴沈诺。虽然对方有四五个人，但甄世强还是上去帮沈诺，两人都受了伤。这让沈诺十分感动。后来，甄世强的女朋友被人"撬"了，甄世强很是不忿，找到沈诺说："我们去揍那小子一顿，出出气！"沈诺说："感情的事不能强求，你打人家一顿，女朋友就能回来了吗？更何况你现在正在气头上，万一把人打伤了，或者自己受伤了，多不值得！"甄世强说："当初你被四五个小偷打，我可没想过自己会不会受伤，冲上去就帮你。现在就这么点儿小事，你推三阻四地，太不够哥们了！"沈诺坚持不肯去，甄世强生气地说："我是怎么对你的，你也太不仗义了！"两人闹得不欢而散。

甄世强不顾自己的安危上去帮沈诺，这是令人敬佩的。但你不能因为自己为沈诺受过伤，就要求对方无原则、无条件地答应你的要求。不讲原则、不辨对错，这是典型的"哥们义气"。沈诺不帮，不是不够朋友，而是为了甄世强好。我们切不可拿"哥们义气"的标准去衡量友情。如果你做的事本身就是错的，真正的朋友是不会帮你错上加错的，那不是"讲义气"，而是在害你。

纵观上面几种情况，其实都是以自我为中心，从自己的感受出发，去衡量朋友对自己的感情，而不去考虑朋友的实际情况。衡量感情，应该用长远的目光，多看到别人对自己好的一面，这样你的朋友才会越来越多。

负面情绪是交际的癌

先来看一个故事：

男人在单位里挨了领导的骂，憋着一肚子气回到了家中。吃饭时，妻子仍然温和地夹菜给男人，男人竟说："我自己没长手吗？不是我说你，这菜是越做越难吃！"这时候，平时总让妈妈夹菜的儿子撒娇地说："妈，我要吃鱼，帮我夹。"妻子转头就是一句："你自己没长手吗，自己夹！"这时，平时和儿子玩得最好的小狗正朝他摇尾巴，儿子心里窝着火，朝它狠狠踢了一脚。那狗冲到街上，正遇上开车准备出门的男人，男人为了避让狗，车子翻了……

这个故事也许太过巧合，但是却并非没有可能。现实生活中，很多人都喜欢把坏情绪带给别人，结果只能是伤人害己。作家韩晓英说，负面情绪就像是 SARS 病毒一样，有很强的传染性。是的，滚滚红尘，谁都会有困顿失意落寞痛苦无奈甚至悲观绝望的时候，咬着牙，独自挺过去吧。至少我们捂住自己的负面情绪，就像捂住病毒一样，不要让它传播，传染给亲人朋友。否则的话，那不但会影响到身边人的心情和生活，更会影响到自己的人际交往。

苏羽当体育记者时，有个同事叫老张。有一次，主编安排老张采访一个体育名人。老张做了一些准备，但最后却因故没有采访成功。主编对老张的工作结果很不满意，就批评了他一顿。老张感觉自己很委屈，但跟主编又讲不清楚，只好灰溜溜地回到自己的办公室。在办公室里，他刚好看到苏羽正在火急火燎地找一份资料，于是，

203

老张突然酸溜溜地说：“苏羽，你别那么拼命干了，做再好，也没有什么用。我为了这次采访，做了那么多的准备，可是因为没有采访成功，一切都白费了，主编竟然还批了我一顿，他呀，从来只看到我们做的不好的一面，看不到好的一面。这样的领导真是没人情，这样的单位，能有什么发展呢？苏羽啊，别这样忙前忙后的了，该休息的时候就休息。”这话让苏羽听了，心里很不是滋味。原本雄心满满的他，不禁打起了退堂鼓，想道：“老张都这么说，我哪还有心情做事啊？”

苏羽之所以会心里感觉不舒服，对工作产生了质疑，主要的原因，自然是老张的负面情绪影响到了他。苏羽后来也不止一次地说：“老张的抱怨，让当时处境很不好的我，心里更添堵了。”可见，老张的负面情绪对苏羽产生了怎样巨大的影响。生活中，我们难免会遭到各种各样的委屈，这时候，我们不能把别人当作情感的垃圾桶，随便就跟别人倒苦水，把自己的负面传染给别人，让别人也产生了负面效应。这样一来，就等于把别人也拉下水。

罗斯、汉克和马尔斯尔是大学同学，毕业后三个人的关系也一直挺好的。有一次，罗斯想在自己的家乡开个快餐店，由于资金不足，他便想到请家境比较好的马尔斯尔帮助。罗斯跑到马尔斯尔家，说明了情况。罗斯原本以为马尔斯尔会毫不犹豫同意的，结果没想到马尔斯尔却说自己最近手头紧，没法借钱给他。罗斯非常失望，也非常生气，当时就拉下脸，不告而别。他跑回来后，去找汉克喝酒，并说起了这事，一味地抱怨说马尔斯尔为人小气，吝啬。汉克宽慰罗斯，说马尔斯尔可能真的是手头急，一时之间，没有办法弄到钱。可是罗斯一点儿也不相信，还说：“马尔斯尔这人不仗义，我们的关系这么好，就算没钱，也应该借给我啊。可是他根本没把我的事当回事，这种人根本不配做朋友。我没有他这种朋友，跟他做朋友让我恶心。”汉克听不下去了，说："你是不是想说，我也不该跟他做朋友了？"

美国洛杉矶大学医学院的心理学家做过一个心理学实验，实验证明：只需要20分钟，不良情绪就会在不知不觉中传染给别人。正因如此，我们更应该控制自己，不让坏情绪影响到别人。罗斯没有意识到这点，他喋喋不休地跟汉克倾诉，埋怨和指责马尔斯尔不够朋友，这就有意无意地引起汉克的心里不适。最终，汉克会不高兴地责问罗斯，就是这个原因。可见，如果我们在生活中总是把不满的情绪带给别人，不但得不到宽慰，还会遭到别人的反感。

张天成是一家公司的项目经理。有一次，公司领导安排他去搞一个颇有难度的项目，他忙东忙西，费了九牛二虎之力，终于完成了任务，得到了领导的肯定和好评。可是，令他没有想到的是，他的一个同事却暗地里说，张天成一个人在外面胡搞，瞒着公司吃回扣。没过多久，这个谣言传到了张天成的耳朵里了。张天成非常生气，当即就去对领导说："这是什么跟什么嘛？我辛辛苦苦为公司办事，结果竟然还有人暗地里说我闲话。你是领导，这事你得处理，得给我一个说法。"领导告诉他不要急，领导不会理会那些谣言的。但张天成一定要领导彻底查清楚。领导只好说："可能有个别人在背后说了一句这样的话，这事儿我如果追究起来，大家都会人心惶惶，这不是让我难做吗？我信任你，没必要再纠结这个事儿。"张天成说："那不成，必须处理。这口气，我咽不下。"最后领导被惹烦了，拍桌子让他出去。

有人说过："不良情绪的危害不可掉以轻心，尤其不能的是，本来是一个人的坏心情，结果变成了两个人甚或是多个人的坏心情。"可是，现实中，有不少人就像张天成这样，本来是自己一个人的烦恼、愤怒，或者别的负面情绪，毫不顾忌地表现出来，让身边人受到牵连。试问，对于负面情绪，谁会希望"被传染"呢？所以说，当我们心情不佳的时候，我们可以找合理的方式宣泄，但不能在别人面前大动肝火，让别人无辜地跟着你受罪。

有人推测，癌症就是不良情绪导致身体形成的有害物质堵塞了气血的正常运行而产生的。不良情绪时常无情地啃噬人们的心灵，妨碍人们正常的学习、生活、工作。所以，尽量别把自己的不良情绪带给身边的人，否则，当朋友受到了传染，你就成了"有毒"的朋友了！

第十一章

宽宏大量
——以德报怨永远是最好的交际

与人为善就是善于宽谅。

——弗罗斯特

宽容让你的"圈子"海阔天空

法国文学大师雨果说："世界上最宽阔的是海洋，比海洋宽阔的是天空，比天空更宽阔的，是人的胸怀"。是啊，在人的一生中，常常被别人有意无意地伤害了，但请不要苛求于任何人，要学会宽容，如此一来，你也就拥有了一颗广阔的心！宽容，是人生中的一种哲学。

"文革"时许多人家因当年是地主而遭到浩劫，但有个地主家却例外。据地主的孙子回忆：饥荒年，许多人逼不得已夜里到爷爷家偷粮，爷爷没有毒打、羞辱和报官，而是宽容地放走每个人，让他们带走偷去的粮食。有一次，有人扛着粮食翻不过他家的高墙，爷爷竟然尽力从下面把"贼"和粮食推上去，而后一声不响地回去睡觉。面对如此宽容高尚之人，谁还会忍心迫害他呢？

受到屈辱时，要"宰相肚里能撑船"，要有委曲求全、忍辱负重的精神。不要因受委屈就发火、泄私愤，与人过不去，即使事后证明你对了，也不要搞"秋后算账"。2012年，方舟子凭着主观臆断，无端猜测韩寒的作品都是有人代笔而成。虽然韩寒拿出手稿证明自己的作品都是原创，但方舟子碍于面子坚持不肯认错。受此侮辱的韩寒刚开始非常气愤，本想与之展开一场较量。但转念想想，自己真有必要这么计较吗？最终，韩寒选择了忍让，不再对该事件进行评论。虽然很多网友不理解韩寒在有利的情况下"示弱"，但更多的人知道，这是因为韩寒拥有宽宏大量的胸怀。

被人误解时，要"难得糊涂"。人际交往不发生误会不太可能，而事实证明是对方错怪你时，不要盯着人家的失误不放，宽容大度，淡忘过去，无疑是改善彼此关系的好办法。贝克汉姆在曼联效力时，由于在一次比赛时身体不适，所以发挥得不好，加上有传闻说他要转会，教练弗格森便认为他不认真踢球，中场休息时对他高声辱骂，并趁怒气踢飞一只钉鞋正好打在他的眉骨上，顿时鲜血直流。但事后贝克汉姆并未因此而记仇，而是宽容地一如既往地尊敬教练，他不仅为教练辩护，还称赞弗格森是"有史以来最伟大的教练"。贝克汉姆的胸怀让教练和他身边的人感动，这也是他能成为世界足坛超级巨星的原因之一。

面对不服时，要"让他三尺又何妨"，不去争强好胜，凡事虚心地请教，尊重别人的意见，在一些非原则性的问题上能礼让三分，就能达到感化、团结的目的。有一回，冯小刚去一家商店买衣服时，看上了一件西装，正想拿下来试穿，不想旁边的一位顾客也看上了这件西装，而店里偏偏就只剩这一件这种款式的西装。照理说，冯小刚先看到的，理应归他所有，但顾客却不服，他认为冯小刚是占着自己是名人欺负普通人。虽然服务员认为顾客无理取闹，但冯小刚却二话不说，微笑着把西装让给那位客人。冯小刚如此大度，感动了所有的人。

遭到侵害时，要"忍气饶人祸自消"。别人侵占你的利益，很大程度上是占便宜的心态在作祟。这时，如果我们以宽大的胸怀退己让人，对方只能是羞愧或懊悔，很少会有人得寸进尺。美国作家里欧·罗斯顿曾说过兄弟裁缝店的故事：客人买衣服时，哥哥就会向做导购员的弟弟报出一个价位，弟弟因为听力不好，常常说出比哥哥低的价，客人一听，就暗自高兴赶紧付款。这时哥哥会纠正弟弟的"错误"，并宽容、友好地仍以弟弟说的价格让顾客拿走衣服。客人感觉占了便宜，以后一般都会再来照顾人家的生意。因此，兄弟俩的生意越做越大。

电影《人再囧途之泰囧》中，有这样一个情节：徐朗无意中看见了高博留在王宝包里的追踪器和一笔钱，徐朗马上断定王宝是高博派来的奸细。王宝这才想起之前高博的确曾想收买自己，但自己并没有背叛徐朗，但是，正在气头上的徐朗，根本不听王宝的解释。不但对他破口大骂，还对他大打出手，甚至撕碎了他的日记本。最后，徐朗撇开王宝独自去寺庙找周扬。但此时高博也已经跟了上来，他还请了一位泰拳高手对付徐朗。正当徐朗身陷困境之时，王宝却又出现了。他没有因为徐朗误解自己，就不管徐朗了，而是挺身而出，帮徐朗对付那个泰拳高手，最后差点儿没被打死。此时，徐朗早已知道自己误解了他，看见王宝如此以德报怨，徐朗非常感动，最终抛弃了对自己无比重要的授权书，选择去救王宝。

徐朗对王宝产生了误解，还因此打他骂他，对此，一般人也许早已气愤至极，对徐朗的死活也不管了，但王宝却在徐朗遭到围困时，他不计前嫌，拼尽自己的力量要保护徐朗，这样宽容，怎不让徐朗会感动呢？朋友间交往，误解是难免的事，如果斤斤计较，只会影响感情。如果抱着一颗宽容理解的心对待朋友的误解，那必定会让友情长存。

以宽容的心态退一步便会海阔天空。当然，宽容并不是无原则的迁就和忍让，而是正确待人处事的一种美德和修养，做到宽而有度，容而服人。

常怀宽容之心，会令我们的人生之路更加宽广。

得理不让人，有理也输了

俗话说，得饶人处且饶人。可是，在生活中，当我们得理时，我们经常会上纲上线，一味较真。这是非常错误的行为。留一点余地给得罪你的人，给对方一个台阶下，少讲两句，得理饶人。否则，不但消灭不了眼前的这个"敌人"，还会让身边更多的朋友疏远你。

古时候，有个理发师给县太爷理发，一不小心把县太爷眉毛给剃了一边。县太爷知道后勃然大怒，不仅命人砸了他的剃头挑子，杖打二十，还罚他做了一年的苦役。理发师虽失理在先，然而，县太爷得理不让人，最终也留了一个恶毒的骂名。《菜根谭》有言："攻人之恶，毋太严，要思其堪受。"现实生活中，即使别人不占理，如对对方过于苛刻，恃理欺人，自己也会失去人心。

去年暑期，一行人跟团去长白山旅游。准备返回的那个早晨，上车时，大家都自觉地坐在原来的座位上。谁知有一位中年男子，原来坐在第一排靠窗的位置，现在这个座位被一女士占了。他很不满地说："大姐，你以前不是坐这儿的吧？"不及女士开口，导游过来说："她晕车，您和她换一换吧。"中年男子一下火了，说："我少付钱了怎么着？凭什么要我和她换位子？她年纪轻轻的，也没缺胳膊少腿，凭什么就一定要坐在我这儿……"他又指责导游："来的时候，我晕车差点儿把肠子吐出来，你这当导游的干什么去了？现在你从哪儿钻出来的？要换座？没门！有能耐你赶我下车呀。"导游是个刚毕业的女孩，听了他的指责，不禁呜呜地哭了起来。胖男子抢回了座位，却得罪了

211

车上的乘客，一路上大家说说笑笑的，就是没人愿意再理他。

胖男子在去景区的路上晕车呕吐，没有受到导游照顾，回去又被人占了座位，本来他是得理的一方。然而，在这起纠纷中，他自恃得理，便以粗暴的方式与女士争执，对过来劝解的导游横加指责，盛气凌人，不依不饶，让人难以接受。如果他不想让座，找导游或是向女士说明情况，肯定能调换回来，没有必要以理欺压人。男子这样做，反而把自己的理搞没了，让大家都瞧不起他。可见，得理而欺压人，逞一时之能，即使暂且得胜，也会为交际埋下祸根。

办公室文员李姐骑电动车进门，恰好张璋开车出去，电动车不偏不倚正撞在张璋的车门上，把车门刮掉了一块漆。李姐管考勤，上个月就给他记了好几次迟到，这次撞了自己的车，张璋心想，这回可落在我手上了，于是他说："你是怎么骑车的？你的命不要了，我的车还要呢。"说完就说修车至少要 1000 元，让李姐赔他 800 就算完事。李姐觉得自己理亏，同意赔钱，只说她身上没有那么多钱，明天可以把钱付给他。然而，张璋不肯善罢甘休，硬要李姐去管同事借钱，让李姐很难堪。

有同事在门口看到了，就劝张璋，说都是一个单位的人，抬头不见低头见的，何必这样呢？没想到张璋眼一翻："不是你的车你才这么说的吧？"一句话把人堵了回去。大家虽然不再说什么，但对他这种做法无不嗤之以鼻，从此，张璋在单位的人缘一落千丈。

在人际交往中，出现点儿小摩擦很正常。在摩擦中，占理的一方，往往占有较多的话语权，然而，如果自以为得势，借机报复对方，吆五喝六地给对方好看，即使你再怎么有理，也会在人缘上失去支持，成为"光杆司令"。

赵静和刘娜娜同是一家艺术设计公司的员工。有一次，刘娜娜见赵静在搞一个设计创意，于是就假装学习，跑去一边问长问短，一边暗暗记住她的设计要素。回来后，立刻用在了自己的设计上，并通过了领导的审核和好评。项目公开后，赵静发现了其中的秘密，便当着众同事的面"揭发"刘娜娜："刘娜娜怎么这样啊？当面一套，背后一套，自己没有好创意，居然'偷'我的东西。你干这事就不觉得是在做贼吗？"刘娜娜听得脸一红一白，自知不对，连忙向赵静道歉，说这个项目完全可以算赵静的工作量，自己一点儿不要了。可赵静并不作罢，恶狠狠地对刘娜娜说："现在想起'不要'来了，当初干吗来着？晚了！"之后，赵静硬说，肯定还有别的创意被刘娜娜剽窃，便强行检查她的客户资料，并执意要把她电脑硬盘的可疑数据统统删去，要么就格式化。刘娜娜被逼得又羞又恼，在公司抬不起头，只好辞职走人了。同事说，赵静心胸如此狭窄，做事不留余地，不可深交。

刘娜娜剽窃赵静的创意用在了自己的作品里，这是不对的，赵静维护自己的权益也理所当然。但她得理不饶人，在对方赔礼认错之后，还不依不饶，提出种种过分要求，最终把刘娜娜逼走。赵静的举动，并没给自己挽回损失，还败坏了口碑，失去了人缘。人在得理之时，一定要适可而止，莫要"赶尽杀绝"，否则到最后，恐怕"害人"不成，反倒害了自己。

得理不让人，自毁形象，给自己的交际挖沟堵墙，有百害而无一利。这时候，不如"径路窄处，留一步与人行"，这样，自己的交际之路才会越走越宽广。

担待让你的形象升级

培根曾经说："对一个人而言，担待是和自尊同等重要的一个基本素质。"对别人担待一些是目前社交中珍贵的一种品质，学会担待别人，能让别人真心地喜欢你、赞扬你，帮你赢得和谐的人际关系和众多朋友。

在一个香火旺盛的寺院里，小和尚正忙着给香客递佛香，一个香客一不小心将接到手的佛香散落到了地上。这时，方丈正巧走过来，看到满地的佛香，看了小和尚一眼。小和尚急忙说："师父，这不是我做的，是她不小心。"那个香客满面羞愧。方丈没说话，把小和尚喊到一边，对他说："施主不小心，香掉地上本来也没什么，可你却怕我责备你，急于辩解，让人难堪，一点儿担待心都没有，如何修行啊？"

香客因不小心滑落了庄重的佛香，已经十分尴尬。而小和尚为了避免方丈的责罚，便当着香客的面辩解不是自己的过错，这让尴尬的香客更加羞愧不已。他的当众辩解不仅没有避免方丈的责罚，反而受到了方丈更加严厉的批评。对他人犯的错误，以及过失，要有点担待心，这不仅仅是给他人留面子，而更显示一个人的胸襟和敢于承担的勇气。

活动部要举行一次宣传活动，赵经理便临时借了策划部陈经理的私家车。宣传活动前一天，就要开始布置会场，准备各项事宜。因为司机人员不足，领导便安排拥有 5 年驾龄的小黄，负责来回运送货物。连续奋战了一整天，工作才告一段落。小黄按照领导的指示，把车开回公司总部，顺便把沿路的同事送回去。当小黄送完所有同事开往公司的过程中，因为太过劳累，在一段没有灯光的路上把车直接开到了辅道上。小黄受了皮外伤，但车基本报废。第二天一大早，赵经理带着小黄当面向陈经理道歉，陈经理急忙问："小黄没事吧？要去医院处理好伤，只要人没事，车是小事，有保险！"一句担待的话温暖了小黄惊魂未定的心。

因为工作太过劳累的缘故，加上小黄的粗心大意，出了车祸，让陈经理的车基本报废。小黄虽然受的是皮外伤，但心里已经非常自责，甚至担心陈经理会严厉斥责。然而陈经理却只关心人有没有事，还提醒要处理好伤，关于车的事情，他又以有保险安慰小黄。这种对别人的过错担待的品质，自然让小黄十分感动。与人交往，任何人都会犯错，甚至别人的错会让你受到很大的损失。这时，需要的是你多多担待，所谓的损失已经不能挽回，为什么不能担待一下别人犯的错误呢？这样能让大家从心底对你产生深深的敬佩。

经过半年多时间的整理，22岁的贝多芬把十多年以来创作的各类曲子汇集在一起，亲自拿到了出版社希望能出版。前来接待的弗兰克傲慢地说："就你还想出版作品，想成名想疯了吧？连名家的集子都还在排队呢！"贝多芬懊丧地离开了出版社，三年后他的第一部作品出版后引起巨大反响。这时，弗兰克主动前来约稿，说："请多担待我当初的不识货！"贝多芬欣然应允，说："如果换了我，我可能会做同样的反应，谁让我当初名不副实呢！"一番担待的话，让弗兰克十分感激。多年后，贝多芬失聪面临生活困境，一直都得到了弗兰克的悉心照顾，弗兰克也帮助贝多芬出版了多部作品。

年少成名的贝多芬想把自己的作品结集出版，却遭遇弗兰克的嘲讽和拒绝。当他的作品引起轰动，面对前来约稿的弗兰克，贝多芬没有过多在意对方过往的盛气凌人，而是多加担待地对待别人的误解。贝多芬的担待令弗兰克十分感激，在贝多芬日后的艰难岁月里，弗兰克尽心尽力帮助贝多芬，便是对这份担待的回应。与人交往，有时会受到别人的误解、嘲讽或拒绝，这时需要的是对他人多担待，这将助你赢得一个又一个支持者。

赤壁之战后，刘备智取荆州广阔的土地。诸葛亮借机向刘备进言推荐庞统，刘备早知庞统的名声，便召来问话。但是他却对庞统肥胖的身体以及我行我素的个性十分不屑，便打发他去耒阳县做了县令。做了县令后，庞统整日不问政事，刘备要下令严惩。诸葛亮说："有才华的人总有独特的个性，成大事者要对这类人才多加担待，才能真正赢得人才的归心。"果然，当张飞前去调查，庞统一日处理完一月的政务。刘备封他为军师中郎将，与诸葛亮同职。后来庞统全心筹谋献计，帮助刘备成功入主蜀地，成就了刘备三分天下的大业。

庞统与诸葛亮齐名，都是一时名士。然而庞统的个性迥异，时常我行我素，这便遭到了刘备的讨厌。诸葛亮一句"有才华的人总有独特的个性"，让刘备恍然大悟，重用了庞统。刘备对人才特殊个性的担待，彻底征服了庞统的心。庞统的全心辅佐，对刘备成功入主蜀地贡献了力量。人和人是不同的，别人身上所具有的个性、特点或固有的一些习惯，只要不伤大雅，虽然你做不到欣赏，但是不能多加苛求和厌恶，应该多一些担待之心，多一些体谅。只有这样，我们才能交到更多的朋友，得到更多的支持。

培根曾经说："对一个人而言，担待是和自尊同等重要的一个基本素质。"对别人担待一些是目前社交中珍贵的一种品质，学会担待别人，能让别人真心地喜欢你、赞扬你，帮你赢得和谐的人际关系和众多朋友。担待是理解，担待是宽容，担待是体谅，担待是一种交际的智慧，你的担待能让别人感动而铭记于心。

报复，让你的交际受堵

在生活中，我们每天都要与各种各样的人交往，这之中，受些委屈在所难免。面对这些委屈，有的人选择一笑置之，而有的人却处心积虑，伺机报复，觉得这样才痛快。殊不知，报复他人，最后伤害的，其实还是自己。

台湾著名作家吴淡如在一次演讲中，曾讲了这样一个故事："弟子问得道高僧，他觉得贪嗔痴中，嗔字他最难克服，要如何处理自己的愤怒？得道高僧反问弟子：如果你是一个长途跋涉的旅人，在途中遇到一只疯狗，莫名其妙地对你狂吠，你会绕过它，继续走自己的路，还是会趴下来，也对它狂吠？相信大家都会明白，前者才是理性的选择。然而，在日常生活中，我们通常选择的是后者。我们不但对它狂吠，甚至还企图咬它一口，看它厉害还是我厉害，对不对？报复并不会让我们尝到任何甜头，但我们总是忍不住反击，即使这种反击损人不利己，且降低了我们自己的人格。"

可是，有些人就是会做出被狗咬过之后去咬狗的错误行为，比如我所知道的一个叫冯朝亮的年轻人。冯朝亮大学一毕业，就进了一家医院做医生。前些日子，他根据自己最近的临床经验写了一篇学术论文，由于怕自己的见识偏颇，就拿去请教了院长。院长看后，觉得很有价值，竟然将名字改为了自己，投稿发表在了一本医学期刊上。知道此事后，冯朝亮当即找院长理论。可院长却说，冯朝亮名气不足，署他的名字不会引起注意，所以才署了自己的名字。这明显是借口，冯朝亮感觉自己被欺负了，非常气愤。朋友们劝他以后做事小心点儿就是了，但冯朝亮觉得，院长有了这个把柄在自己手上，以后就可以此逼迫领导。于是，自那以后，冯朝亮开始工作懈怠，好逸恶劳，迟到早退常有发生。年底，医院里有个评定"市杰出医师"的名额，冯朝亮找到院长，然后百般暗示他，自己想要那个职称。院长哪肯听他摆布，第二天就借故开除了他。

冯朝亮的论文被院长剽窃，应该听从朋友的意见，以后自己做事谨慎点儿就是了。但是他却自以为可以就此抓住院长的把柄，就能高枕无忧，有恃无恐地提要求。更有甚者，他居然逼迫院长将荣誉名额分给自己，如此居心叵测，惨遭开除实在是他咎由自取。行走职场，我们难免会被领导欺负，遇到这种事，一味忍让也许不是好办法，但借机逼迫领导，那肯定是更不应该了。报复领导对你的欺压，最终受伤的往往是你自己。

看过一部野史，说的是唐朝宰相姚崇虽有"救时宰相"之称，却在史书上留下了"好弄权术，为人权谲"的骂名，为什么会这样呢？有件事不得不提。开元元年，姚崇从同州到新丰见唐玄宗，玄宗一番考量觉得姚崇才干出众，就打算任命他为宰相。当朝宰相张说听说之后，担心自己的地位受到冲击，就一心想排挤姚崇，不让他入朝为相。他先是指使别人对他进行弹劾，不料被玄宗识破。后又指使别人推荐姚崇去当河东总管，可是仍没如愿。得知了此事后的姚崇，上任后一直记恨在心，并且伺机报复，一定要将张说排挤出朝。正好当时，张说担心姚崇会对自己不利，就去找了岐王求助。姚崇听说后，心想机会来了，便在玄宗面前搬弄是非，他说："岐王是陛下的弟弟，张说是辅佐大臣，他们两个秘密乘车出其家门，我担心要坏事啊！"玄宗听了，怒火中烧，马上下令将张说贬为相州刺史。后来，玄宗终于了解了真实情况，便对姚崇非常不满，甚至对姚崇起了杀心，姚崇知道后不得不赶紧灰溜溜地辞官归隐。

张说因为担心自己的地位动摇，就排挤姚崇，百般阻挠对方入朝为相，而姚崇在当上宰相后，也用排挤来报复对方之前的排挤，最终张说被贬官，而姚崇也给玄宗留下了不好的印象。如此，你排挤我，我排挤你，真是两败俱伤，谁也没有好果子吃。其实，在生活中，面对排挤，我们大可不必计较，只要做好自己的本分，别人如何能排挤得了你？相反，如果互不相让，打击报复，最终必然树敌无数，交际受堵。

张若昀是营销部长，手底下有个员工叫田豪。田豪在营销部工作好几年了，许多和他一批进公司的人早就当上了各自部门的副主管，只有他还是"原地踏步"。最近，刚好部门的副主管离职，职位出现了空缺，他就想趁这个机会让领导给他提职。田豪向张若昀表明了这个想法，还说："要是这次你还不给我升职，我只好辞职了！"张若昀听了这番话，顿时火冒三丈，但又害怕他真的辞职跳槽，那么他就可能把公司的几个大客户带走，所以，他只好强压怒火，满足了田豪的要求。不过这之后，张若昀处处为难田豪，不仅对他的工作吹毛求疵，还让别的员工渐渐接管了他手上的大客户。但凡田豪的工作出现一点儿疏漏，他就在部门例会上狠狠批评，让田豪抬不起头。不久，这事传到了总经理耳中，总经理感觉张若昀气量狭小，不能容人，对他进行了降职处理。

领导统管全局，难免遇到下属这样那样的诉求，最常见的莫过于逼你为他提职。张若昀面对这样的情况，不懂得为田豪分析不能提升的原因，反倒和对方较起真来，想要报复田豪，处处打压欺负对方，最终落得个降职的结果。在现实中，许多人和张若昀一样，都认为下级逼迫自己就是挑战自己的权威，必须坚决扼杀。事实上，这正是考验领导者胸怀和气度的时候，如果只知意气用事、针锋相对，下场也好不到哪里去。

　　遭遇委屈是难免的，不过，这时千万不能意气用事，不管怎样，一定要做到：不能因为别人欺负你、排挤你、逼迫你，你就欺负别人、排挤别人、逼迫别人。否则，终将害人害己。

以德报怨是最好的交际

朋友善待我们的时候，我们一般都能善待朋友，但是，当朋友对你有所亏待的时候，一些人就会对朋友不那么友善了。其实，朋友亏待你的时候，你更应该善待朋友。因为，这样才能更显示你的品质和美德。请看他们是怎么做的——

早年，刘德华和好朋友黄秋生合作拍戏时，曾被黄秋生当众破口大骂："你算什么艺人？歌唱不好，戏演不好，只是一个花瓶，只懂得摆造型而已。"刘德华非常生气，但想到自己的表现确实还有待提高的地方，就没有和黄秋生争辩，而是加倍努力，勤奋工作。多年后，刘德华终于成为了一代巨星。而黄秋生呢？他依然不改爱骂人的习惯。有段时间，他因为批评周杰伦而备受舆论指责。记者问刘德华对此事的看法，刘德华却说黄秋生其实是个顶好的人。他是有些怪，喜欢骂人，可是，仔细想想，他骂人正说明他关心人，他希望我们好。这些话后来传到黄秋生那里，黄秋生非常感动。

刘德华遭到黄秋生的辱骂，却没有因此责怪他，而是积极从自己身上找原因。当黄秋生被大家质疑时，刘德华还出来替黄秋生说公道话，令人动容。刘德华对待朋友，真是一片宽大胸怀。生活中，应该像刘德华这样，当朋友辱骂你时，不该针锋相对，而是去探寻他辱骂你的初衷。很多时候，朋友的辱骂就像一根挑穿你身上脓疮的刺，看似是对你的侮辱，其实是对你的批评指正。如果你明白这点，相信朋友也会非常感动的。

现任志高集团总裁的李兴浩，年轻时一次出差到了山东青岛，顺路就想去拜访一位相处多年的朋友。可是，当李兴浩打电话给他时，他却找借口说自己很忙，没办法招待他，态度冷漠，显然是在应付他。李兴浩后来才知道，那位朋友是怕李兴浩向他借钱才不敢见他的。几年后，李兴浩的生意有所起色了，那位青岛朋友却突然来找他了。他说做生意亏了很多钱，现在负债累累，所以来找李兴浩帮助。李兴浩听后马上将他迎进了家，不但拿出好烟好酒招待，还把自己手中仅有的七万四千元钱全部借给了他。那位朋友感动不已，说："当初你去找我，我怠慢了你，我以为今天来找你，你也会对我很冷淡的，可你，却对我这么好。"李兴浩说："别这么说，我们是朋友，感情才是最重要的，那些事根本不用放在心上。"李兴浩的话让那位朋友热泪盈眶。

　　朋友之间，就要始终如一地对彼此付出和帮助。当朋友无法做到这点时，我们也不能因此就自己也不去做。李兴浩去拜访朋友，朋友以为是来借钱而不理他。虽然李兴浩知道了，但他没有记在心里。而在那位朋友来借钱时，李兴浩却倾其所有帮助他，实在令人敬佩。交往中，我们也应该像李兴浩一样，不因为朋友怠慢了你，你就去怠慢朋友。真正的好朋友不会计较于个人，而是真心为朋友去着想。这样，朋友也就会更加信赖你。

　　2010年1月7日的一场NBA常规赛中，网队客场以89:119败给老鹰队。赛后，洛佩斯向主教练抱怨道："易建联过多的出手次数，导致了比赛失败，如果他能多传球给我，结果就会不一样的。"队友哈里斯听后，替易建联打抱不平说："让他挑大梁，我们球队已输了这么多场，现在你复出让球队多个战术，他竟然还嫌你得分多，哪有这样的队友？我看他是看你最近表现好，故意在打压你。"易建联却对哈里斯说："不要怪他，他也是想要球队赢球。我们都是并肩作战的队友，不应该为了这个而破坏了我们的团结。"后来，哈里斯将此事告诉了洛佩斯，洛佩斯对自己的行为感到非常后悔，并真诚地向易建联道了歉。此后，洛佩斯非常关照易建联，每当易建联遭到不公时，他总是第一个站出来为易建联说话。

洛佩斯因为球队输球，把责任归咎于易建联身上。显然。洛佩斯是在妒忌易建联的成绩，他怕自己的领袖地位受到挑战，所以想打压他。但是，易建联并没有怒对洛佩斯，反而在哈里斯为自己愤愤不平的时候，还为洛佩斯说好话，真可谓是深明大义。

当朋友亏待你的时候，你能否像刘德华、李兴浩、易建联那样宽容大度，以德报怨，善待朋友？如果能做到这些，相信你一定也会有很多真心朋友的。

请理解别人的过失

美国人遵循一句老话："理解别人的人，更易得到别人的理解。"的确，与人交往，就是应该多理解别人。当别人不小心有了过失之后，你不要拿别人的无心之失说事，而要多从自己的角度反思，多从对方的角度思考问题，尊重别人有可能出现的各种失误。

高尔基有一次去逛书店，在书架上发现了一本心仪已久的书，当时就决定买下来。可在柜台前付款的时候，才发现口袋里的钱不够。他想起朋友柯罗连科的家离这里不远，于是就嘱咐工作人员先把书保管好，自己则去柯罗连科家里借钱。在柯罗连科的家里，当他说明了自己的来意后，对方面无表情地点了点头，转身到屋里面拿出了钱，然后冷冷地递给了高尔基。从柯罗连科的家里走出来后，高尔基觉得对方冷淡的表情让自己很是不爽。虽然事后有人告诉他说那几天柯罗连科正因为工作上连连受挫而郁闷，但他始终不肯原谅对方的冷淡，最终使得两个人的关系越来越冷淡，变得形同陌路。

向人借钱，只是因为别人给钱的时候态度过于冷淡，就耿耿于怀，始终放在心上，最终让原本的好交情变得疏远起来，乃至最后成为了陌生人。这样的结果，着实让人难以相信。诚然，对方在面对朋友请求时，应该表现得高兴才对，但并不能因此就把对方看得一无是处，甚至是绝交才解去心头之恨。这样的做法，损失的不仅仅是一段友谊，还会有别人的好评。

交际中，应该懂得心不在"焉"。当别人出现无心之失的时候，应该把心从那里拨开，多想想对方好的地方，尽可能找到为对方开脱的理由，这样才能让自己的交际之路越走越宽。相反，心在焉的话，则是另一种情况。当然，那些不好的情况是我们不愿意看到的，不是吗？

有一年，刚刚成立《天地》杂志不久的苏青向好友张爱玲约稿，张爱玲很爽快地答应了下来。可到了交稿的最后时间，张爱玲却因为杂事缠身忘了稿子的事儿，因此就没有把稿子寄过来。当苏青打电话询问的时候，张爱玲竟以忘记了为借口冷冷地挂断了电话。苏青放下电话，赶紧去找别的朋友补缺，中间费了好一番周折，才算找到了合适的稿子，最终出版了杂志。知晓这件事前后经历的杂志社工作人员非常气愤地建议苏青把这件事公之于众，可苏青却说："算了吧，人家肯定是有别的事情缠住了身，不然的话，怎能会不交稿呢！"后来苏青非但没有恼怒张爱玲，还是不断地向她约稿，张爱玲再也没有爽过约，两个人还成为了交往甚厚的闺蜜，成就了文学史上的一段佳话。

张爱玲不论出于何种原因误了交稿，按说都是不应该的，更让人不可理喻的是不承认自己的错误。面对轻慢自己的张爱玲，就算别人提出非理性的建议，苏青也没有放在心上，而是站在张爱玲的角度为其开脱，并且依旧向其约稿，最终让张爱玲认识到了自己的过失，再也没有出现过类似的事情，两个人还成为了一对挚友。苏青理解了张爱玲的失信，最终换来的是张爱玲的真诚友谊和来自众人的敬佩。

1982年，墨西哥遭遇了十分严重的经济危机，外资纷纷撤离，货币疯狂贬值。众多企业因为没有后续投资面临破产危机，埃尔南德斯就是其中一家濒临破产的烟草企业总经理。当他得知埃卢愿意出资收购，专门约好了时间去对方家里商谈收购事宜。但是当天上午他被追债者堵在公司内迟迟无法脱身，后来好不容易到达埃卢家中时，已经中午12点了。埃卢打开门，听见埃尔南德斯连连道歉地说："实在抱歉，被追债的客户缠住，您知道……"埃卢接着说："我知道，就像经济危机一样无法阻挡，我知道这是你无法控制的，我可以理解。好了朋友，我们边吃边聊。"后来，埃卢收购了这家烟草公司，还让埃尔南德斯继续经营，埃尔南德斯十分感激。不出5年，这家公司扭亏为盈，年盈利数十亿美元。

当对方迟到后，浪费了自己宝贵的时间，埃卢并没有抓住对方的失误紧紧不放，反而从对方的角度，大度地理解对方面临的困境，还把收购后的管理权交给对方，让人不得不对他的人品产生敬佩之情。每个人都会犯各种错误，也许这个错误是不可原谅的。善于尊重别人的无心之失，到头来别人自然也会全心回报你的恩情。为什么埃卢后来能连续三年成为世界首富，从这里或许能找到一些原因。

林肯说："理解别人的人，更易得到别人的理解。"与人交往，不要拿别人的无心之失说事，而要多从自己的角度反思，多从对方的角度思考问题，尊重别人有可能出现的各种失误。一个人能对别人所犯的无心之失宽容以待，而加以尊重和赞赏，怎能得不到别人的敬重呢？

第十二章

巧妙助人
——成就他人也成就自我

为朋友提供方便也即为自己做好事。

——伊拉斯谟

甘当绿叶，和红花一样美

　　现实中，大部分人都希望自己是红花，不想自己是绿叶。可是，事实上不大可能所有人都是红花，大多数人必须是绿叶。正好像影视剧中的主角很少，多数都是配角。而一个人如果懂得做绿叶，懂得做配角，牺牲自己，成就别人，那他一定是受人欢迎的人。

　　"从20多岁起，我演了一辈子配角，一直都在'客串'，戏多少都不挑剔。俗话说'红花当需绿叶配'，我是'甘当绿叶配红花'。"这是著名演员葛存壮先生的话，让人听后备觉感动。现实生活中，很多人都想着自己当主角，自己站在舞台的中央，绽放光彩，但是这样的人，是不受人欢迎的。真正智慧的人，他们总是乐于当主角旁边的配角，当红花旁边的绿叶，当别人成功的垫脚石，当别人向上攀爬的梯子，这样一来，别人就会乐于跟你交往，并会从心底里感激你。

　　2009年NBA全明星赛末，最让年轻人狂热的扣篮大赛开始进行，经过预赛，身高只有1.75米的"小土豆"内特·罗宾逊和2.11米的"魔兽"霍华德作为竞争对手进入了扣篮大赛的最终决赛。先是霍华德来进行表演，只见"魔兽"助跑，起跳，然后是胯下运球，换手一记"大风车"式劈扣，整个动作舒展优美、一气呵成，激起全场一片热烈的掌声。霍华德得到了很高的分数，这时轮到内特·罗宾逊出场。为了突显自己的弹跳能力，他把霍华德拉上场，要求霍华德给自己当陪衬，自己表演飞跃霍华德扣篮的动作。霍华德没有丝毫犹豫，微笑着答应了。"小土豆"运球，高高跳起，跃过2.11米的霍华德，扣篮成功。

人们都被罗宾逊惊人的弹跳征服了，罗宾逊毫无疑问地获得了那年的扣篮王，而为其作"嫁衣裳"的霍华德则被比了下去，与扣篮王失之交臂。但人们注意到，在陪衬罗宾逊的过程中，霍华德一直面带着微笑，即便是在飞跃过程中罗宾逊的脚踢到了他的肩部，他也毫不在意，依然面带微笑，霍华德在罗宾逊胯下微笑的画面成为了永恒。即使是在颁奖典礼上，霍华德也向罗宾逊献上了诚挚的祝贺。罗宾逊很感动，在获奖感言时，真诚地说冠军属于他和霍华德两个人。霍华德也靠成人之美的君子之风赢得了众多球迷的心，拥有了数以万计的"火花"（喜欢霍华德的球迷）。

霍华德作为罗宾逊在扣篮大赛上的竞争对手，能够如此有风度地帮助罗宾逊，成全对方的扣篮，让对方获得极大的成功，这实在是一种舍己为人的胸怀，值得我们所有人敬佩。生活中，我们经常会说帮助某人某人，帮助了什么什么，那其实算不得什么，因为我们不会失去什么，很多其实都只是举手之劳而已，不值得大书特书的。其实最让人动容的，是那些宁愿舍弃自己利益，也要帮助别人的人，那些甘愿作为他人向上攀登的一把梯子的人，他们的行为，真正是一种良好素质的体现。有一句话说："甘为人梯，助人助己。"如果你甘为人梯，乐于做映衬红花的绿叶，总是成人之美，总是真心去帮助别人，那么，未来有一天当你需要帮助的时候，你自然也会获得回馈。

作家邹峰曾写过一篇曾毅的文章，文章中说：随着凤凰传奇越来越红，曾毅在事业上越来越觉得遭受着巨大的压力。因为，在人们的眼里，作为副唱的他，成了一个可有可无的配角。有网友甚至说："我看凤凰传奇是个买一赠一的组合，曾毅就是那个赠品……"虽然玲花一再强调，曾毅对凤凰传奇的作用更大，但许多媒体在采访曾毅时，还是会问他何以甘当绿叶。对此，曾毅答道："我们能够取得今天的成绩，玲花作为主唱，比我付出得更多，她能得到大家更多的肯定，我觉得是应该的。实际在我们心中，没有什么绿叶和红花的想法。但如果你们认为我是绿叶，我就当好这个绿叶。能为最好的朋友当绿叶，是一种福气。我和玲花这么多年一起打拼过来，谁当绿叶谁当红花根本不是个问题。对那些纠缠于这个问题的人，我的回答就是一句话：当绿叶，我快乐！"

凤凰传奇在获得成功后，作为组合成员之一的曾毅，却没有与玲花争抢名利，反而还极力把功劳推在玲花身上，并表示自己甘为朋友当绿叶，以成就朋友为荣。有这种的态度，能说出这样大度的话，彰显了他不凡的胸怀。生活中，有些人总喜欢跟人争抢功劳，总想着自己是主角，是红花，别人只能当自己的配角，当自己的绿叶，可是，这样的人谁会愿意与之交往呢？只有那些喜欢帮助别人，心甘情愿为别人付出的人，才会更加受大家的欢迎。

众所周知，帮助别人，自古就是一种交际美德，也是一种高尚人格的体现，它不仅可以成就别人，也可以成就自己。朋友们，如果你也能懂得甘当绿叶的交际道理，不吝啬自己的付出，不疼惜自己的利益，为别人着想，为别人的事业添砖加瓦，那你也会赢得好人缘的！

美在锦上添花，贵在雪中送炭

台湾作家三毛曾说："朋友这种关系，美在锦上添花，贵在雪中送炭。"不错，锦上添花是美的，而雪中送炭却更显得可贵。雪中送炭，急人所急，在别人最需要的时候给予帮助，别人一定会牢记这份情谊的。

第一次世界大战结束后，德皇威廉一世可以说是全世界最可怜的人，众叛亲离。无奈之下他只好逃到荷兰去保命，但有许多人对他怀恨在心。在这时，有个小男孩写了一封信给他，内容虽然简短，却隐藏不了真情，小男孩表达了他对德皇的敬仰。小男孩在信中说，无论别人怎么想，他将永远尊称他为皇帝。德皇深深地为这封信所感动，于是邀请他到皇宫来。这个小男孩接受了邀请，由他母亲带着一同前往，最后他的母亲嫁给了德皇威廉一世。

后来许多人遗憾地说："我不知道他那时候那么痛苦，即使知道了，我也帮不上忙啊！"这种人与其说他不知道朋友的痛苦，倒不如说他根本就不想知道别人的痛苦，不想去帮助他人。正所谓，"患难之交才是真朋友"。在现实生活中，我们要懂得在别人最需要帮助的时候，及时地给予其帮助。伸出我们的双手，拉别人一把，这样就会让对方感到温暖，从而让我们赢得最真挚的友谊。

有一段日子，香港影视圈内突然掀起了一股炮轰周星驰的"狂潮"，说他"人格有问题"。因为掀起炮轰的带头人是香港娱乐大亨向华强的妻子，所以，不少人选择附和，但更多的人明哲保身，选择沉默。刘德华却站出来说："我和星爷合作不多，但我是他的铁粉。星爷的作品我都看过，几乎每部看了多遍。他的幽默喜剧电影真的厉害，我现在最想拍喜剧片，比较轻松的，不要太压抑的。将来有机会的话，我希望我们能够合作一把。"刘德华的话语获得了好评，更让周星驰感受到了温暖。

虽然很多香港影人集体炮轰周星驰，但是刘德华没有随大流，没有人云亦云，也没有隔岸观火，更没有落井下石，而是主动站出来力挺，不仅声明自己是他的"铁粉"，还大赞他的作品，表达了有机会合作的愿望。这样的话可谓是雪中送炭。在别人身处困境时，需要的是安慰，是鼓励。一句安慰，一句鼓励，温暖了他人，也展现了自己的品德和情操。

黄永玉年轻时初到上海，生活艰难，靠卖版画为生。他听说著名诗人臧克家和自己住在同一条街上，便慕名前去拜访。臧克家了解了黄永玉的情况，认真地看了看黄永玉的画，很高兴地说："太好了，我很喜欢你的画，真不错，坚持画下去，必有大作为。"能得到名家的肯定，这对当时的黄永玉来说是多么宝贵啊。臧克家还主动提出帮黄永玉卖画，并按当时最高的稿酬标准给他。后来黄永玉才知道，许多画臧克家根本没卖出去。黄永玉觉得愧疚，而臧克家却说："不是卖不出去，是这些画我很喜欢，我不想让别人拥有。你也别有什么负担，我觉得总有一天，这些画会因为是你的作品而身价倍增，我岂不是捡了个大便宜？"臧克家这番话说得黄永玉心里暖暖的，更坚定了自己要继续在艺术的道路上走下去的决心。后来，黄永玉的名气越来越大，他始终对臧克家尊敬有加、充满感激。

现实中，在别人最困难最无助最迷茫的时候，我们也要出手相助，帮他解决所面临的问题，不管是多么艰难的问题。让你的帮助温暖别人的心灵、带给别人前进的力量，如此，在成就他人的同时，你也一定会得到更多人的感谢和爱戴，甚至还可以获得丰厚的回报。

周瑜曾在军阀袁术部下为官，被任命为一个小县令。有一年，发生了饥荒，很多人被活活饿死。周瑜看到这悲惨情形急得心慌意乱，却不知如何是好。有人给他献计，不如去向大财主鲁肃借点粮食。于是周瑜登门拜访鲁肃，寒暄过后，不好意思地说道："不瞒老兄，小弟此次造访，是想借点粮食。"鲁肃笑道："此乃区区小事，我答应就是。"接着，鲁肃亲自带着周瑜去查看粮仓，这时鲁家存有两仓粮食，各三千斛，鲁肃痛快地说："也别提什么借不借的，我把其中一仓送与你好了。"周瑜及其手下一听他如此慷慨大方，都愣住了，要知道，在如此饥荒之年，粮食就是生命啊！周瑜被鲁肃的言行深深感动了，两人当下就交上了朋友。后来周瑜当上了将军，他牢记鲁肃的恩德，将他推荐给了孙权，鲁肃也成就了一番事业。

　　帮人解燃眉之急，自会让人报恩感激。试想，在饥荒之年，周瑜能够得到鲁肃的慷慨相助，怎能不对他心存感激？后来又怎能不积极推荐他出来干大事？但愿我们都能像鲁肃这样，善于在别人最需要帮助的时候伸出援手，拉人家一把，这样你也一定会得到更多人的信任和爱戴，甚至还可以获得丰厚的回报。

　　在钱钟书先生困居上海写《围城》时，他家的日子过得非常窘迫。把保姆辞掉以后，家务就由夫人杨绛操劳着。所谓"卷袖围裙为口忙"。黄佐临导演了解了情况后，决心帮助他们。但他知道，钱钟书是不可能接受别人的帮助的。这时，他刚好发现了杨绛的四幕喜剧《称心如意》和五幕喜剧《弄假成真》，于是就排演了，并及时支付了酬金，这使钱家渡过了难关，钱家对此非常感激。过了很多年后，黄佐临之女黄蜀芹之所以独得钱钟书亲允，开拍电视连续剧《围城》，实因她怀揣老父亲一封亲笔信的缘故。钱钟书是个欠别人的人情他一辈子都记着的人，黄佐临40多年前的义助，钱钟书多年后都没有忘记回报。

　　由此可见，只有你随时保持着乐善好施、成人之美的心思，才能为自己多储存些人情的债权。这就好比一个人为防不测，须养成"储蓄"的习惯，也只有这么做，才能防患于未然，甚至惠及子孙。黄佐临导演在当时不会想得那么远、那么功利。但后世之事却给了他作为好施之人一份丰厚的回报。

三毛曾说："朋友这种关系，美在锦上添花，贵在雪中送炭。"锦上添花是美的，而雪中送炭却更显得可贵。生活中，谁都会有需要他人帮扶的时候，如果我们有能力伸出援手，那就伸出援手，拉人一把吧。助人者自乐，在给予别人帮助时，也会给自己带来意外的惊喜，何乐而不为呢？

为他人说句公道话

"公正的话，有道理的话"，这是对公道话的字面解释。为他人说句公道话，彰显的不只是我们的正义，更是帮助了正义的人。现实中，我们常常想要为别人说句公道话，可话一出口却往往不那么公正，也并不一定有道理。那么怎样才能为别人说句公道话呢？

周勃是汉初的宰相，位高权重。汉文帝害怕他会危及自己的统治，先罢了他的官，又找机会说他要谋反，要杀死他。满朝文武皆知周勃是冤枉的，却不敢为他说话。这时，薄太后找到汉文帝说："当年平定叛乱的时候，周勃身上挂着皇帝的玉玺，手下指挥着强大的军队，那个时候他都不谋反，现在待在一个小县城里反而要谋反了吗？"汉文帝一时无言以对，只好放了周勃。汉文帝在历史上名声很好，如果不是薄太后劝阻，他枉杀功臣，恐怕就会留下骂名了。

大臣们明知周勃被冤枉，却因为害怕触怒皇帝祸及自身而没人敢说话。不但周勃可能会因此而死去，汉文帝也会因为枉杀功臣而在历史上留下骂名。薄太后以正直敢言的勇气，为周勃说了一句公道话，不但赢得了别人的尊重，最重要的是，她为自己的儿子保住了可贵的名声，也彰显了自己的品质，留名青史。

自从成名后，韩寒一直备受争议。最初的几年里，韩寒对很多不合理的社会现状（尤其是教育界）进行了犀利的批判。由此他也被很多专家视为眼中钉，他们经常炮轰韩寒，说他叛逆，说他自大狂妄，目中无人，甚至还有中学考卷将韩寒博文中出现的笔误定为病句改错考题，以此来证明韩寒是个文化修养不够之人。面对这样的事，韩寒真是哭笑不得。在舆论越来越猖獗的情况下，韩寒刚认识不久的好朋友路金波却站出来说道："其实，韩寒是一个很善良还有点羞涩的大男孩。他的特立独行，他的酷，他的幽默感，都是天生的。他有趣、有才、有理想、有思想；生活健康，从不抽烟不喝酒不应酬；为人爽气、坦诚、说实话，我真觉得韩寒该当十大杰出青年，虽然他自己会认为特搞笑，但这样的年轻人应该成为偶像。可是教育家们老觉得他叛逆，老想给他的文章挑俩错别字出来，真是讽刺！"韩寒没想到路金波会出来为自己说公道话，因此非常感动，从此，他与路金波的友情更深入了，他后来的作品也几乎都交给路金波代理出版。当有人问这是为什么的时候，韩寒很干脆地答道："一个敢为朋友说公道话的人，我当然信赖他。"

由于敢说敢言，韩寒得罪了不少所谓的专家和名流，大家视他为眼中钉，经常鸡蛋里挑骨头，借以指责他没素养，乃至直接故意刁难他。"中学考卷将韩寒博文中出现的笔误定为病句改错考题"一事，就是典型的例子。韩寒没见过这样的事，一时之间都不知道该如何应对。而作为朋友的路金波，却真心地为韩寒辩护。他强调韩寒的人品和才华，批判那些诋毁韩寒的人。如此敢为朋友说公道话，真是难得。韩寒会一直把路金波当作人生中最好的朋友，也是情理之中的事啊。

刘积仁创办东软集团初期，东北工学院的一些老师对东软很有意见，有的甚至破口大骂，认为他们抢占了学校的资源。东软的员工都很有情绪，可刘积仁却对员工们说："你们现在住的房子比奋斗了多少年的老教授都要大，你们的工资也比他们高，让这些老同志理解这件事情是很难的，人家发一些牢骚也是可以理解的。"员工们听了这番话，不满情绪平复了，那些大学老师也对刘积仁另眼相看。而且员工们对刘积仁的忠诚度更高了，他们说："他对骂自己的人都这么好，对我们这些员工肯定也不会差！"

虽然被骂，可刘积仁却不记私怨，而是站在公正的立场上，全面地看待问题，不仅看到了自己这一方的付出和委屈，也看到了那些大学老师的辛劳和怨愤，因而说出的话才公道。不仅平复了员工的情绪，赢得了大学老师的尊敬，而且使员工看到了自己的人品，赢得了员工的忠诚，增强了企业的凝聚力。

沃森曾因经济纠纷被判有罪，虽然没有进入牢狱，可公司的同事却对他议论纷纷，老板也对他十分猜忌。一次，公司的客户资料泄露，所有的人都把矛头指向了沃森，怀疑是他出卖了公司。只有一位老员工说："我们和沃森同事那么多年了，难道不了解他的人品吗？他被处罚是因为经济纠纷，与他的人品无关！"虽然沃森最终还是离开了公司，可他却始终记得这位老员工。后来，当沃森成为名满天下的 IBM 的创始人时，他再次找到了那位老员工，说："我高薪请您到我公司工作，不仅因为您出众的能力，还因为您公正处事的态度！"

沃森因为经济纠纷被判有罪，可人们却因此而怀疑他的人品，甚至猜忌他，只有那位老员工对他依然信任，不以有色眼镜看他，为他说了一句公道话。这句公道话，不但鼓舞了沃森，使他没有因此而自暴自弃，而且那位老员工也因为那一句公道话迎来了自己人生转折的一个重要契机。

只有拥有不畏强权的勇气，不记私怨和理解他人的宽容之心以及公正处事的态度，你的话才能真正的公正、有道理。而你的公道话，也会给你带来他人的尊敬，甚至是改变人生的机会！

扶上马，送一程

在人际交往中，很多人会觉得，帮助别人，只要在别人遇到麻烦或困难时，伸一把手就够了，而往往不会去考虑别人到底有没有因为自己的帮忙而彻底摆脱困境。其实帮助别人，不仅要"扶上马"，还要"送一程"，才算真正圆满。

李先生是沃尔玛的人力资源部经理，他小时候和姑妈生活过一段时间，与姑妈一家感情很好。姑妈的女儿王方一直没有找到合适的工作，他就帮她在沃尔玛里找了一个职位。然而，王方并没有在大企业工作的经验，在试用期内，对企业有诸多不适应，她打电话给李先生，想请他对她做一些指导，帮助她顺利度过试用期。然而，李先生觉得，自己已经帮她解决了工作岗位的问题，已经帮了姑妈家很大的忙，做到这一步就已经足够了，于是对王方的事并没有太上心，只是随便应付了几句便草草了事。

三个月后，王方最终没能通过试用期，被沃尔玛辞退，姑妈一家对李先生也不再像以前那么亲密了。李先生觉得自己该做的都做了，可姑妈还是对自己冷冷的，于是他向自己的朋友诉苦，朋友却说："在试用期的时候，你再帮王方一把又何至于有这样的结局？"

李先生帮助王方找到工作，确实是件好事，但他只是把王方"扶上马"，没有再"送一程"，而是任其自生自灭。他虽然为王方找到了工作，却不管王方是否能胜任工作，最终，王方失去了工作。从结局来看，李先生的帮忙等于没帮忙。要真正帮助别人，不但要给别人提供机会，还要帮助别人学会利用这个机会的能力，这样别人才能真正从这个机会受益，你的帮忙也才会有意义。所以，要帮人，千万不要浅尝辄止，在事情刚好转时离开，否则很可能功亏一篑。

维奥莱特·奥克兰德是一位著名的儿童心理治疗师，虽然她在世界各地举办工作坊帮助了不少儿童，但在她心中却有一个永远的痛。

那是一个13岁的男孩，在学校的表现很差，常常逃课，被他的妈妈带过来，希望奥克兰德帮助他们。奥克兰德花了很多心思和这个男孩接触，男孩终于向她敞开了心扉，他说自己最喜欢做的事是捕鱼，并向奥克兰德讲述了捕鱼的快乐。奥克兰德找到男孩的妈妈，希望她能允许男孩花更多的时间去捕鱼，因为男孩似乎有些学习障碍，这会让他在学校里比一般人遭遇更多的挑战。如果允许男孩花些时间去捕鱼，可能会对他的学习障碍有所帮助。但这位妈妈听到之后非常生气，她认为奥克兰德是在纵容男孩逃课，从此不让男孩再到奥克兰德那儿去。奥克兰德对此无可奈何，也放弃了对男孩的帮助。

由于听了奥克兰德的话，那位妈妈完全禁止男孩去捕鱼，大约一个月后，抑郁的男孩上吊自杀。得知此事后，奥克兰德非常后悔，她常常在想，如果当时再对那位妈妈多一些耐心，也许那位妈妈就会听从她的建议，至少不会中断男孩的治疗，导致男孩绝望自杀。

奥克兰德怀着一片好意想要帮助这对母子，却在遇到阻挠的时候没能坚持下去，结果酿成不可挽回的悲剧。这是一次不彻底的帮忙，也是一次失败的帮忙。想要帮助别人的出发点是好的，但在帮忙的过程中遇到阻挠就放弃，你独自离开了，却将被帮助的人撂在了半路上，使他进退维谷，骑虎难下，这样的帮忙倒不如一开始就不帮。所以，一旦决定帮人，就竭尽全力帮到底，绝不能半途而废，在事情恶化时放弃，否则很可能害了别人还招来怨恨。

1935 年，年仅 16 岁的殷海光在一套逻辑学教材上知道了金岳霖的名字，他直截了当地给金岳霖写了一封信，向这位教授请教。作为名教授，金岳霖对于这个叫"殷海光"的中学生非但没有不屑一顾，反而很快回了信，对他进行鼓励。

1936 年，殷海光的高中生涯结束，打算到北平求学。但家境贫寒的他却难以负担自己的生活及学习费用。这时候，殷海光又一次给金岳霖写信，请求金岳霖帮助他到北平学习。金岳霖为此找到张东荪，希望张能为殷海光安排一份工作，以便让殷海光能够一边挣钱，一边读书。在获得张东荪的允诺之后，金岳霖写信告诉殷海光：可以到北平来。殷海光到达北平之后，张东荪的允诺却落了空，殷海光的生活难以为继。然而作为名教授的金岳霖此时却没有离开，他主动负担了殷海光的生活费用，并与他约好，每周见面一次，一边吃饭，一边谈学问。跟随着金岳霖，殷海光在那一段时期里不但增长了学识，还结识了众多北平学术界的名流，这为他以后的道路打下了坚实的基础。殷海光对金岳霖也一直很感激，即使当他走上了和金岳霖完全不同的学术道路后，当有人写文批评金岳霖时，他也会站出来维护恩师。

帮助别人很多人都做过，但像金岳霖这样帮得如此彻底的，却没有多少。金岳霖不但将殷海光"扶上马"帮他到北平求学，还"送一程"，帮他完成了学业，并将他领进了学术圈。可以说，如果没有金岳霖，殷海光的道路将会走得更曲折。而金岳霖"扶上马，送一程"的做法，不但培养了一位思想家，也赢得了殷海光的尊敬，并在学术界留下了一段佳话。帮助别人，不但把对方"扶上马"，还送着"走一程"，等到对方能熟练驾驭，朝前路飞奔而去时，自己再安然离开，这是一种品质，更是人生的一种境界。

我们帮助别人，是为了使别人摆脱困境，所以在伸手帮忙后，不要急着离开，而要看看，自己的援手，是否真的起到了作用，别人是否真的摆脱了困境。"扶上马，送一程"，帮人帮到底，我们才会收获更多的快乐。

别让你的好心伤了人

　　每个人都想帮助别人，这是值得称道的事，但现实中我们往往会发现一个情况，那就是本来想好好帮人家一把的，结果呢？反而适得其反，不但没有帮到人家，还可能帮了倒忙。这就是我们在帮人的时候，考虑得不周全。

　　宋丽学习刻苦，成绩也很好，不过，由于她家庭条件不大好，所以她生活非常简朴，平常总是省吃俭用。这些都被好朋友陈小娟看在眼里。陈小娟的家境很好，也很乐于助人。有一次，两人一起去逛街，在一家大型服装店里，她们看中了一件衣服。陈小娟毫不犹豫地买了一件，而宋丽虽然也很喜欢，但因为口袋没有钱，所以只能看看而已。陈小娟见状，便掏出钱包，豪气地说："怎么，你也想要吗？我知道你家里穷，买不起，但如果你喜欢的话，我可以买给你嘛。"说着，陈小娟就把钱交到宋丽的手上。当时，周围有很多人在，宋丽觉得非常尴尬，恨不得地上有个洞钻进去，所以，她生气地说："谁说我喜欢这件衣服了，我才不要呢！"说完，愤愤地跑回家，此后，再也不理陈小娟了。

　　在生活中你是不是经常会看见貌似陈小娟这样的人呢？本来是为助人，但是由于助人不当，非但没有增加自己人情账户的收入，反而还引起了别人的反感。不得不说，当我们在"施恩"时，千万别不小心弄成了"施舍"，两者虽然只有一字之差，却有天壤之别。

　　印度作家林中花讲过这样一个故事：一位名叫拉哈布·萨卡尔的

人，他自命清高，乐善好施。一个烈日炎炎的下午，拉哈布走在大街上，这时一个黄包车夫摇着铃铛来到他身旁，并问拉哈布是否需要坐黄包车。拉哈布看了一眼这位瘦得皮包骨的车夫，生起一种怜悯之情。于是拉哈布把自己要去的地方告诉了黄包车夫，并问要多少钱，但他却并没有上车，而是继续步行。黄包车夫非常惊讶地跟着他，随时等待这位先生上车。拉哈布到达了自己的目的地，转身给了车夫当初问价说的 6 个便士。车夫很惊讶，说："您并没有坐车啊！"拉哈布对他说："我知道你需要钱。"听了拉哈布的话，车夫很生气地说："我不需要你的施舍，因为我不是乞丐。"说完便拉着黄包车消失在大街的拐角处。

拉哈布想尽自己的能力帮助黄包车夫，他不该不坐车却给他钱。每个人都有自尊心，黄包车夫认为这样的做法是在侮辱他的人格，所以对此不屑一顾，愤怒拒绝。古语有云："饿死不食嗟来之食"，可见，在生活中，当我们感觉对方困难时，常会主动伸出援助之手，但人的性格各不相同，不要帮错了方式。对与那些自尊心极强的朋友来说，你乱施恩就有可能变成施舍，弄不好就会让人误会，导致别人的感情受伤害。

体操世界冠军张尚武退役后，生活窘迫到不得不在街头卖艺，大富翁陈光标知道后，邀请他到黄埔再生资源利用有限公司上班。在隆重的见面会上，陈光标向张尚武捐助了 8 万元，并当场宣布聘他为公司慈善部副部长职务，月薪 1.1 万元。可是，张尚武来到公司后，很多同事对此议论纷纷，明里不说，暗地里却笑话他是吃闲饭的。不久，张尚武在参加一档电视节目时，两名学者直指这样的招聘不合理，对其他员工也是不公正的，普通员工每月拿 4000 元，凭他见习期的工作，拿 1400 元就差不多了。张尚武非常难过，发微博说："我的尊严早就不知道丢到哪里去了，请问什么是尊严？"接着，在职还不到三个月的他递交了辞职信。记者问及此事，他说："陈老板的心愿是好的，希望帮助有困难的人，但是……希望他别这么高调吧，毕竟他是我的恩人，我也不想多说什么。反正如果是我，是不会直接拿着钞票晃悠的。"

社会上对陈光标先生高调的行善方式一直颇有争议，在这件事上他本来是充满爱心施恩于落魄的张尚武。但在安排工作时，陈光标不按公司常规，给他的工资待遇明显过高，如此高调的施恩，让人觉得带有施舍的意味。张尚武不愿由此背上沉重的心理负担，所以才愤然辞职。卡耐基说过："悄悄地帮助别人，别人一定心存感激。"是啊，朋友们，现实中我们应该多帮助别人，但别那么张扬，如果让大家都知道受助者是谁，受助者心里是不好受的。

有一位演员，在电视节目里偶然看到关于高一贫困女生的报道，便与母亲商量资助了该名贫困生。后来女生考取上海水产大学，演员依然让母亲负责学费并每月寄给她 500 元生活费。后来这位学生被辅导员指定为班长，接着又当了学生会干部，但是，演员的母亲要求她退出学生会，因为她认为一个穷孩子不适合那样做，因为当学生会干部后第一个月就用了 90 元电话费，花销太大。虽然女生做了很多解释，演员的母亲还是坚持自己的意见。于是，女生不得不背着她们当了学生会干部。可纸包不住火，演员的母亲知道这位女生隐瞒事实后，致电谴责她，还说连她养的狗都比她听话。这次谈话让女生刺激更大，她感觉对方让自己的人格受到侮辱和侵害，双方因此产生了纠纷，此后形同陌路。

善心为什么结出的是恶果？这位演员的母亲虽然是低调行善，但对受助者不尊重是主要原因。这种根源来自于施恩者认为自己施恩于人，别人就该心存感激，自己就有干涉对方生活的权利。其实，人人都有自己的人格尊严，没人愿意仰人鼻息地接受别人高高在上的施舍。朋友们，生活中有些人的确需要帮助，或者也渴望被帮助，但同时，他们更需要人格的自由。因此，我们不能因为施恩予人就以为自己多么了不起。

《菜根谭》说："施恩者，内不见己，外不见人，则千粟可当万钟之报。"的确，如果施恩不当的话，那就不是渡人于困厄之中的方舟，而是锁住灵魂的枷锁。朋友们，当我们充满爱心去帮助别人时，不要那么高调、不要苛求、不要胡乱施恩，否则，就可能适得其反了。

如何让对方轻松接受你的好意

人非圣贤，谁都难免会有自身的需求，可绝大部分人却不喜欢自己的需求被别人看透，更不喜欢被别人说出来。在谈话中，我们要从内心重视别人的需求，但在话语中，我们却应该尽量淡化别人的需求。

江云和岳晓玲是同事，一次部门领导想从他俩中选择一个参加公司总部举行的技能大赛。这是一个在全公司展示自己才华的好机会，刚进公司不到两年的岳晓玲十分想得到这个机会，以赢得大家的认可。而江云已经参加过几次，并取得了不俗的成绩，他想把这次机会让给岳晓玲，于是主动申请退出。岳晓玲知道后，说："江哥，你不是在主动让我吧？"江云却说："什么让不让的呀。你不知道，参加这个比赛需要投入巨大的精力，我最近任务比较重，再加上家里又有些事情，很难再分心准备比赛了。往年，咱们部门里技术过硬的人少，我不管多忙，只能硬着头皮上。现在，你的技术水平上来了，我高兴还来不及呢！"岳晓玲听后乐呵呵地去准备比赛了。

如果江云对岳晓玲说："我已经在技能大赛上得过多次荣誉了，参与不参与，对我影响不大。可你的技术水平刚刚显露，需要这样一个平台来赢得人们的认可，作为老员工，我让给你是应该的。"岳晓玲虽然也会感激他，可却很难接受。一来，谁也不愿意接受别人施舍的机会；二来，因为自己而使别人放弃了展现的机会，岳晓玲心里多少应该会有些愧疚感。而江云却在谈话中淡化了岳晓玲的需求，从自己的需求谈起，强调是岳晓玲使自己可以全心全意投入工作，岳晓玲自然会乐呵呵地接受江云的做法。懂得谦让是一种品质，可如果你直白地告诉别人你的谦让是为了成全对方的需求，只会令对方尴尬。

曾向法国文物部门捐赠总价值达1亿欧元的毕加索作品的盖内克讲述了这些画的来历：盖内克是一名装修工，曾帮毕加索装修过房子，并因此而和毕加索结成了忘年之交。那时的盖内克虽然很勤劳，但依然赚不到多少钱，生活拮据。毕加索想要赠送他一些自己的作品，让他拿去换些钱，以改善自己的生活。可他知道盖内克自尊心很强，不会轻易接受别人的赠予，于是说："我知道你对绘画并没有太多的兴趣，可你却是最应该得到这些画的人。知道吗，这些画是我为朋友而做的，在我晚年最孤独的时候，你一直陪伴我，是我最真诚的朋友，而这些画就是我们友情的最佳见证。"盖内克感动地接受了毕加索的礼物，并一直珍藏着。

毕加索想赠予盖内克一些画作，以改善盖内克的生活，如果他说："盖内克，你虽然工作十分辛苦，可所得依然有限。把这些画拿去吧，它们能卖不少钱。你不用感到不好意思，画这些画并不会花费我太多的时间，可对你来说却是一大笔财富，作为朋友，帮助你是应该的。"盖内克听后会是什么感想呢？他虽然也能明白毕加索的好意，可仍然会觉得自尊心受到了深深的伤害，那样会让盖内克觉得自己很无能。而毕加索却丝毫没有提到想要帮助盖内克的意思，反而从友情的角度出发，令盖内克接受了那些画。盖内克对毕加索的感情也更真挚了。想要帮助别人，也不要强调是因为别人需要被帮助，而应从感情的角度，多谈谈二人的情意，你们之间的关系才会更亲密。

多年前，正值壮年的李茂成由于生病，险些丧命，多亏了当时在广州某医院就职的名医袁常浩尽心诊治，并为他垫付住院费才使他保住了性命。多年后，年近八旬的袁常浩突然得了急症，卧病在床，儿女又在国外，无人照料。李茂成得知消息后，立刻动身赶往广州，担负起了照顾袁常浩的重任，以报答袁常浩当年的恩情。袁常浩说："虽然我以前帮过你，可让你这样照顾我，是我连累你了。"李茂成笑着说："你这是说什么呀。我的孩子都在城里成家了，老伴也去世了，只有我一个人孤零零地在农村生活，平时连个说话的人都没有。现在，我来了你这儿，吃的、住的条件都比在家要好。而且，咱老哥俩也能做个伴儿，没那么孤单了。再说了，说是照顾你，也就是一天给你做三顿饭的事，比我在家时还清闲。我是跑到你这里躲清静来了。"袁常浩听后，心理负担没那么重了，两人的关系也更融洽了。

如果李茂成说："要是没有你当年的救命之恩，现在我的坟上都长草了。现在为你做什么都是应该的。我再尽心尽力地伺候你，也报不了当年恩情的万分之一呀！"袁常浩老人听后仍然会觉得是自己拖累了李茂成，因而心理负担会更重，面对李茂成时也会感到愧疚。可李茂成却淡化袁常浩的需求，而是从自身年老孤独，两人可以相互做伴的角度说话，既让袁常浩感受到了自己的情意，同时也减轻了袁常浩的心理负担。滴水之恩当涌泉相报，但你也不要把为了对方而竭力报恩的话挂在嘴边。

在思考问题时，我们要始终关注别人的需求，只有这样你才能真心为对方考虑。而在说话时，特别是向对方提供帮助，表达自己的好意时，要淡化别人的需求，这样别人接受起来才会更轻松。如果总说"我是为了你才这样做的"之类的话，只会加重对方的心理负担。

第十三章

口语沟通
——做一个他人需要的交谈者

语言就是一架展延机，永远拉长感情。

——福楼拜

幽默的最高境界

有人说，幽默在构成、促进社会关系上是相当重要的。因为幽默是一种人际沟通的行为，其能促进人际互动、增进友情、亲密感及别人的赞同。幽默的重要性不言而喻，很多人也都乐于学习和运用幽默。不过，幽默不应该是简单的开开玩笑，而是一种高超的艺术。那幽默的最高境界是什么呢？

刘震云的作品一向以幽默风趣著称。有记者这样问他："读您的书，第一感觉是幽默，觉得很有意思，您觉得什么是幽默？"

刘震云答道："世界上有两种人，一种是有趣味的人，一种是没趣味的人。在有趣味的人中，又分两类，一种人一说话你就笑，另一种人他说时你没笑，出了门你突然又笑了。立刻笑跟出门笑又不一样，出门笑的是细节，立刻笑的是整体。前一种人说的是笑话，后一种人说的是幽默。还有第三种人，他说着说着把你说哭了，突然你'扑哧'又笑了。破涕而笑，啼笑皆非，说的就是这个意思。但这三种人，不是我向往的。对于幽默，还有第四种人，他说时你没笑，事后也没笑，但偶尔想起时却在心里笑了，叫'会心一笑'。这时你笑的就不是大海表面的浪花，而是海底深处的涡流和潜流。它们的根本区别是，前三种幽默笑的是涮语，是事件，幽默都在表面，如同秋风扫落叶，来势汹汹却不留痕迹。第四种幽默，它隐藏在事件深处，说的是事件背后的不同见识，就像雪山被雪覆盖着。前三种，笑完就完；后一种，保质期特别长，它能四两拨千斤。"

幽默一向被看作是只有聪明人才能驾驭的语言艺术，而自嘲又被称作是幽默的最高境界。由此可见，能自嘲者，必是智者中的智者，高手中的高手。

人际交往中，无意中冒犯了别人，面对别人的嘲讽或是愤怒，适时自嘲一下，缓和一下紧张气氛，把自己咯吱笑了，自我解嘲，以保住颜面；把对方也咯吱笑了，消除对方的对立情绪，以达到"相逢一笑泯恩仇"的效果。

魏晋文人刘伶是喝酒的高手，也是自嘲的高手。他瘦小干巴，其貌不扬，有一次喝醉酒之后，与人发生冲突，那人捋出袖子伸出拳头准备"修理"刘伶。刘伶也把衣服撩起来，不过他不是来动武的，而是露出狰狞可数的一根根肋骨，慢条斯理地说："你看看，我这鸡肋骨上有您放拳头的地方吗？"那人大笑着离开了。刘伶不但免了一顿皮肉之苦，还留传下来一段佳话。

自嘲也是解决尴尬的有效手段。在生活中，当别人有意无意地冒犯了你，把你置于尴尬的境地时，借助自嘲摆脱窘迫，是一种恰当的选择。自嘲，能使你的自尊心通过自我排解的方式受到保护，不至于失去平衡，并且还能体现出你的大度胸怀。同时也能缓和气氛，使身边的人和你一起摆脱尴尬的境地。

在某俱乐部举行的一次招待会上，一位服务员倒酒时，不慎将啤酒洒到一位光头宾客的头上。服务员吓得手足无措，全场人目瞪口呆地看着被洒了一头酒水、狼狈不堪的光头宾客。这位宾客却微笑着说："老弟，你觉得这种治疗光头的方法会有效吗？"在场的人闻声大笑，并纷纷向光头宾客投去了赞许的目光，尴尬局面即刻被打破了。

自嘲，也是一种谦让的手段。在一些场合，适时地自嘲一下，"贬低"自己，抬高别人，不仅能显示出你的谦逊智慧，同时可以制造宽松和谐的交谈气氛，拉近人与人之间的距离。

抗战胜利后，张大千从上海返回四川老家。行前好友设宴为他饯行，并特邀梅兰芳等人作陪。宴会伊始，大家请张大千坐首座。张大千说："梅先生是君子，应坐首座，我是小人，应陪末座。"梅兰芳和众人都不解其意。张大千解释说："不是有句话'君子动口，小人动手'吗？梅先生唱戏是动口，我作画是动手，我理该请梅先生坐首座。"满堂来宾为之大笑，并请他俩并排坐首座。

对于谁坐首座的问题，张大千先生采用一种自嘲的方式，"贬低"了自己，令人忍俊不禁。同时也巧妙地表达了对梅先生的敬意，当然也赢得了梅先生以及在座诸人的尊敬。

自嘲是幽默的最高境界，无自知之明者不能自嘲，缺乏自信者不敢自嘲，没有豁达、乐观、超脱的心态和胸怀，也无法自嘲。据说，美国一家公司的总裁，专门雇用那些能够自嘲、善于制造快乐气氛的人。他说："这样的人能把自己推销给大家，让人们接受他本人，同时也接受他的观点、方法和产品。"

心在言先，大辩若讷

生活中，有一些人总是滔滔不绝，可是他的话语中大多是无用的"垃圾语言"，人们对他也是避之不及；而有的人表面上不太爱说话，可往往能一语中的，人们总能从他那里得到有效的意见和建议，自然也就愿意和他交谈。

老子曰："大辩若讷。"意思是说，真正有口才的人表面上看上去嘴很笨，实际上，他们发言往往持重、审慎、言简意赅、言近而指远。这是因为，他们在说话的时候会先用心，用心倾听、用心观察、用心感受。

一次，一位植物学家参加一个宴会。很多人都想和他结交，然而，总是谈不了几句，植物学家就不耐烦了。这时，李晨走了过去，没想到，植物学家和他聊得很高兴，宴会结束的时候还向主人称赞李晨是"最有意思的谈话者"。

很多人问李晨是怎么做到的，李晨回答："其实和他谈话并不难，只要学会用心倾听就够了。当他讲到植物学时，我只是表现出了足够的兴趣和耐心听他的讲解。当他讲到植物净化空气的功能时，我还会请他讲解哪些植物最适合放在室内。然后，我就认真地听，认真地学，不懂的也会虚心地问。他真的是一个很好的老师，我对他的渊博知识很佩服，最后对他说真的希望自己能像他一样博学，真希望能和他一起到田野中漫步。"

李晨在与植物学家的交谈中，虽然没说几句话，却让植物学家觉得他是个善于谈话的人，这是因为他懂得适时讷言，认真倾听，这会让植物学家感到他对植物学的兴趣，同时也感受到他对自己的尊敬，从而把他引为知己。最后，认真倾听后的李晨言简意赅的几句赞美，正好说到了点子上，表达自己由衷的敬意，增进了双方的友谊。

面对新朋友或者自己不熟悉的话题时，与其夸夸其谈，不如用心倾听。因为，用心倾听不仅能让别人感受到你的尊重，还能使你更加了解对方，只有在了解后，你才能一语中的，说到对方心里。

卡耐基小时候是大家公认的非常淘气的"坏男孩"。

在他9岁的时候，他父亲把继母娶进家门。他父亲一边向继母介绍卡耐基，一边说："亲爱的，希望你注意这个全郡最坏的男孩，他可让我头疼死了，说不定会在明天早晨之前就拿石头扔向你，或者做出别的什么坏事，总之让你防不胜防。"

继母并没有马上回答，而是用心地观察着卡耐基，她发现，卡耐基的眼睛在滴溜溜地转，仿佛一脑门子都是点子。于是，她微笑着走到卡耐基面前，托起他的头看着他。接着又看着丈夫说："你错了，他不是全郡最坏的男孩，而是最聪明、但还没有找到发泄热忱的地方的男孩。"

本来对继母有抵触情绪的卡耐基被继母一句话说得心里热乎乎的。就因为这一句话，他开始和继母建立友谊。同时，也开始改变自己，积极向上地学习和生活。终于，他成为了20世纪最有影响力的人物之一。

卡耐基的继母并没有急着发表意见，而是用心地观察，找到了卡耐基与众不同的地方，而后，她一语中的，改变了卡耐基的一生。在谈话中，我们很多人总是急着发表意见，而忘记了对事对人的观察，殊不知，很多愚蠢的语言都是因为观察不够才说出来的。只有用心观察后，才能对事物、对人有更深层次的了解，才能形成正确的观点，也才能说出更适合、更能打动别人心灵的话语。

伍勒是美国第一位音乐经理人，他与世界上的一些著名艺术家打了22年的交道。艺术家们大多性情无常、脾气古怪多变，伍勒却应对得当，使很多矛盾化解于无形之中。

有一次，低音歌唱家却利亚宾在演唱会当天中午打电话给伍勒，说："我现在觉得很不舒服，我的喉咙破得不像样子，今天晚上我不能唱歌了。"

伍勒心里有些着急，但并没有表现出来，更没有与却利亚宾进行争辩，只是静静地放下电话，来到却利亚宾的旅馆，关心地询问他的喉咙的情况，然后用心倾听着却利亚宾的絮叨，并感受着他的痛苦，然后惋惜地说："我可怜的朋友，你不能唱了，我会立即取消这次演唱会，那样只会花费你两三千块钱。但与你的名誉相比，这些钱算不得什么。"

却利亚宾开始犹豫了，他对自己的名誉也非常看重。后来，伍勒又答应他，会告诉观众，说他患了重感冒，嗓子不好，请观众谅解，却利亚宾终于答应了按时演出。

伍勒面对却利亚宾的临时变卦，没有向却利亚宾讲不如约演唱的严重后果，更没有指责却利亚宾这样做给自己带来的不良影响，只是静静倾听却利亚宾的抱怨，用心感受他的痛苦，然后从他的角度给出意见和建议，最终说服他上台演出。生活中，当别人的意见与我们相左时，我们往往会滔滔不绝地同对方说理辩论，但大多数情况下，效果并不好。如果我们能换位思考，用心体会对方的感受，往往能说出最符合对方心意，也最有利于事情解决的话，不但不会刺伤对方，还会增进双方的友谊。

大辩若讷，讷并不是因为没有口才，而是因为我们在用心倾听、用心观察、用心感受，以求增加对人、对事物的了解，提高认识，最终形成正确的、最适合这个场合的观点和想法，有了这些观点和想法的指引，我们才能说出最打动人心、最有见地的语言。要想做到大辩若讷，首先要把"心"放在"言"的前面，学会用心倾听、用心观察、用心感受。

做一个他人需要的交谈者

　　一个受人喜爱的交谈者，一定是别人所需要的，而不是那些自说自话，或者自以为高明的家伙。一个人纵使有着广博的知识，如果不懂得别人的需要，不联系别人的实际，谈话的结果就成了"对牛弹琴"，毫无益处。因此，在与人沟通时，我们不但要说话，还要会说话，应该说别人正需要的话。

　　李娜之前有个教练是丹麦人莫滕森，两人合作了很长时间。2011年，李娜在莫滕森的帮助下，不但获得了澳大利亚网球公开赛亚军，还获得了法国网球公开赛冠军。可是，在接下来的温网比赛中，李娜的表现不尽如人意；美网，李娜的发挥更是失常，首轮即遭淘汰。一向以善于鼓励著称的莫滕森对此颇有微词，在比赛中，屡屡向李娜抱怨说："李，你那球怎么可以这样打呢？这明显是不对的……李，你为什么都不按照我说的做？这样下去你只会一直输下去的……你最近是怎么了，为什么状态会如此之差呢？……你是怎么了，李，你那球打得太糟了。"输掉比赛的李娜，本来已是非常痛苦，再经莫滕森一打击，愤怒之火也就出来了。有一次，李娜终于和莫滕森吵了起来。最终，两人在中网比赛前夕，宣布"分手"。

　　李娜输掉比赛，一定会感到无助和苦恼，这时候的她，最需要的是大家（尤其是作为教练的莫滕森）的关怀。可是，莫滕森却非常不恰当地抱怨李娜打得如何不好，如何不应该，导致李娜终于和他吵翻，最终两人分道扬镳。在现实生活中，我们也要记得，当他人遭受困境的时候，他们最需要的绝对不是你的抱怨，而是你真心的关怀。因为抱怨只会让朋友本来难过的心情更加难过，而关怀则会让人振作，会给人动力，这样，朋友自然也就更加信赖你。

唐朝时，王叔文是太子身旁的一个跟班，地位很低下。有一天，太子的官员们聚在一起讨论政事，谈到了当时在宫内设立市场的弊病。

太子说："寡人已经拟好奏章，正想去劝谏父皇，你们觉得如何？"太子拿出奏章给众人看，面色颇为得意。

众人看了，齐声叫好，大赞太子眼光长远，卓识不凡。只有王叔文不说话，面有忧色。

众人退下之后，太子单独留下王叔文问原因。

王叔文郑重地说："太子的职务只在服侍皇上用餐与问安，不应该参与职权以外的事。皇上在位已经很久了，你表现出如此之大的热情，如果其他皇子在陛下面前告你这样做时为了收买人心，那你要怎么解释呢？"

太子大惊，哭着说："没有你的提示，我怎么会知道这种事？"从此非常宠信王叔文。后来太子即位，王叔文权倾一时。

太子以为自己的见解非常高明，于是就想向皇上进谏。但是如果真去了的话，那只会影响他的前途。此时的太子，雄心万丈、热情高涨，所以，太子正需要的就是能让他明白利弊的话，而王叔文就是这样做的。他没有像其他的下属一样为讨领导的欢喜，对领导的言论、举措高唱赞歌，而是深刻地指出太子的错误，让太子明白事理。最终他挽救了太子，太子怎能不赏识他呢？可见，我们说的话，必须对他人负责，而不是为了讨他人喜欢，一味地阿谀奉承。

林伟和陈民同在一家电子厂上班，关系很好。一天，林伟气冲冲地跑来对陈民说："太气人了，老总天天就知道找我的茬儿，刚刚又说我的那个设计有问题。气死我了，我顶多不干走人得了，但是就算我走了，我也不要他好过，我非得找机会教训一下他不可。"陈民马上劝说："兄弟，老总没有你说得那么坏吧？你千万别乱来。"脾气火暴的林伟不满地说："你还是不是我兄弟，怎么胳膊肘往外拐？帮他说好话，却不帮我？"陈民说："兄弟，你说老总老是找你的茬儿，可老总为什么每次还找你做设计啊？这说明老总信任你才对。没错，老总是说你的设计图有瑕疵，可你也要想想他说的对不对？他这样对你严格要求是坏事吗？如果老总对你不管不问、漠然处之，那才可怕呢。"林伟觉得陈民的话不无道理，终于慢慢冷静了下来。

陈民虽然和李伟是好朋友，但他没有"仗义执言"，没有为朋友说好话，而是及时阻止了他，让他先冷静思考老总是不是真的对他不好。当林伟意识到自己的做法不明智后，陈民的劝导就见效了。因为人在冲动的时候是不受理性支配的，所以非常容易做出错事。作为朋友，我们千万不能为了讲义气，不分青红皂白，就给予声援，那只能是火上浇油，害了朋友。我们应劝人冷静，理智分析整个事实。只有慢慢疏导他，他才易于接受。

常言道，有理走遍天下，现在看来，并不尽然。只有那些满足别人需求的"理"，才能让人听得进去，也才能让你成为一位真正的语言大师。

巧妙引导，让别人说"是"

与人交谈中，谁都希望对方接受自己的观点，但是你的意见或建议，别人如果不同意、不接受，那该怎么办？继续无休无止地争辩吗？那样往往会使事情更糟，如果你能让对方说"是"，效果会更好。

有一年，于丹到青岛招生，发现一个叫崔延杰的好苗子，就鼓励他报考北师大，并说："来做我的学生，我在北师大等你啊！"可是高考前崔延杰病了，动了手术，最终没考上大学。第二年的三月，艺术类考试又开始报名了。可崔延杰却没来报名，于丹打电话来问，崔延杰回答："我模拟考试成绩不理想，考北师大对我来说太难了，我不想报名了。"于丹对他说："你的想法也有些道理，有的时候困难太大或者对手太强，我们会退却也情有可原。"崔延杰点头称是。于丹接着说："可是我们自己并不比自己更强大，你说是吗？"崔延杰虽然有些不解，但还是回答"是的"。于丹语重心长地说："孩子，打仗不是不能失败，而是不能败给自己，败给对手并不丢人，可如果败给了自己，那你将来就很难再有赢的机会。"崔延杰听后深受触动，赶紧跑去报名，并在之后的三个月里发奋努力，最终以全院总分第一的成绩考上了北师大。

我们可以想象，如果于丹直接批评崔延杰懦弱会是什么效果，恐怕早把他吓跑了。可于丹不是这样，她先是赞同了崔延杰，随后话锋一转，用"人不能败给自己"这个大家都熟知并且认可的观点引导崔延杰认识到了自己的错误。生活中，当遇到不同意见或者质疑时，不要忙着争辩，不妨先赞同对方，打消抵触情绪，而后再用一些大家都认可的观点引导对方说"是"，最终说服对方。不过要注意的一点是，赞同对方只是你的一个策略，而非你的最终目的，千万不要被对方牵着鼻子走。

林森是学服装设计的，他很想成为一位著名服装设计师的助手，可那位设计师只看了一眼他的作品便断然拒绝："你的作品完全不是我们所需要的风格。"林森没有气馁，一天他带着自己的一幅作品找到服装设计师，说："早就听说您是一位很热心的人，对于新人的求教总是耐心给予指点。这是我的一幅作品，还有很多不足的地方，希望您能指点一下。"服装设计师点点头，而后耐心看了一下他的作品，指出了其中一些不妥的地方。林森回去后认真按照服装设计师的要求修改，又把作品拿过来给设计师看，这次设计师说："还可以。"

林森马上接着说："您看，这幅作品在您的亲自指点下还是挺符合您需要的风格的，不是吗？"设计师说："是的。"林森接着说："因此可以这样说，我之前的作品不符合您的要求，只是因为我对您了解较少，在您的亲自指点下，我很快就有了进步，所以我觉得，如果能成为您的助理，我一定能拿出令您满意的作品！"服装设计师点点头，说："明天来上班吧。"

林森为什么能让设计师说"是"呢？因为他摆出虚心求教的姿态，了解了设计师的需求，并按照他的意图行事，自然会得到设计师的认可。在生活中，我们无法令对方说"是"往往是因为我们并不了解对方的意图。如果我们能摆出虚心求教的姿态，一方面可以令对方感到尊重，降低对我们的抵触心理，另一方面也可以通过求教了解对方意图，这样才能根据对方的需求，说出可以令他说"是"的话。虚心求教，看似是把自己放在了学生的地位、放弃了主动权，而事实上你却通过这种方式掌握了对方的心理，掌握了话语的主动权。

某部门要招聘一名公务员，最终有三人进入了面试阶段。最后的题目是：规划开发区的一个十字路口。前两个人的方案都很漂亮，除了红绿灯外，都有环形的绿化带，整个十字路口被郁郁葱葱的树木掩映着，给人一种清爽的视觉享受。而第三个人的方案单调而简单，连一棵树都没有。

考官们觉得第三个考生该被直接淘汰。不料第三个考生说："在招聘简章上，单位要求考生要善于思考、实事求是，我想各位考官出这个题的目的是想要一个最实用的方案，而非一个最漂亮的方案。"考官们点点头说："是的。"这名考生接着说："我曾经在十字路口的转弯处观察过，郁郁葱葱的树木虽然好看，但却很容易遮挡司机的视线，从而造成事故。各位考官都是从事交通工作的，我想，在你们从事这项工作时，一定是把司机和路人的行驶安全放在第一位的！"各位考官再次点头，最终这位考生被录取。

如果第三位考生一开始就陈述自己的设计理念，估计效果会逊色很多。但他先从招聘要求说起，从对方的观点出发，引导考官们认识到自己的设计方案的意义，使考官们说"是"，最终赢得面试。与人谈话时，我们不妨站在对方的立场，从对方所持有或者赞同的观点出发，这样一方面会使他们感到与你的观点相同，从而拉近你们的距离，另一方面，这些观点本身就是他们所赞同的，因而由此引申出来的道理也更容易让他们说"是"。

从本质上讲，令别人说"是"，是一个说服他人、统一观点的过程，它的核心在于，不要通过硬碰硬的辩论来达到目的，而是通过先赞同对方、以退为进的迂回策略说服他人，避免了激化矛盾的尴尬，又巧妙地达到目的。

可别这样劝说别人

当实践劝说技巧时，我们表达的是我们真诚地认为真实的东西。我们不是要利用听者——我们想让其成为信息的受益者，而不是受害者。我们与听者分享我们在得出结论过程中使用的依据、推理和逻辑。我们知道，听者有选择接受或拒绝我们所说的话的权利。如果我们做了某些事情，剥夺了他们的这种选择权，我们就是在使用错误的手段，而不是在进行劝说。

史密斯太太对史密斯先生说："你的宝贝女儿露西，喜欢上了镇上那个小混混。我劝过露西很多次了，但露西根本不听我的劝。我想，你有必要去劝劝她了。"史密斯先生听后，立刻来到露西的房间，对露西说："你知不知道你喜欢的那个家伙是个不务正业的小混混？他的臭名声差不多传遍整个小镇。我不希望我的女儿被别人说三道四，更不希望你将来不幸福。我不允许你跟这样的家伙交往，绝对不允许。从明天开始，你不能再跟他出去玩了。他要再敢夜里偷偷来找你，我发誓我会打断那家伙的腿。"露西听了有点害怕，当时确实服从了，但当史密斯先生出差之后，露西又跟那个家伙黏在了一起。

强迫是让别人做你希望他们做的事，是使用武力或威胁让他人服从。一般情况下，听者会起逆反心理，不会接受你的劝说。当然，在压力下，他们可能被迫按照被告知的方式行事，不过一旦威胁解除，他们通常会恢复从前的行为模式。他们遵照你的意愿不是因为你提供了有说服力的依据，而是因为他们害怕不这么做产生的后果。强迫不是劝说，而是权力的实施。如此，当然也就无法起到理想的劝说结果。

大卫大学毕业后，想着周游欧洲各国。但是，老杰克可不想自己的唯一继承者这样浪费时间。不过，各种劝说对大卫起不到效果。后来，老杰克说："大卫，我希望你现在还是别去旅游了。来我的公司上班吧，我会给你安排一个轻松的活儿。而且，这和你的梦想不会有任何的冲突，因为公司现在跟欧洲的一些国家也有很多业务合作，你以后出国旅游的机会也很多。"大卫很兴奋地接受了老杰克的安排。可是，一段时间后，大卫发现，父亲的公司根本没有跟外国有合作。原来，一切都是老杰克为了劝说儿子来公司上班的谎话而已。大卫一气之下，扔下工作就周游欧洲去了。

欺骗是改变人们想法和行为的另一种方法，这种故意说谎的行为当然不属于正当的劝说技巧。欺骗意味着在你知道讲真话不起作用的时候歪曲事实或夸大说辞。这不符合劝说的定义，因为这否定了接受者在正确信息基础上进行选择的能力。当人们意识到受骗时，他们不仅会拒绝相信你说的话，而且会抵制你为了影响他们而作的所有努力。

刚开始时，大家觉得亨得利是一位出色的推销员，因为他总是能说服新顾客购买他的图书；但渐渐地，大家就发现亨得利是一位低级的推销员，因为他总是无法让他的顾客再次购买他的图书。原来，亨得利的推销方式是这样的："你好，你现在不想剥夺你的孩子在教育上应该的所有有利条件吧？你也不想孩子输在起跑线上吧？您看，有很多的孩子已经拥有了这本我们公司推出的百科全书。家长们也都认为这本书对孩子的帮助是巨大的。所以，给你的孩子买一本书吧？它将让你的孩子学到更多的知识，让孩子变得更加聪明……"

操纵是一种为了得到想要的东西而采取的迂回战术。它是靠罪恶感、羞耻感、恐惧感或义务感等情绪上的不安全感实现的。被操纵的人在可以选择的情况下，是不可能接受你的劝说的。当然了，虽然不情愿，但出于某些考虑，也许还是会服从，不过他们在这么做的时候是非常看不起自己的。因为这是一种操纵手段，其目的是销售，而不是满足顾客的需求。

　　查理老板最近很苦恼，他不知道该怎样激励员工莎莉小姐的学习热情。查理希望员工能够为自己分担更多的职务，因为他特别安排了员工去做职业培训。但莎莉小姐并不怎么重视这个提高自己的机会。查理坐不住了，他把莎莉叫到办公室说："莎莉小姐，现在公司的培训课，我听说你上得不怎么样啊。我要你好好学习这些专业知识，将来工作可以更有效率啊。如果你听我的话，按照我说的办，把专业培训课上好，我会提高你的周薪的，你学得越好周薪就会越高的，我保证。"莎莉小姐听过这番话后，的确很认真地对待培训课了。查理也兑现承诺给她加薪了，但令他没有想到的是：经过培训之后的莎莉小姐，工作效率上并没有任何的提高。——很显然，莎莉小姐只是为了加薪而认真学习的，而不是为了提高工作效率。

　　贿赂是指在谈话中，怀着得到某种好处的想法送出礼物。这可能是影响他人最简单的方法，不过这种方法真的行得通吗？未必。行使贿赂的人使用的是见不得人的手段，而不是劝说的方式，这往往就会让原来的意愿无法实现，甚至适得其反。为什么？因为接受贿赂的人做选择的根据是个人利益，而不是建议本身的价值。总而言之，听者并不是真心听你劝说的。

　　劝说，就是劝人从事某事或使其对某事表示同意。心理学家认为，要争取别人赞同自己的观点和主张，光是观点和主张是正确的，还不够，还要掌握微妙的劝说技术。真正的劝说，可以不需要技巧，但一定是要建立在真诚的基础上。只有让听者心甘情愿地接受你的观点，你的劝说才有意义。强迫、欺骗、操纵、贿赂——这些可不是劝说的好方法，请大家切记。

聪明人不听黑话

有人说，什么话都不听的人是混蛋，什么话都听的人是笨蛋；现实生活中，很多人会跟我们谈话，但有些话，我们却是万万不能听信的，比如黑话，暗话。古语云：明人不说暗话，意指光明正大者，当直言所思，拒绝拐弯抹角。然而，一个拥有智慧的"明人"，不但要做到不说暗话，更应该做到不听暗话。

秦二世胡亥即位后，天下大乱，到处都是起义军。这时，赵高对胡亥说道："陛下呀，我觉得你不要上朝了。原因有二，第一，所谓天子贵者，就是少让臣下听到你的声音，难得让臣下见上你一面。你整天在朝上被一大堆人围着说东道西，简直就是管家婆，你哪还有尊贵可言呢？第二，你年纪还小，还有很多事不懂。你不能不懂装懂被下臣看出你的短处，那样面子就不好搁了。我建议你还是多享受生活，大臣们要向您汇报工作就以书面文件送上来，我找几个得力助手帮你摆平，为你出好主意你再定夺，这样就不会出差错，大臣们对你的才能就会心服口服不会有所怀疑。"胡亥听后，当即高兴得差点儿飞起来，他如释重负地把天下那堆积如山的烂事交给赵高，就乐颠颠地跑后宫去捉鸟玩马去了。

赵高出的这馊主意明显是教唆胡亥丢掉一国之君的责任，因为皇帝不上朝不理朝政，天下一大堆事谁来管？可笑的是，胡亥却偏听偏信，按照赵高的话去做。在他看来，自己不理朝政，不但可以忽悠朝上那帮智慧超群的大臣，而且还不必整天为国家操劳，白白浪费及时行乐的美好光阴。赵高说出这种荒谬绝伦的话，胡亥都听信，说他是笨蛋实在不为过。

胡志飞是杂志社最尽职尽责的一个文字编辑，还经常到各个部门帮忙，学做发行，又学做广告。这天，胡志飞又找到美编陈晓，希望她教自己排版。陈晓却不屑地说："排版有什么好学的？你看我做美编都做了这么久了，一个月就那点钱。"胡志飞说："正因为咱们做的工作少，所以才不会有什么发展。我就想什么东西都学一点儿，相信这对将来百益而无一害。"陈晓说："你一个文字编辑学那么多干嘛？那可是主编才做的事！你是没事闲得慌吧？"胡志飞听了很不舒服，心理琢磨："你这么说是什么意思？是说我当不了主编吗？为什么我就不能？"从此以后，胡志飞更加努力地学习各种专业知识。没过多久，杂志社新出一本刊物，在主编人选上，领导马上想到了胡志飞。

胡志飞想学更多知识是正确之举，而陈晓却叫他不用学，觉得那不是他分内做的事，乍一听，貌似有理，可是仔细想想，这是在贬低人啊，因为这潜台词里不是说胡志飞当不了主编吗？生活中，消极负面的黑话暗话，经常会令你躺着中枪。你要是听信了这些话，思想上就会受其影响，积极性就会降低。而一个聪明之人，只当暗话是微风拂面，莫使其长驱直入。

一天，美国影星皮尔斯和老友盖德在酒吧喝酒。皮尔斯说："上次我跟你喝酒喝醉了，回家后，老婆竟然骂我是一个混蛋酒鬼，我气不过，跟她大吵了一架。没想到，现在她竟然还要跟我提出离婚，太不像话了。"盖德对他说："如果男人喝点酒女人也要管，那男人还要不要活了？要我说啊，这样的女人不要也罢。"皮尔斯一听这话，心里很不是滋味：我喝醉酒跟老婆吵架，明显是我不对，我自己情绪激动，不肯认错，你作为朋友，怎么还想让我一错再错啊？皮尔斯终于明白不能和盖德这样的人交往，他当即回家跟老婆道歉并保证从此戒酒。而戒酒之后的皮尔斯，作品一部接一部面世，创造了自己的辉煌。

皮尔斯幸而没有被盖德的话冲昏头脑，否则人生可能从此得改写。俗话说，择良言三四，探其究竟，方可成好事一二，利人利己。说着是理想至极，做着却难臻此境。暗语流言，绕来绕去，刻意要你在其中迷路。常备心灵的指南针，入迷境，也可快速寻得出口。这需要你，拥广博见闻，纳经典之章，察人情世故，懂科学真理。暗语来时，才能拆其招、见其本；有些虚空捏造，便一笑处之；有些改头换面，当拨云见日；还有的声东击西，更该心领神会。

暗话常有，若无半点积累，凡事没个主见，来一句，信一句，摔别人摔过的跟头事小，踏别人设计的圈套事大。被人卖了还在替人数钱，天天嚼着暗语假言，既没营养，更是毒素，陷入别人言语的囹圄，沦为失去思想的囚徒。由此可见，拒绝听暗话的人才算得上是"明人"。

第十四章

化敌为友
——狭路相逢，让者胜

一旦交上了朋友，就不要轻易抛弃。

——梭伦

失去朋友时，请算笔"经济账"

生活中，很多人都是精打细算，买什么东西都喜欢算笔经济账，看看值不值。交际中，你算过"经济账"吗？特别是当与人闹僵时，如果你也能算笔经济账，算算投入产出，那么就会更清楚自己的做法"值不值"。

小 S 和曾宝仪同为女主持人中的佼佼者，二人本是朋友，却因为一些小事而将关系搞得很僵。闹僵之后，曾宝仪曾一度感到十分困扰。因为，娱乐圈其实很小，她的很多好友和小 S 的关系也十分密切，而为了照顾她的情绪，朋友们和她聊天时总是小心翼翼，绝口不提小 S。一次，她本想参加一个活动，主办方也是她的好朋友。她打过电话去，对方却支支吾吾不肯答应，细问下才知道，原来小 S 也会到场，朋友怕她们见面尴尬。她也只能无奈地放弃。

后来，两人共同的朋友阿雅请客，二人意外相遇。曾宝仪鼓起勇气说："我们和好吧。我们总这样僵持，连朋友也为我们不开心。"而小 S 也笑着说："我早就有这样的想法了，我们浪费了太多的时间来恨对方，太不应该了，以后再也不用从电视知道对方的情况了。"两人终于冰释前嫌。

遥控器不值钱，可如果丢掉了，电视看起来就会很不方便，所以，遥控器其实是电视机的一部分，你丢掉了就会因小失大。生活中，也许你会觉得某一个人并不重要，即使绝交影响也不大。事实上，每个人的交际圈子是一个有机联系的整体，你与其中的任何一个人闹僵了，会影响到你与其他人的关系。比如，曾宝仪与小 S 闹僵，受影响的不仅是两人，她们共同的朋友也会跟着尴尬，而且还为了避开对方而错失了很多登台做节目的机会。俗话说，"多个朋友多条路"，生活中，当你失去一个朋友时，你同时失去的还有一条与他人交往的路。

陈羽凡和胡海泉合作多年，两人在音乐上取得的成绩令人钦佩，而两人的友谊也为人们所津津乐道。其实，他们也曾闹过矛盾。一次，两人因为在音乐上的一些分歧大吵了一架，不欢而散。胡海泉气呼呼地回到家，大声说："陈羽凡简直太不可理喻了，我再也不想和他合作了。"父亲听到了胡海泉的话，问他道："你和羽凡认识多少年了，合作多少年了？"胡海泉一愣，父亲接着说："你们一起合作这么长时间，经过无数次的磨合，才有了今天的'羽泉'组合，要因为一点儿小分歧就放弃吗？"胡海泉一时不知道说什么好，父亲又说道："音乐上的合作还在其次，你和羽凡是这么多年的好朋友，他为你做过很多事情，你为他也付出了不少，就因为一点儿分歧就不合作了，值得吗？你要再找一个性格如此合得来，合作又如此默契的伙伴，还能找到吗？"胡海泉听完这一番话，幡然醒悟，他明白了，和两人多年的友情比起来，这点小矛盾根本不算什么。他连忙给陈羽凡打电话，两人和好如初。

你会因为不喜欢扣子的颜色，而丢掉一件花了几千块钱买的大衣吗？当然不会！可在交际中，我们却很可能会犯这样的错误。两个人能成为朋友，往往是经过了长时间的磨合，双方也会付出很多心血，才能换来真挚的友情。可有些人，却因为一点点的不如意，就与朋友大吵大闹，甚至闹到要绝交的地步，这与因为不喜欢扣子颜色而丢掉大衣有什么区别呢？当与朋友闹矛盾时，不妨算笔"经济账"：你花费了那么长时间、那么多心血才换来这样一份友情，现在因为一点儿小事而绝交，值得吗？

董超和马跃同在一家公司做中层，二人性格互异，有一段时间关系搞得很僵。马跃四处诋毁董超"不懂业务，靠溜须拍马升到现在的职位"，还在老总面前告董超的黑状。可当老总问起董超对马跃的看法时，董超总说："马跃确实有一些缺点，但对公司十分忠诚，而且个人能力极强。"

别人问董超："马跃四处诋毁你，你干吗还说他好话？"董超笑着说："他诋毁我，如果我也诋毁他的话，那他会更猛烈地还击，诋毁我的话会更难听；而现在，我实话实说，还称赞他，他总不好意思老是骂我吧。诋毁他，我得到的是更多的诋毁；称赞他，他对我的诋毁会越来越少。该怎么选择，这个账还算不过来吗？"马跃听到这些话后，深感惭愧，果然改变了对董超的态度。而老总听到这些话后，也对董超的大度大为赞赏。

如果你去逛商场，花了很多钱，买来的却是一件使自己看上去更丑的衣服，你会花这冤枉钱吗？董超就懂得这个道理，他明白，自己如果费尽心力去诋毁、打击马跃，得到的只是更多的诋毁与反击，这样费力不讨好的事情他怎么会做呢？而实话实说，甚至称赞对方，则会使双方关系得以改善，这才是对自己有利的。当与别人闹僵时，诋毁甚至是打击对方是最不可取的做法，因为这不仅会花费你很多心力，而且除了泄一时之愤外，你得不到丝毫的益处，甚至会招来对方更猛烈的反击，也会使其他人看到你狭隘自私的一面，如此有百害无一利的事情，你会做吗？

与人闹僵时，算算投入产出的"经济账"，你会发现，失去一个朋友你的损失将十分巨大，甚至是无法弥补的；而尽力修复关系，你需要付出的并不多，也许只是一句"对不起"，而你所受到的益处却是无穷的。

跳出交际窘境的妙法

复杂多变的交际场，有时候会因一些小摩擦陷入窘境，致使自己与交际对象的关系小有紧张，甚至出现严重对立。这当然不是我们所期望的。那么，一旦窘境不期而至，我们如何才能跳到圈外，避免受其困扰呢？

交际场上的磕磕碰碰总是无可避免的。如果你不慎冒犯了他人的利益或尊严，对方又很在意，你们的关系就很难说不进入窘境了。要想尽早地摆脱窘境，使双边关系重归于好，你最好用"道歉"做跳板，从这个圈子里跳出来。

在某公司高管会议上，总裁建议裁员四分之一，以应对金融危机，并吩咐秘书起草文件报董事会。年资较浅的副总裁邢菲却表示反对，她说裁员是应对金融危机的下策，不可取。为员工适当降薪，既可以保存企业实力，又可以保住员工的饭碗，这才是上策。总裁对邢菲的意见很反感，当着团队其他人的面对邢菲说："呦呵，你算老几啊，也敢和我说三道四！'下策'怎么了？'下策'如果不能被批准，我照样有'上策'可以拿出来。你的'上策'不批还拿什么？小小年纪，怎么可以在公司遇到困难时说反对话！你智商有问题啊？"邢菲并未屈服，仍然与总裁据理力争。团队的其他成员，多数与邢菲的意见一致。总裁见自己成了大家的对立面，很窘。心想："邢菲的'高招'确实是高，我端着架子硬撑，还贬损人家人格，多降低自己威信啊？"于是便自找台阶说："通过争论，我觉得邢菲的提议很有分量，比我想得要周全，因此，我的提议收回，就依邢菲了。刚才争论的时候，我说了人身攻击的话，对不住邢菲，愿意接受批评。我们要赶快把这个意见形成文案，报董事会。"说着，总裁向邢菲行了鞠躬礼，顿时引来大家的掌声。

总裁在高管会上，对持不同意见的邢菲进行压制和人身攻击，万没想到自己竟成了大家的对立面。为了摆脱窘境，聪明的总裁毅然放弃自己的观点，踩着"道歉"的跳板，只轻轻一"跳"，便赢得了掌声。一个人对他人有所冒犯，放下架子与人道歉，是一种变被动为主动，使自己走出窘境的大智慧。

"木秀于林，风必摧之。"你处处比人高，样样比人强，必然是大家嫉妒的对象。受人嫉妒不是自己的错，但嫉妒你的人多了，自然会给你带来压力。跳出这种窘境也有一块踏板，那就是向嫉妒你的人示弱。

鲁杰从国内某研究所毕业，他头脑灵活，又一表人才，年纪轻轻就做了一家外商公司研发部的经理，就连老吴和刘姐这两名响当当的资深副经理，都要听他的调遣，这让他不得不把大部分时间和精力都投入到工作上，其表现深得老总的肯定。可时间不长，问题就出来了，研发部的工作成了他的独角戏，两名副经理很少主动配合。老吴说："你年轻，有魄力，红得都发紫，就多干点呗。"刘姐也讲过类似的怪话。鲁杰心里明白，他们说这类话是嫉妒自己的位置，长此下去，研发部的工作必定受到影响。于是他便公开声称："吴经理是我的长辈，和我老爸年龄差不多，他参加工作的时候我刚上幼儿园，他的话我敢不听？""别看刘姐是女的，那是巾帼精英，跟刘姐在一起工作我只有向她学习的份儿。"鲁杰不仅在语言上示弱，有了成绩，有了好处，首先把两位副手摆在上首，自己甘做下位。没有多长时间，大家见鲁杰并不可畏，就不拿他当对手了。之后，研发部的工作便出现转机。

同事心生嫉妒，不是怪话连篇，就是消极怠工。鲁杰知道这是自己能力太强造成的。便在辈分、能力等方面找理由向对方示弱。在"成绩"和"好处"上，宁可放低自己，也重捧对方。最终使对方没有了嫉妒的理由。人际交往，遭遇嫉妒重围，如四面楚歌，窘境十分难堪，若是踏着"示弱"跳一跳，便可轻松脱离窘境。

人与人缺乏了解，便容易发生误会。如果人们对你的误会较多，较深重，足以影响到你的生活和工作，让你左右交困，那就该算一种窘境了。跳出这种窘境的踏板很简单，那就是让对方了解实情。

林洁在一家广告公司供职，她的工作任务是跟客户沟通，之后再向分管设计制作的同事完整地传达客户的意图。一次，设计员老李休病假，把刚接手的一个项目就转给曹丽丽了。这之前，客户曾调整过产品意图，可交接工作时，恰恰把这一点给忽略了，导致曹丽丽按照调整前的方案设计，结果产品出来后客户不买账。林洁不得不把自己的质疑和客户意见反馈给曹丽丽，要求她重做。曹丽丽觉得林洁是在故意刁难她，便发了火："你这人怎么能这样？我是按照老李交代的客户意图设计的，一点儿差错都没有，客户不满意怎么了？拿客户说事，不怕！别见我脑瓜软就想随便捏，告诉你，让我返工没门儿！我要找老板投诉你拖延工作进度，哼！"曹丽丽这一嚷嚷，引来了一大片视线，任林洁再怎么解释也不灵了，让她非常被动。

后来，林洁觉得和曹丽丽硬扳，只能是越扳越僵，她便找到休假回来的老李，让老李和曹丽丽重新核对方案，结果老李承认交代手续时，把客户调整意图的事给忽略了，所以才让曹丽丽出了大错。这个谜底一揭开，曹丽丽的误会立刻就云消雾散了。

曹丽丽接了别人手中的项目，由于交接的疏漏，导致客户对产品不买账，林洁找她谈话，她竟然认为林洁故意为难她，对林洁大吵大闹，又不听解释，令林洁十分难堪，两人关系也因之进入窘境。之后，林洁把老李请来才让对方的误会"云消雾散"。因误会而出现窘境，根子在于误会方不知道实情。要想跳出窘境，务必踩牢"实情"这张跳板。

人际交往，陷入窘境也没有什么可怕的。一般"致窘"的原因大致有三：一是冒犯他人，二是遭人嫉妒，三是被人误会。如果读者朋友真的处于窘境之中，不妨依照上述的方法跳到圈外，你的人际交往依然柳绿花红。

狭路相逢，让者胜

英国哲学家休谟有句名言："路越窄越要让。"是的，宽阔的大道上，各行其道，互不干扰，通顺畅快。而狭窄的道上就需要有让的精神，路越窄越需要让。2012 年，广州恒大俱乐部想得到于大宝这个优秀的前锋，而大连阿尔滨俱乐部也想引进于大宝。阿尔滨俱乐部老总赵明阳亲自与广州恒大老总许家印沟通，最终恒大放弃了对于大宝的引进。对于为什么要放弃，许家印说："中国足球要想真正强大起来，一家俱乐部强大是不够的，只有更多的球队强大起来，提高联赛的水平，才有可能真正繁荣。"许家印心怀大局的谦让赢得了广泛赞誉。

在国内好球员不多的情况下，许家印毅然选择谦让，是源于他胸怀大局，深知百花齐放才是春。并不是所有的事情都是狭路相逢勇者胜，狭路相逢都当勇者，也可能两败俱伤。在恰当时机懂得谦让，可以让大家都得到利益，最后自己也会成为赢家！现实中，不要为争名夺利而与人针锋相对，甚至打得头破血流；人与人之间的相处，并不是单项选择题——有你没他，而是多项选择，可以双赢，如果能在必要时让一步，反而会给自己带来更大的好处。

范仲淹出身贫寒之家，年少时常去长白山上的寺庙里寄宿读书。那时候生活极为艰苦，每天只煮一锅粥，凉了以后划为四块，早晚各取两块，拌几根腌菜就饭。有位书院的老板想请一位有文化的年轻人帮自己抄写一些资料，给予一些报酬。寺庙的方丈和这位老板熟悉，便推荐范仲淹。这对于范仲淹来说可谓是雪中送炭。范仲淹去书院的路上，遇到一位落魄的秀才，这位秀才也听说书院老板需要人，便毛遂自荐而来。范仲淹从秀才的言辞中了解到他家里更苦,更需要这笔钱。于是,便决定放弃赚钱的机会,折返回家。范仲淹的大义谦让让人感动,书院的老板便时常接济他,让他能有更好的条件读书。后来他考取了进士,成为一代名臣。

处在困境中的人谁不渴望早日走出来,当看到一条走出困境的路时,谁不愿意走上去呢?可是如果这条路很窄,只允许一个人通过,你会做出怎样的选择呢?同样是在困境中,范仲淹首先考虑的是别人,而不是自己。这种先人后己的谦让可以称之为义举。这种谦让是因为他有一颗慈悲之心。而正是这种出自慈悲的谦让温暖了别人,也照亮了自己,让自己走上了一条光明的坦途。

新西兰登山者希尔和他的向导夏尔巴人丹增,历经千辛万苦,终于攀登到了与珠穆朗玛峰峰顶只有短短两米的距离。在此之前,世界上还从来没有人到达这样的高度。谁向前迈出几步,就可以成为人类有史以来登上珠峰的第一人。希尔何尝不想拥有这个荣誉,然而他决定把这个必将载入史册的荣誉让给丹增,说:"这是在你的家乡,还是请你先上吧。"这位老实的向导不明白首先登上珠峰的重大意义,他向前走了几步,登上世界之巅,在那里留下了人类有史以来的第一行脚印。而希尔虽然没有成为登顶第一人,但他获得了更大的荣誉。人们赞扬他,说他"在冲顶的那一瞬间,战胜了比珠峰还高的欲望。他登上了人性的最高峰"。

第一只能有一个,不可能有第二个。巨大的荣誉却有着残酷的排他性,获得这个荣誉的最后几步的道路是只允许一个通过的"窄路",希尔做出了被世人称颂的谦让,也获得了更美好的荣誉。路越窄越要让,因为路越窄,就越能体现出一个人的修养和品德。美德是一个人的内在,荣誉是一个人的外在。一位先哲说过:"真正的谦虚是接近高尚和伟大的美德,是一切美德之母。"美德好比是荣誉的种子,播种谦让的美德,必然会收获人格的荣誉。

"仇人"是你的一面镜子

一次和一位朋友聊天，他问我怎么样观察一个人的人品，我回答，看这个人的朋友，他交什么样的朋友就说明他是什么样的人。朋友笑着说："从一个人的朋友固然可以看出一个人的品质，但却不够深刻。我的经验是，看一个人怎么对待他的'仇人'，更能显示一个人的本性。"

刘邦手下有一名将军，叫雍齿。此人虽然有一些战功，但平时喜欢乱说话，经常冲撞刘邦。即使在刘邦得天下称帝后，他依然不顾君臣之礼，多次让刘邦在大臣面前难堪，刘邦对其十分憎恨，想要杀掉他。张良却问刘邦："若按战功，此人该杀吗？"刘邦回答："如果单看战功的话，此人不但不该杀，反而该封赏。可他如此张狂，不杀不足以平我的怒气！"

张良说："大家都知道雍齿是您最憎恨的人，因此，他也是大家衡量您的一根标尺。现在天下初定，正是论功行赏的时候，将士们最担心的就是主上封赏不公正，只封赏自己亲近、喜欢的人，而处罚那些自己不喜欢的人。如果您杀了雍齿，就坐实了一些人的猜想，也给一些居心叵测的人留下了口实。"刘邦听后，恍然大悟。他马上论功行赏，封雍齿为侯。众将士一看，连雍齿都得到了公正对待，对刘邦更加信任，都安心等待刘邦的封赏。

如果刘邦封赏自己亲近的有功之臣，并不能使众将安心，毕竟近臣能得到重赏早就是意料之中的事。而原本众将以为刘邦会因为自己的好恶而处罚雍齿，可刘邦却听信了张良的建议封雍齿为侯，这不但大出众将意外，而且也使众将看到了刘邦公正待人的态度。正如张良所说，怎么对待"仇人"，是别人衡量你的一根标尺，它最能显示一个人的底线。如果一个人对待自己憎恶的人也能公正公平，那么他做人的底线绝不会太低。别人看在眼里，也会对他给予公正的评价，更加信任他。

纽约前市长布隆伯格在从政之前曾是所罗门公司的一位重要合伙人。但是，最终所罗门兄弟公司执行委员会决定跟菲普诺商品交易公司合并。那天，公司匆忙召集合伙人开会，在会议上公布了这个消息，并要求所有与会者绝不能将消息泄露出去。

布隆伯格也是在这时得知了自己将被清除出公司的消息。他十分热爱这家公司："我愿意为它做任何事情，我永远也不会自愿离开！"那时他的心情十分苦闷，却为了保守秘密不能向任何人倾诉。可是公司将合并的消息还是泄露了出去。即便如此，布隆伯格还是守口如瓶，苦闷的他甚至不曾向自己的太太打电话倾诉一下，以至于几天后他的太太还是从别人口中得到这一消息。有人问布隆伯格，公司抛弃了你，是他们伤害你在先，而且消息已经泄露，你何必还要守口如瓶？布隆伯格回答：公司在我最需要工作的时候雇用了我，无论如何我都该心怀感恩，不把消息泄露出去是我对公司最后的职责！

如果布隆伯格在职的时候，保守公司的秘密，那很可能是因为他害怕泄露秘密而遭到公司的惩罚，或者是影响自己与公司管理层的关系；而在被抛弃后，在公司秘密已经泄露的情况下，他依然守口如瓶，这只能说明，他是发自内心地想要坚守自己最后的职责，也最能说明他信守承诺的高尚品格。一个人对待朋友、对待亲近的人，往往会有意识地掩盖自己不好的一面，以好的一面去赢得别人的好感。而对待"仇人"时，他们往往不会顾及"仇人"是否会喜欢自己，因而更容易暴露本质。所以，看一个人怎么对待"仇人"，更能看清他的内心。

李春梅和一个姐妹各拿出5万元钱一起开了一家炸鸡店，并订立了合同，各占一半的股份。可两个月下来，赚的钱只够付房租，姐妹见大势已去，便不经李春梅同意，单方面拿走了自己的5万元钱，并将店里所有的债务都留给了李春梅。李春梅一时几乎陷入绝境。不过，她咬牙坚持了下来，并想方设法改进炸鸡的口味，几年后，她的炸鸡店开成了连锁店，生意红火。这时，那位姐妹却找上了门，拿着当初开店时签的合同，声称自己拥有一半的股份，要李春梅按照现在连锁店的规模，付她50万元。

人们纷纷指责这位姐妹，可李春梅却了解到，这位姐妹的爱人患了重病住院，需要一大笔医疗费。李春梅当即拿出了10万元钱，说："现在店里一时拿不出50万元，但这10万元应该够姐夫先期的治疗费用了。以后我慢慢筹钱，绝不会让姐夫因为缺钱而耽误治疗的。我知道你是一个善良的人，如果不是因为姐夫的病，实在没办法了，绝不会拿着合同来找我要钱的！"那位姐妹感动得流下了泪水，而李春梅的事迹也赢得了人们的交口称赞。

对待亲人朋友慷慨解囊，固然值得称赞；而对待"仇人"也能不计前嫌、无私相助，更显其品格的高尚。由此可见，对待"仇人"的态度，不仅能体现一个人人品的底线和本质，也能体现一个人精神的高度。那位姐妹在最艰难时不顾李春梅的死活，抽身而退，将李春梅置于绝地，可以说二人已经"反目成仇"。而在李春梅春风得意时，又来"讹诈"，如果换做别人，估计早就针锋相对地对其进行指责甚至谩骂了。可李春梅却始终相信，这位姐妹虽然有些小缺陷，但本质上并不是坏人，因而对其表示理解，并给予帮助，赢得了人们的交口称赞。人们也通过这件事看到了李春梅高尚的品质。

　　"仇人"是你的一面镜子。怎样对待那些你憎恶的人、伤害过你的人，其实最能反映一个人的本性。我们不仅应该通过观察一个人对待"仇人"的态度来观察其人品，也应该时刻意识到，我们对待"仇人"的态度也时刻影响着自己在别人心中的形象。

应对他人揭短的上中下三策

俗话说，"打人不打脸，骂人不揭短"，可现实生活中却总有人在谈话中或有心或无意地揭我们的短，戳我们的伤疤，遇到这种情况，如果我们立刻反唇相讥，虽然能出一口恶气，却往往会给人留下尖锐、刻薄的印象，不利于进一步的交往。那么，当在谈话中遭遇他人揭短时，该如何应对呢？

下策：自护其短，短更短

一家公司想征集一副对联挂在企业门口，于是在当地报上刊登广告，发起一个征联活动。最后征上来很多对联，可这家公司不知出于什么原因，居然选中了一副对仗不工整的对联挂在了企业的大门口。在当地的一个论坛上，有人便发帖指出其问题，并说："这么大个公司，连个懂对联的都找不出来，可叹呀！"这家公司感觉很没面子，可就是不把那副对联揭下来，反而在网上发出一封公开信称："有的人尖锐地指出我公司对联不工整，并讥笑我们没有懂对联的人，其实是这些人无知，国人一向视工整的对联为正宗，岂不知孙中山先生的'革命尚未成功，同志仍须努力'一联，难道就工整了吗？所以说，工整有工整的好，而不工整的对联也有自身的优点。"结果此信一出，拍砖者甚众，而这家公司的对联一时间也成了当地的笑柄，甚至一位研究楹联的学者在写书时还把它当作反面教材收录其中。

大张旗鼓地搞征联活动，最后却选出一副不工整的对联，而面对他人的揭短，这家公司却为了维护自己所谓的颜面，强词夺理，自护

283

其短，结果反成笑柄，自食其果。每个人都会有短处，这不丢人。可当别人揭短时，有些人就会觉得有失颜面，努力掩饰，自护其短，这样做只会使人看到你的虚荣。而更重要的是，一些人为了护短，不但不承认、不改正自己的短处，反而朝着错误的方向极力狂奔，最终不但失去了完善自己的机会，反而使短处更短，也会使揭短的人变得越来越多。

中策：巧妙打住话题，不说短

雷迪·嘎嘎是当今世界乐坛的超级巨星，可她的穿衣风格却像一个火星来客一样，常常把人"雷"得外焦里嫩。甚至英国王室发言人在请她演出之前就"请求"她不要穿得过于暴露，可在有"英国春晚"之称的皇家大会演上，她的一袭下摆长达六米的血红色皮裙与红色的熊猫眼妆仍是把英国女王"雷"得大笑不止。

记者们也常常拿她的着装做文章，一次一位记者半带讽刺地问她为什么这样打扮，她幽默地回答："我都是为了我祖母，她老人家年纪大了，眼神不好，只有这么穿她才能认出我来！"记者们被逗笑了，这个话题也就此打住。

对于记者半带讽刺的揭短提问，雷迪·嘎嘎没有正面回答，而是开了一个玩笑，巧妙地打住了这个话题。现实生活中，当我们遭遇揭短时，也可以这样，开个不伤大雅的玩笑，或者顾左右而言他，岔开话题，使谈话朝着我们希望的方向发展。这样做的好处是，可以缓解现场的尴尬，使自己不失颜面，同时也不至于弄僵双方关系。然而，这毕竟不是长久之策，因为你可以一次不谈论，但下一次怎么办？你的"短"终究没有被祛除，反而像一个地雷一样埋在那里，说不定哪一次就会被触及，引发尴尬甚至是僵局。

上策：善意回应，赢理解

2015欧冠四强晋级赛，巴塞罗那对阵拜仁慕尼黑的一场比赛中，巴塞罗那球星梅西在禁区内施展"神级"过人技术，晃倒了拜仁慕尼黑球星博阿滕，打出一个无比精彩的进球，一时之间成为美谈。而被晃倒的博阿滕，比赛之后，也瞬间成为全世界的挖苦对象。博阿滕防守梅西摔倒的狼狈场景被球迷们P图后在网上流传，网友们纷纷嘲笑博阿滕的滑稽动作。足球名宿雷德克纳普甚至说："梅西是天才，他能用足球做出你从没看过的动作，我认为他对博阿滕做的事情基本上算是犯罪了。"比赛过后，德国足协官网采访了博阿滕。博阿滕原本以为只是讨论两队之间的比赛的，但记者还是有点"不怀好意"地谈起了他被梅西晃倒的这个事情。记者原本以为博阿滕受到梅西"欺辱"，会对梅西出言不逊的。没想到，博阿滕却笑着说："梅西这种等级的高质量球星，一对一换做是谁都防不住。你只能用团队防守去尽力压制他。我们有效地限制了他70分钟，但事实证明要限制他整整90分钟是一件非常困难的事。"同时，博阿滕还感谢主持人揭这个短，并表示自己会继续提高，以后尽量做到最好。意想不到的是，博阿滕的善意回应出来后，评论的主流声音很快就从嘲笑变成了理解和宽容。

面对"全民揭短"的尴尬境地，博阿滕既没极力护短，也没转移话题，说梅西的不是，而是真诚地夸赞晃倒自己的梅西，同时更令人惊喜的是，他正确看待揭短，认识到是揭短者指出了他们的错误，促使他们进步，因而在改正自身缺陷的同时，对揭短者表示感谢，这让人们看到了他们虚怀若谷的胸襟，也看到了他们对网友的尊重。生活中，如果我们能怀着善意去看到揭短者，发现他们促使我们改正缺陷，完善自己的一面，那么我们便能坦诚地面对他们，对他们怀着谢意，不但完善了自己，也会使别人看到你的宽容与大度，看到你的真诚与善意，从而给予你更多的理解和支持，并把你当作值得信赖的人。

　　每个人都会有自己的短处，这并不丢人，而如果遭遇别人揭短时，一味地护短，甚至反唇相讥，只会使别人看见你的刻薄与狭隘，从而使短处更短；如果能巧妙地打住或者转移话题，虽然能解一时尴尬，却也非长久之策；唯有心怀善意，努力改正短处，你才能不断完善自己，也赢得他人尊敬！